当代教育与教学的管理模式与发展研究

陈　雨　王立业　张　玮　著

北方文艺出版社

哈尔滨

图书在版编目（CIP）数据

当代教育与教学的管理模式与发展研究/陈雨,王立业,张玮著. -- 哈尔滨:北方文艺出版社,2024.4

ISBN 978-7-5317-6214-0

Ⅰ.①当… Ⅱ.①陈… ②王… ③张… Ⅲ.①教育管理—研究②教学管理—研究 Ⅳ.①G40-058②G42

中国国家版本馆CIP数据核字(2024)第087203号

当代教育与教学的管理模式与发展研究

DANGDAI JIAOYU YU JIAOXUE DE GUANLI MOSHI YU FAZHAN YANJIU

作　　者 / 陈 雨　王立业　张 玮

责任编辑 / 邢 也　　　　　　　　　　封面设计 / 郭　婷

出版发行 / 北方文艺出版社　　　　　　邮　　编 / 150008

发行电话 / （0451）86825533　　　　经　　销 / 新华书店

地　　址 / 哈尔滨市南岗区宣庆小区 1 号楼　网　　址 / www.bfwy.com

印　　刷 / 北京四海锦诚印刷技术有限公司　开　　本 / 787mm×1092mm　1/16

字　　数 / 240千字　　　　　　　　　　印　　张 / 15

版　　次 / 2025 年 1 月第 1 版　　　　印　　次 / 2025 年 1 月第 1 次印刷

书　　号 / ISBN 978-7-5317-6214-0　　定　　价 / 68.00 元

前　言

　　教育教学管理工作一直是我国教育领域的核心工作内容之一，是我国学校素质培养战略实施的主要途径。教育教学管理能决定人才素质培养的最终目标和培养效果。正因为此，我国教育需要培养一批高素质、专业知识强，且创新能力突出的教育教学管理人才，只有这样，各级各类学校的素质培养战略才能更好地发挥出应有的教育效果。

　　对学校而言，应根据岗位需求，创建一支专业素质高、人员稳定的教学管理队伍，并有计划、有组织地安排教学管理岗位培训，让尽可能多的教师掌握教学管理的基本理论知识和教育教学管理技能，全面提升教师管理素质的综合水平。迅速提高我国的教育水平，实现21世纪的教育理想，需要依靠党、政府和所有教育人士的共同努力，特别要依靠具有面向现代化、面向世界、面向未来的时代意识，具有现代教育理论背景、深厚的专业知识和娴熟的教育技巧的广大人民教师和教育管理者。

　　教育在人类生活中的重要性已越来越被人们所认识，百年大计，教育为本。建设教育强国是中华民族伟大复兴的基础工程，本书是一本关于当代教育与教学的管理模式与发展研究的书籍，本书通过对教育学基础的探讨，着重分析了教育目的与素质教育、教学设计与教学策略、教育教学管理等相关内容。最后论述现代教育技术的应用与高中政治教学模式，总体来说，本书体系完整，内容充实，系统性强，做到了理论与实践紧密结合，对读者而言不失为一本有价值的参考书，同时也希望能为教育工作者提供一些有益的借鉴。

目 录

第一章 教育学基础

第一节 教育学概述

一、认知教育学

教育学研究的根本任务是揭示教育规律。教育学研究的具体任务是依照教育的逻辑层次，揭示教育的各种规律（包括宏观的和微观的），并在揭示规律的基础上，阐明教育工作的原则、方法和组织形式等问题，为教育工作者提供理论和方法上的依据。

教育学的具体任务如下。

（一）发展教育理论

教育理论是人们在长期的教育实践过程中总结、归纳、概括而形成的理性认识，是由概念、命题、原则等构成的系统的理论结构，反映了教育活动中的必然联系。

（二）解释教育问题

作为一名教师，为提高工作的自觉性，避免盲目性，必须掌握基本的教育理论，按照教育规律和青少年身心发展的特点设计教育活动，调整和控制教育行为，科学地解释和解决教育问题。教育学的使命就在于为教育工作者提供解释教育问题的视角。

（三）改造教育实践

教育学对教育问题进行科学解释的目的不仅仅是促进教师教育知识的增长，更在于改造教育实践。改造教育实践的任务主要体现在：启发教育实践者工作的自觉性，形成正确的教育态度，培养坚定的教育信念，提高教育实践者的反思能力，使其逐渐成长为一名称职的人类灵魂工程师。

（四）提高教师素质

长期以来，部分教师不将教育学作为一门学问，错误地认为学不学教育学对教学没多大影响，只把自己看成知识的传递者，满足于"教书匠"的角色，这种认识是错误的。作为一名合格的教师，必须重视教育理论的学习和研究，只有懂得教育规律，遵循教育原则，采用科学的教育方法，才有创新的动力，才能获得尊严，才能全面提升自身的素质。

二、教育学的学科性质

教育学是一门社会科学，它在整个教育科学体系中属于基础性的学科。

在教育科学体系中，主要包括如下几类科目。

①原理类：包括教育哲学、教育原理等。

②历史类：包括各种不同国别的本国教育史和按不同地域划分的外国教育史，还有按历史阶段划分的各种断代教育史等。

③教学研究类：包括教学论、课程论、学习论，各门学科的教学法或各门学科的教学（或教育）论、教学技术手段学等。

④思想品德研究类：包括德育原理、德育心理学等。

⑤学校管理类：包括学校行政学、学校管理学和教育督导、教育测量与评价等。

⑥不同阶段或类别的学校教育研究类：包括学前教育学、小学教育学、中学教育学、高等教育学、职业技术教育学等。

⑦教育研究方法类：包括教育研究法和教育统计、教育规划、教育预测等。

⑧教育比较类：包括比较教育学等。

除上述科目外，还产生了一批运用其他学科的理论和方法来研究教育现象的交叉学科，如教育经济学、教育政治学、教育文化学、教育社会学、教育人类学、教育信息学、教育传播学、教育未来学、教育心理学、教育社会心理学等。

从这样一个教育科学体系中我们可以看到，教育学的分化是首先将时间、空间和整体性作为研究对象进行分解，然后分别进行专门研究。同时，教育科学体系中出现了有关教育研究方法的学科以及运用相关学科的理论与方法研究教育的学科，这对教育科学的继续发展具有重要意义。这些新学科的出现，不仅让人们对教育的认识变得丰富、清晰、细致、准确，而且展示出教育研究的不同层面和不同角度，为下一步形成对教育整体的、科学的、辩证的认识提供了丰富的思想与理论材料；同时，对提高教师教育实践的自觉程度、科学化水准和效益具有积极的、不可替代的作用。虽然并非每个师范生都要学完这些学科，但这些学科丰富了师范教育中教育类课程的内容，在未来教师的教育信念、认识和行为技能、技巧的形成方面具有理论指导意义。

三、学习教育学的原则和方法

（一）学习教育学遵循的原则

1.坚持以马克思主义为指导的原则

坚持以马克思主义为指导，就是以马克思主义的立场、观点、方法来回答当代教育实践中的新问题；用马克思主义的观点指导教育实践，并深入学习和领会马克思、恩格斯及我国老一辈无产阶级革命家有关教育问题的论述。

2.坚持理论和实际相结合的原则

理论联系实际是马克思主义认识论的一条基本原则，是学习任何一门学科必须遵循的指导方针和基本方法。在教育实践中，一方面，要自觉地运用所学的教育理论去分析和看待我国教育事业和学校教育工作中的实际问题，从理论上明辨是非，树立正确的教育观点，从实践上坚持正确的做法，提高教育工作的自觉性；另一方面，要善于运用所学习的教育学理论来总结和指导自己的教育实践，自觉地纠偏。

3.坚持学习与研究相结合的原则

教师不应该是墨守成规的"教书匠"，而应该是不断创新的研究者。这就要求教师在学习理论时开动脑筋，认真思考，力求做到举一反三、闻一知十，不断捕捉和提炼实践中遇到的新问题并进行研究，将知识学习与研究有机地结合。

（二）学习教育学的方法

1.观察法

观察法是指观察者根据一定的研究目的、研究提纲或观察表，用自己的感官和辅助工具去直接观察被观察者，从而获得资料的一种方法。观察法是教育研究中常用的方法。科学的观察具有目的性、计划性、系统性和可重复性。

常用的观察方法有自然观察法和实验室观察法。观察一般是利用眼睛、耳朵等感觉器官去感知观察对象。由于人的感觉器官具有一定的局限性，观察者可以借助各种现代化的仪器和手段，如照相机、录音机、显微录像机等来辅助观察。观察者对观察所获得的第一手资料还要进行科学的分析、加工。

2.观察法的优缺点

（1）观察法主要有以下几个优点。

①通过观察直接获得的资料比较真实、可信。

②在自然状态下的观察可获得生动的资料。

③观察具有及时性，能捕捉到正在发生的现象。

④观察能获得一些无法言表的材料。

（2）观察法主要有以下几个缺点。

①受时间的限制。某些事件的发生是有一定时间限制的，过了这段时间就不会再发生。

②受观察对象的限制。

③受观察者本身的限制。一方面，人的感官都有生理限度，超出这个限度就很难直接观察；另一方面，观察结果也会受到主观意识的影响。

④观察者只能观察外表现象和某些物质结构，不能直接观察到事物的本质和人们的思想意识。

⑤观察法不适用于大面积调查。

观察可以在整个教育过程中进行，也可观察其中的某些部分。教育观察应尽量在自然状态下进行，做到被观察者不受到干扰，以便获取准确的信息。观察应按照预先拟定的计划进行，并客观、全面地记录观察的全过程。

3. 行动研究法

（1）行动研究法的定义

行动研究法是指教师在自然、真实的教育环境和教育实践中基于解决实际问题的需要，与专家合作，将问题发展成研究主题进行系统的研究，以解决教育实际问题为目的的一种研究方法。

行动研究融教育理论与实践于一体，赢得了广大教育工作者特别是一线教师的认同，成为其专业发展的重要途径。

（2）行动研究法的特点

行动研究法之所以适合一线教师，是因为其自身与教学有不可分割的联系。其具有以下几个特点。

①为行动而研究。行动研究以解决教学实际问题、提高教育质量为首要目标。其主旨不在于建构理论体系、归纳规律，而是解决教师在特定工作场景中遇到的实际问题，研究的目的指向教育行动的优化和行动者的理性直觉，旨在不断革新和改善教育行动。任何脱离自己工作场景的，为了研究而进行的研究都不是真正意义上的行动研究。

②对行动的研究。为行动而研究表明了行动研究的价值取向，而对行动的研究则指明了行动研究的对象。行动研究的课题源于具体的教学实践活动和教师本身的需要。也就是说，行动研究以教学过程中遇到的各种实际问题为研究对象。行动研究者要研究自

身的实践，而不是他人的实践。

③在行动中研究。行动研究的策略是在真实的课堂教学环境中边教学边研究，即教师发现问题、思考问题、解决问题都不脱离教学工作，教师研究的情境就是教师工作的实际环境，研究工作与教学工作有机地融为一体，教学的过程就是研究的过程。因此，从事研究的人就是应用研究结果的人，研究结果的应用者也就是研究结果的产生者。

④具有开放性。行动研究是一种在动态环境下或在较短时间内显示出各行动在实际工作中的作用和效能的研究方法。行动研究并不过于强调研究过程中控制的严格性，也不过于强调研究计划的严密性，允许在实际工作中对研究方案进行不断的修改和完善，充分体现了研究过程的开放性，追求研究结果的及时反馈。

4. 历史法（文献法）

（1）历史法（文献法）的定义

所谓历史法（文献法），就是从事物发生和发展的过程中去考察事物，以弄清它的实质和规律的一种方法。如要弄清某一教育问题、探索教育发展规律、总结教育教学经验，都需要用这种方法进行研究。

（2）运用历史法（文献法）的注意事项

运用历史法（文献法）时，首先，要做好史料的收集，包括著述、记录、信件、总结等文字的史料，也包括遗物、古迹等非文字的史料。最好能收集到第一手资料，若是二手资料，要认真考察它的出处、转述者的立场和治学态度。查阅的文献资料要尽可能全面。其次，要对史料进行鉴别，去伪存真。最后，要对收集到的史料进行分类，可按时间的先后或按研究的内容整理归类，便于问题的研究。

5. 调查法

（1）调查法的定义

调查法是一种了解教育情况、研究教育问题的基本方法。调查法是指研究者为了达到预期的目的，制订某一计划，全面或比较全面地收集研究对象的各种材料，并进行分析、综合而得出结论的研究方法。

调查法可分为全面调查法、抽样调查法和个案调查法。全面调查法用于调查某一事物或现象在某一地区的全面情况或对某一单位的全面了解；抽样调查法是从总体所包含的全部个体中随机抽出一部分个体作为调查的直接对象，借以推断、说明总体情况的一种调查方法；个案调查法是对某一事件或某个个体进行调查研究的方法。

在运用调查法研究教育问题时，要确定好调查目的，选择适当的调查对象，拟定调查提纲，实施好调查步骤。

（2）调查的方法

教育调查的方法多种多样，常用的有以下几种方法。

①访谈法。访谈法是指调查者与校领导、教师、学生、家长及相关人员进行谈话，了解所研究问题的相关情况以及被调查者对问题的看法和态度的方法。根据谈话的内容和要求，访谈既可采用个别交谈的方式，也可采用开座谈会的方式。

②资料法。调查者可查阅学生的作业、作品、书面测验，教师的教案、教学笔记、班主任工作记录以及学校的计划、总结、各种规章制度与执行情况记录等教育资料，从中获得所要了解的信息。

③问卷法和测验法。问卷法是一种较经济的书面调查方法，尤其适合于团体调查。它要求调查者将所要了解的内容事先编制成调查表或其他形式，发给被调查者，被调查者按要求填写，调查者把问卷回收后进行统计处理。调查者也可以根据所要了解的情况，对调查对象进行测验。

以上各种调查方法可以使调查者获得大量的材料，但要揭示事物的本质，找到规律性的联系，还必须运用分析、综合、比较、归纳、演绎等科学的思维方法。此外，通过调查得来的数据，也需要利用教育统计的方法加以科学处理。

第二节　教育与社会发展

一、教育与生产力

（一）生产力对教育的决定作用

1.生产力发展水平决定着教育的规模和发展速度

兴办教育需要一定的人力、财力和物力，办多少学校，学校的规模能容纳多少人受教育，学习多长的时间，必须有一定的物质条件做保证。缺少必要的物质条件，人们连吃、穿都无法满足，就无法从事教育活动。生产力的发展为教育提供了物质条件，并要求教育要有相应的发展，为物质生产提供所需要的人才。如果教育的发展落后于生产力发展的要求，社会必定要努力发展教育事业；否则，经济发展将因人力资源的短缺而受到影响。反之，如果教育的发展超出了生产力的承受能力，占用过多的人力、物力和财力，社会将会对教育进行调整，使教育的发展适应生产力发展的水平。这就是生产力的发展对教育发展的推动作用与制约作用。

2.生产力发展水平制约着教学的方法、手段和教学组织形式

学校的教学仪器等是一定的生产工具和科学技术在教育领域的运用，直接由生产力的发展水平所决定。从一定意义来说，教学仪器等又影响着教学方法、手段的运用，从而影响到教学效果。在古代社会，由于生产力水平低下，教学方法一般只采用讲授法、问答法等。随着现代科学技术的发展，教学方法出现了实验法、演示法等。在教学手段方面，随着科技的发展，照相机、幻灯机、收音机、电视机、录音机、手机等在近现代相继进入教学领域。在当代，计算机、网络等都已成为教学手段。

教学组织形式是与教学手段相联系的，随着科技进步，个别教学、班级教学已发展到远程教学、智慧教学，教育、教学的范围扩大，教学组织形式开始产生巨大变革。

从历史上看，教育与生产力的发展并非完全同步。有两种情况：一种情况是，在一定时期内，由于人们的思想意识落后于较为先进的生产力，教育的思想、内容、手段、方法等也落后于生产力的发展；另一种情况是，在生产力处于较低水平时，由于文化交流、社会转型或传统的影响，教育思想、教育内容甚至教育方法也可能超越生产力发展的水平。但教育相对独立于生产力发展水平，并不是说教育的发展可以脱离生产力发展水平，教育归根结底要受生产力发展水平及政治经济制度的制约。

（二）教育对生产力的促进作用

1.教育能把可能的劳动力转化为现实的劳动力

马克思把劳动力或劳动能力理解为人们在劳动中所运用的体力和智力的总和。马克思认为，人是生产力中最根本的因素，这里所说的人，是具有一定的生产知识和劳动技能的人。当人还没有任何生产知识和劳动技能时，他只是一种可能的劳动力，要把这种可能的劳动力转化为现实的劳动力就需要依靠教育。教育可以使人掌握一定的科学知识、生产经验和劳动技术，即把可能而尚未掌握科学技术的劳动力变为掌握科学技能的现实的劳动力，从而形成新的生产能力，提高劳动生产率，促进社会生产的发展。随着科学技术的发展，脑力劳动在生产中的比重越来越大，劳动生产率的提高主要依靠劳动者科学技术水平的提高和生产工具的改进。因此，教育对促进生产力发展的作用越来越大。

2.教育能把一般性的劳动者转变为专门性的劳动者

在把一般性的劳动者转变为专门性的劳动者方面，专业教育和职业教育的作用尤为突出。普通教育在劳动者再生产的意义上主要是提高人的普通科学文化水平和一般素质。普通教育培养的劳动者，本质上还是一般意义的劳动者，还是作为劳动后备力量的劳动者，还没有专门的劳动知识和劳动技能。专业教育和职业教育可以在普通教育的基础上

把一般性的劳动者进一步转化为某一领域、某一行业、某一工作中的专门性、应用型的劳动者。这种劳动者对于经济活动来说，具有直接和现实的意义。

3.教育能把较低水平的劳动者提升为较高水平的劳动者

劳动者的素质都有一个从低水平向高水平提升的过程。在现代社会，生产的技术基础不断提高，生产方式和生产工艺不断革新，从而对劳动者的素质不断提出新的要求，要求劳动者必须不断接受教育。从终身教育的理念来看，现代社会的劳动者必须终身受教育，才能适应社会的发展。在现代社会，教育已经成为不断提升劳动者素质和促进劳动者纵向社会流动的手段。

4.教育能把一种形态的劳动者改造成另一种形态的劳动者

在传统社会自给自足的个体经济活动中，劳动主要凭借个体经验，而经验的自发积累需要长时期的探索和积累，加上行业之间的互相封锁，一个人要从一种劳动转换到另一种劳动中去是一件非常困难的事情。在这种社会条件下，劳动者改行转业既没有必要，也没有可能。现代社会的生产是社会化大生产，是以科学技术为基础的生产，行业的盛衰、工种的消长千变万化，由此会给劳动者带来职业和工作岗位的转变。当今社会，人们改行转业成为习以为常的事情。同时，由于现代生产主要依靠科学技术，只要劳动者基本掌握了生产和工艺的一般原理，具有较高的素质，就能较顺利地改行转业，从一种形态的劳动者转换为另一种形态的劳动者。因此，在现代生产中，劳动者形态的转换既是必需的也是可能的。在现代社会，教育已成为改造劳动者形态和促进劳动者横向社会流动的基本手段。

5.教育能把单维度的劳动者变为多维度的劳动者

现代经济学对劳动者的理解已经超过纯经济学的范畴，这种劳动者不仅掌握科学技术知识和具有工具性的劳动能力，而且具备一定的文化素质、思想修养、职业道德、心理素质、创新精神和审美情趣等，这种劳动者是多维度的，其发展和需求也是多维度的。多维度的劳动者必定比单维度的劳动者具有更高的境界和层次，具有更丰富的精神世界，也更具有劳动效能，同时也更像一个"人"。

二、教育与人口

（一）人口对教育的影响

人口是指在一定社会历史时期生活在一定地区，具有一定数量、质量和结构的人的总称。人口问题对教育有重要影响，人口数量、质量、结构和地域分布等都对教育的规模、质量、结构和布局具有影响。

1. 人口数量影响教育的规模

人口数量决定着教育需求的大小，也就决定着教育事业可能的规模。人口增长必然要求扩大教育规模。人口增长方式不是匀速的而是波浪式前进的，所以，人口波峰与波谷的反复出现对学制和学校内部结构也会产生巨大的影响。人口数量的增长使教育投资的压力加大，进而可能影响教育的水平与质量。当教育投资同步于人口数量的增长时，教育的供给与需求相对平衡，教育的发展相对平稳；当教育投资滞后于人口数量的增长时，将会导致教育供给小于需求，引起教育资源的竞争，如出现入学率的降低或者生均教育成本的降低，导致教育发展相对滞后。

2. 人口质量影响教育的质量

人口质量包括人口的身体素质、文化修养和道德水平，前者是人口质量的物质要素，后两者构成人口质量的精神要素。人口质量对教育质量的影响表现为直接影响和间接影响两个方面。直接影响表现为人口已有的水平对教育质量的总影响。间接影响是指年长一代的人口质量影响新生一代的人口质量，从而影响以新生一代为对象的学校的教育质量。年长一代通过遗传和对青少年的养育过程来影响受教育者，还通过对学校教育的期望和协调程度来影响学校教育的目标、内容、方法等。另外，随着人均国民收入的提高，个人对高层次教育的需求也会提高，进而引起其对教育的再投资。

3. 人口结构影响教育的结构

人口结构是指各种人口类型在总体人口中的组成部分及其比例关系。人口结构类型非常复杂，主要包括人口的年龄、性别和人种等自然结构，人口的产业、行业、职业、收入和消费类型等经济结构，人口的民族、语言和婚姻家庭等社会结构，人口的文化教育、身心健康等素质结构，人口的行政区划、城乡等地域结构。

4. 人口地域分布影响学校的布局

人口地域分布是指在一定区域内的人口增长状况和实际人口密度。学校布局基本上会有三种情况。第一种是人口分布合理的地区，学校分布合理。第二种是人口密度过于稀疏的地区，学校布局不够合理。第三种是人口密度过大的地区，需要增办更多的学校。

（二）教育对人口数量、质量和结构的影响

教育对人口的数量、质量和结构具有一定的影响，主要表现在以下几个方面。

1. 教育对人口数量的调节功能

受教育程度与生育率成反比关系，即育龄妇女的受教育程度越高，生育率越低。受教育程度直接影响人们人口观念的更新，影响人们对控制人口数量意义的认识。

2.教育对人口质量的改善功能

影响人口质量的因素有很多，既包括来自上一代人的遗传素质，也包括所处的社会环境和生活水平。教育可能对提高人的遗传素质，改善社会环境和人们的生活观念有所作用；但更重要的是，在这些条件基本相同的情况下，教育对提高人口质量发挥着决定性的作用。因为人口质量主要体现在人的科学技术水平、文化修养、思想觉悟、道德水准等精神因素方面，教育作为促进人德智体美全面发展的活动，其直接效果就是提高人口质量。因此，教育是提高人口质量的根本途径。

3.教育对人口结构的调整功能

教育对人口结构的调整有着直接或间接的影响作用。例如，就人口的年龄结构而言，人口教育水平的提高会影响人们生育观念，进而降低人口的出生率和死亡率，尤其是对一个老龄化的社会，终身教育会促使人们重视老有所为、老有所养、老有所用，从而缓解社会老龄压力；就人口的性别结构而言，人口教育水平的提高会影响人们生育观念，也会淡化性别歧视，有利于人口性别比例的平衡；就人口的文化教育结构、产业结构和职业结构而言，接受教育可使人具有不同的学历层次和知识结构，这不仅可为不同的产业、行业、职业输送不同知识和技能的劳动者，而且可在一定程度上调节各产业、行业、职业的人口结构的平衡。

三、教育与科学技术

（一）科学技术对教育的影响

1.科学技术可以改变教育者的观念

科学技术可以影响教育者的教育观念，促进教育内容和教育手段与方法的更新，提高教育者的教育能力。

2.科学技术可以影响受教育者的数量和教育质量

一方面，科学的发展日益揭示出教育对象的身心发展规律，从而使教育活动更加符合这种规律，并使受教育者扩展自己的受教育能力；另一方面，科学技术的发展及其在教育中的广泛运用，可使受教育者规模扩大，也可更好地扩大受教育者的视野和增加受教育者的实践经验。

3.科学技术可以影响教育的内容、方法和手段

在人类社会的教育发展历史中，每一次生产力水平尤其是科技生产力水平的提高，都会对教育者的观念以及教育的内容、方法和途径带来很大的变化。科学技术可以渗透

到教育活动的所有环节中去，为教育资料的更新和发展提供各种必要的思想基础和技术条件。学校类型的增加，学校规模的扩大，教育设施的兴建，教育内容的记载与表达方式，教学用具与器材的制造等都离不开科学技术的作用。

（二）教育对科学技术发展的作用

1. 教育能完成科学知识的再生产

科学知识的生产是直接创造新科学的过程，科学知识的再生产则是将科学生产的主要产品经过合理的加工和编排传授给更多的人，尤其是传授给新一代人，使他们能充分地掌握人类创造的科学成果，为科学知识再生产打下基础。

科学知识的再生产有多种途径，学校教育是科学知识再生产的最主要途径。这是因为，学校教育所进行的科学知识再生产是一种有组织、有计划、高效率的再生产，它是在知识、经验较多的教师指导下，将前人的科学成果通过合理的编制，以有效的组织形式和最合理的方法，在较短的时间内传递给学习者。

教育作为科学知识的再生产，一方面，对科学知识进行继承与积累，把前人创造的科学知识加以总结和系统化，一代一代地传递下去；另一方面，将科学知识扩大再生产，把前人创造的科学知识传授给新的一代，使他们能够站在前人的肩膀上有所发现和创新，创造出新的科学知识。

2. 教育具有推进科学技术研究的功能

教育向科学提出将科学成果在教育上应用技术化的要求，从而丰富科学技术的活动，扩大科学技术的成果。例如，多媒体技术、计算机软件技术在教育上的广泛运用，对于推进相关科学和技术的研究有直接的作用。

（三）信息技术与教育信息技术是人类现代文明和进步的一个重要标志

在信息时代，以多媒体和网络技术为核心的信息技术应用于我们的生活中并改变着我们的生活方式。信息技术也对教育产生了深刻的影响。

1. 信息技术改变了人们关于知识的观念

信息技术改变了人们关于知识数量的观念。信息技术可以把图书馆微型化，将世界上无数大型图书馆的资料存储到个人计算机中，方便人们使用，使个人之间在知识上的差距显得不是那么重要了。

2. 信息技术改变着人们关于学习和教育的观念

信息技术使教育过程成为一种选择过程。计算机和网络以及其他多媒体设备成为教育的中介，教师通过信息技术发送信息，学生通过信息技术接收信息。教师对信息的发送，可以是声音、文字、图像，还可以是演示、讨论、模拟仿真等；学生对信息的接收，可以从不同程度、不同速度、不同时间、不同指向进行主动选择，可以进行生—机、生—生、师—生的个别的和群体的相互论辩。这使原有意义上的有固定场地、固定班级、固定活动的学校教育形式成为学生进行社会交往的场所，而知识的学习让位给不受时间和地域限制的信息技术。

四、教育与文化

（一）文化对教育的作用

文化对教育的作用是多方面的，主要表现在两个层次上：宏观层次和微观层次。

1. 宏观上文化背景和民族文化传统对教育产生深远影响

从一定意义上看，社会中的一切文化活动对其参与者来说（创造文化的主体和接受、欣赏文化的主体）都具有教育的价值，对参与者的身心发展都会产生一定的影响。

（1）社会文化背景对教育产生深远影响

文化作为人类所创造的物质和精神财富的总和，存在于社会的每个时间和空间，因此，教育总是在一定的社会文化背景下进行的，所以，教育必然受文化的影响，这种影响主要表现在两个方面。

①社会文化的发展必然提高人们对教育的需求，而满足人们对教育的需求，就必须发展教育事业。究其原因，主要有以下两个。

A. 文化的发展对享受文化的人的素质提出了新的要求。历史文物是物质形态的文化的主要内容，而历史文物的欣赏需要欣赏者了解其历史，才能明白其价值。

B. 文化的发展使人们更加深刻地认识到教育的价值。一方面，文化的发展使家长更加深刻地认识到教育的价值。一般来讲，父母的文化程度越高，其对子女接受教育的期望越高。事实上，受教育程度不同，人对生活、工作的意义理解不同；同时，自身的工作、生活所具有的价值也有所不同。另一方面，文化的发展使就业人员更加深刻地认识到教育的价值。随着文化的发展，职业对就业人员的素质要求不断提高，也就对受教育程度有更高的要求。受教育程度与所从事的职业的社会性质具有极大相关性。而且，这种教育的价值既体现为对社会所具有的价值，也体现为对个人所具有的价值。对社会所具有的价值反映出个人受教育的利他性。

②文化的发展促使教育与社会之间的联系加强。文化的发展造就了文化的日益丰富。丰富的社会文化与封闭的学校文化的有限性之间必然产生矛盾，这种矛盾必然刺激教育的开放，增强学校文化的多样性和丰富性，拓展教育的形式、层次和类型。教育的开放

有两层含义，一层含义是教育对社会的开放，另一层含义是社会对教育的开放。教育对社会的开放，促进教育形式、层次和类型的拓展，为社会中不同阶层、不同年龄、不同职业的人提供了更多的受教育或再教育的机会。社会对教育的开放是指学生接收信息的渠道已经拓展到了全社会。在信息传播手段高度发达的社会里，在校学生除了接受学校教育以外，在校外也接受各种信息。就在校外接收的信息总量来说，并不比学校所给予的信息量少，甚至会远远超过学校教育中的信息量。实际上，学生在校内也不断接受校外信息的影响。校外信息的影响一定会与校内信息的影响联系起来，并结合成一体。二者在对学生发展方面或者相互促进，或者相互抑制。总之，教育的开放充分地反映出教育与社会之间的日益密切的联系。

（2）民族文化传统对教育产生深远影响

每个民族都有自己特点的文化传统，包括民族传统文化观念、道德观念、价值取向、行为习惯、思维和生活方式等。这些民族文化传统往往以潜移默化、耳濡目染的方式对人的发展、对教育产生强烈的影响。

①民族文化传统，特别是优秀的民族文化传统，需要一定的活动实现传承。这种活动必须是人与人之间进行的有利于文化传递与习得的活动，因而文化为其传承的实现而最终选中了教育。民族传统必然影响社会、民族对教育内容的选择——选择有利于保持民族性的教育内容而实现民族的延续和发展。这种影响体现在语言文学课程内容、本国历史课程内容及思想品德课程内容的选择等方面。

②作为民族文化传统的核心内容，民族价值取向极大地影响着教育目的的确定、对教育地位的认识、对教育手段和方法的选择。因为民族价值取向规定着一个民族对教育判断、选择和评价的标准，所以，民族价值取向规定着该民族对人才培养的标准和规格，即教育目的，也规定着该民族对教育地位的认识。教育目的是教育的出发点和归宿，对实现教育目的所必需的教育手段和方法的选择具有极大的影响，因而，民族价值取向也规定着该民族对教育手段和方法的选择。

③民族文化传统对教育制度的确立具有影响作用。教育制度是历史与现实的产物，受民族思维和生活方式的影响。世界上存在着多元民族文化传统，世界教育制度在历史上和现实中也具有丰富的多样性。讲究民主方式的民族，其教育制度往往也注重民主精神；讲究中央集权方式的民族，其教育制度往往也追求统一。

④无论民族文化传统对人的发展的影响与学校教育对人的发展的影响在方向上是否一致，民族文化传统对教育都存在着影响。民族文化传统对人的发展的影响与学校教育对人的发展的影响有多种可能的组合：或完全一致、相互补充，或部分一致并相互作用，

或完全相反并相互排斥。但无论哪一种组合，民族文化传统都始终对教育具有影响作用，因为学校不是一块绝对的"净土"，也不应该成为一块绝对的"净土"。

2.微观上社会文化深入学校内部，直接影响学校教育活动内部的文化构成

（1）社会文化影响学校文化

学校文化是指学校全体成员或部分成员习得且共同具有的思想观念和行为方式。学校是一个社会组织，学习文化是社会组织文化的一种形式、一种表现，也具有自身的独特性。事实上，文化不是空洞的事物，总是表现在一定的社会群体中，体现在各个社会组织的行为方式上。学校本身就是文化传统的产物，是经过历史的积淀、选择、凝聚、发展而成的，它负载着深厚的文化，甚至在某些方面是文化精神、要求的集中体现，这一点突出表现在学校所使用的教材上。

学校是通过下列方式将文化积聚在一起的：将文化以各种方式加以集中、积累和系统化，使学校发挥一种类似文化容器的功能；通过专业化的教师将这些文化加以整合传授给学生，将已认同并接纳文化的学生输送给社会，通过学生返还出可供再生的文化。可见，学校作为社会的一个特殊机构，在其生存、发展过程中会受到社会文化的影响，并形成自身独特的文化。

（2）社会文化直接影响课程文化

课程文化是学校文化的基本要素。课程文化有两方面的含义，一是课程体现一定的社会群体的文化，二是课程本身的文化特征。显然，并非所有的文化都能进入学校教育领域，成为学校教育的主要内容。文化具有民族性和国际性，具有阶级性和共同性，具有时代性和历史性，具有理论性和实用性；文化也有精华与糟粕之分，有美与丑之分，有科学与非科学之分。因此，学校教育中的课程是经过谨慎选择、科学整理、精心加工的。课程文化来自社会文化，但不是社会文化的简单复制，而是社会文化的"深加工"产品；课程文化是文化传统的产物，但也是文化的时代性特征的体现。一般来说，课程文化总是体现一定社会或社会群体的主流文化。课程文化将社会主流文化转化为适合学生接受的内容，使学生在课堂学习以及与教师的日常交流中，能够有意无意、或多或少地习得这些文化。社会文化对课程文化的影响表现在课程的内容方面，也表现在课程的各级结构方面，还表现在课程使用的方法和手段等方面。

（3）社会文化影响教师文化和学生文化

教师文化和学生文化是学校文化的两个重要方面。

①教师文化常常与一定的社会阶层相联系，体现着某一特定社会阶层的价值观念和思想规范。教师文化之所以受社会文化的影响，主要原因在于教师是学校组织的主要成

员之一，是社会组织成员中关键的一部分群体，一定要代表社会的主流文化。在社会文化中，教师文化发展出自身的特性。教师工作是区别于其他工作的社会工作，教师一定要履行促进人的发展的职责，表现为教师文化特有的思想观念和行为方式。教师文化直接影响学生的发展，紧密关系着教育的质量、效益。事实上，教师的不同文化特征和活动方式给学生带来的影响是不同的，对教育发展的作用也是不同的。

②学生文化是学生交往中的基本模式和行为方式。学生是学校中的一个特殊的群体，也具有自身的文化。一方面，学生文化受家庭文化、教师文化和社会文化的影响，与教师文化具有一定程度的相同或相似的特征。另一方面，由于身心发展的特殊需要，学生也会在相互交往过程中形成自己独有的文化特征，构成学校文化中一种相对独特的文化形态。一般来讲，学生文化具有过渡性、非正式性、多样性、互补性等特征。

③教师和学生作为文化的活的载体，始终发生着相互作用，促进了社会文化的传承，更加鲜明地反映出社会文化对教师文化和学生文化的影响。

简言之，社会文化对教育发展的制约作用表现为，社会文化影响教育的价值取向、教育目的的表述、教育内容的选择、教育方法的使用及教育制度的确立。

（二）教育对文化发展的促进作用（教育的文化功能）

教育能够传递和保存文化（传承文化），能够改造文化（选择、整理、提升文化），能够传播、交流和融合文化，能够更新和创造文化（创新文化）。

1. 教育可以记录并传播文化

文化既是人类社会活动的产物，又是新生一代生存与发展的必要基础和条件。人类社会的延续和发展从某种意义上讲就是文化的延续和发展，而文化的延续和发展要靠教育代代相传。尤其是现代社会，由于文化的丰富多样，文化的传播就更需要教育来进行。人类早期没有文字，文化的传播只能靠口耳相传；有了文字以后，文化的传播更多地依赖文字的记载和传授，学校因此应运而生。人类通过教育，记录并传播了文化，教育需要从大量文化中选取最基本的内容传播给年轻一代。后来，教育的重心逐渐从帮助人们大量接受知识转移到帮助人们从浩瀚文化海洋中获取最基本的要素，选取、使用、储存创造文化的基本手段与基本方法。学会认知与学会学习，已成为当今教育所要解决的基本问题之一。

2. 教育能够改造文化

改造文化是指在原有文化要素的基础上所进行的取舍、调整和再组合。教育对文化的改造主要是通过选择文化和整理文化来实现的。选择文化是对某种或某部分文化的吸取和舍去。教育对文化按照一定社会的要求以及教育自身的需要进行正确、合理的选择。

3.教育能够传播、交流和融合文化

文化传播是一种民族文化向另一种民族文化传输的过程，文化交流是两个或两个以上民族文化相互传输的过程。文化的传播、交流既是文化自身发展的需要，也是人类社会发展的需要。由于文化的传播与交流，各民族的文化才不断互相学习和发展，从而使整个人类的文化不断发展和繁荣。社会文化的传播、交流有多种途径和手段，如教育、贸易、移民、旅游等，其中教育是最基本、最有效的途径和手段。一方面，学校教育的专门性使文化传播交流的效率更高；另一方面，教育在吸收、传播其他民族的文化中都要进行选择，去劣存优，以取其精华、去其糟粕，使文化的传播交流具有先进性。如今已进入信息化时代，民族文化的交流十分活跃，教育的文化交流、传播作用显得更为重要。

第三节 教育与个体发展

一、个体身心发展概述

（一）个体身心发展的概念

发展是指事物由小到大、由简到繁、由低级到高级、由旧质到新质的连续不断的变化过程。在这一变化过程中，既有量的变化，又有质的变化；既有正向的变化，也有负向的变化。个体身心发展是指个体从出生到生命的终结，其身心诸方面所发生的一切转变为现实特征的过程。因此，个体发展不仅是个体的机体生物成熟的过程，而且是认识发展的过程以及个性和社会性的发展的过程。

个体的身体发展是指个体的生理方面的发展。其包括机体的自然形态和各种组织系统（如骨骼、肌肉、神经、呼吸系统等）及其机能的发展和完善。个体的心理发展是指个体的心理过程和个性心理的发展，包括认知、情感、意志和各种高级社会性的发展。个体的生理和心理发展密切相关。身体的发展，特别是神经系统的发展，提供了心理发展的物质基础，影响、制约着心理的发展；心理的发展也指导和影响着身体的发展。

一般来说，学生的发展是指学生在遗传、环境和学校教育以及主观能动性的相互作用下身体和心理两个方面所发生的量和质的变化过程与结果，是诸多内、外因素综合作用的结果。从外部因素来看，它可以分为可控因素和不可控因素、积极因素和消极因素。学校是影响学生发展的主要外部因素。学校是通过可控的、积极的因素以及选择社会环境中的积极因素来影响学生的发展的。从内部因素来看，学生身心发展的社会需要与个体现有发展水平之间的矛盾和由这种矛盾所构成的现实性活动是学生发展的根本动力。由于影响学生发展的内、外因素都是发展变化并相互作用的，不同的个体有不同的发展

道路，因而学生的发展呈现出多种可能性。

（二）人的身心发展的特殊性

人在社会实践的过程中受到环境的影响，也在改造环境的过程中改造自己。也就是说，人的身心发展是在社会实践中实现的，并具有能动性。

1. 人的身心发展是在社会实践过程中实现的

人是在社会实践中接受客观世界的影响，反映客观现实的；环境对人的影响离不开人的社会实践。因为外部环境的因素只有作为个体的活动对象才能显示出它的意义和作用，才会进入个体的主观意识，与个体的动机、需要、认识、意志等发生交互作用，将客观世界的东西与主观世界的东西联系起来。如果离开了人的实践活动，客观环境条件没有成为人的主观世界的活动对象，那么再好的客观环境条件也不会对人的发展起作用。

2. 人的身心发展具有能动性

人具有认识世界和改造世界的能力，这使人超越了动物。人还有认识和改造自己的能力。人具有自我意识，发展到一定阶段的人具有规划自己的未来和为未来发展创造条件的能力。自觉的能动性是人类的特点。人们接受环境影响不是消极的、被动的，而是积极的、能动的实践过程。因此，社会环境对人的发展，不仅要通过人的实践也要通过人的主观努力才能实现。例如，一个儿童的家里藏有万卷书籍，但他根本不去阅读这些书籍，这些书籍对于他的发展是起不到任何作用的。由于人们对待环境的主观态度不同，人们就有不同的发展和成就。因为人们总是按照已有的知识、经验、兴趣、爱好以及自己的需要等来对客观环境做出反应的，人们的知识、经验和心理倾向不同，对客观环境的反应也就不同。例如，有的人在良好的环境中却没有成就，甚至走向与环境要求相反的道路；有的人在恶劣的环境中却成为很有作为的人。因此，人的能动性能否较好地发挥，是一个人的发展能否达到较高水平的重要因素。对人的潜在能力的充分信任、对社会实践在人的发展中的作用的高度重视，以及对发展主体自我意识在人的发展中的价值的清醒认识，是使学校教育发挥个体发展功能的前提，也是教师在教育活动中促进学生发展的基本要求。

（三）个体身心发展的规律

个体的身心发展遵循某些规律，这些规律制约着教育工作。教育者遵循和利用这些规律，可以使教育工作取得较好的效果；反之，则可能事倍功半，甚至伤害学生。个体身心发展一般遵循以下几个规律。

1. 顺序性

个体身心发展具有一定的顺序性，是由低级到高级、由量变到质变的过程。例如，身体发展是从头部、躯干向四肢，从中心部位向全身的边缘发展；行为的发展是先爬再走后跑；记忆的发展是从机械记忆到意义记忆；思维的发展是从具体思维到抽象思维；情感的发展是先有喜、怒、哀、乐等一般情感，而后出现道德感、理智感等高级情感。瑞士心理学家皮亚杰（Jean Piaget）的认识论提出了个体认知发展的一般规律，即按照感知运算水平、前运算水平、具体运算水平、形式运算水平顺序发展的特征。

2. 阶段性

个体身心发展有一定的阶段性，反映了量变与质变的统一。个体在不同的年龄阶段表现出身心发展不同的总体特征及主要矛盾，面临着不同的发展任务，这就是身心发展的阶段性。它表现为青少年身心发展的年龄特征，即在发展的不同年龄阶段中身心发展的一般、典型、本质的特征。例如，人在童年期，思维特征是以形象思维为主，情感特征是不稳定且形于外；而在少年期，抽象思维已有较大发展，对情感的体验开始向深与细的方向发展，但很脆弱；在青年初期，以抽象思维为主，情感较丰富、细腻、深刻、稳定，同时道德感、理智感等在情感生活中占主要地位。当然，不同发展阶段之间是相互关联的，上一阶段的发展影响着下一阶段的发展。因此，人生的每一阶段对于人的发展来说，不仅具有本阶段的意义，而且具有人生全程性的意义。

3. 不平衡性

个体的身心发展是不平衡的，表现在两个方面：一方面，同一方面在不同年龄阶段的发展是不均衡的。例如，个体的身高、体重有两个发展的高峰，第一个高峰出现在出生的第一年，第二个高峰出现在青春期。在这两个高峰期，个体身高、体重的发展较其他年龄阶段更迅速。有人对人的智力发展进行研究，发现人的感知、思维、记忆、想象等都存在不同的关键期。另一方面，不同方面发展的不平衡性。有的方面在较早的年龄阶段就达到较高的发展水平，有的则要到较晚的年龄阶段才能达到成熟的水平。例如，在生理方面，神经系统、淋巴系统成熟在先，生殖系统成熟在后；在心理方面，感知成熟在先，思想成熟在后，情感成熟更后。

人的身心不同方面有不同的发展期，这一现象越来越引起心理学家的重视，心理学家提出了发展关键期或最佳期的概念。所谓发展关键期，是指身体或心理的某一方面机能和能力最适宜于形成的时期。在发展关键期，对个体某一方面的训练可以获得最佳成效，并能充分发挥个体在这一方面的潜力；错过了发展关键期，训练的效果就会降低，甚至永远无法补偿。

4.互补性

互补性反映了个体身心发展各组成部分相互联系、相互影响、相互补充，共同构成了人的生命整体。个体某一方面的机能受损甚至缺失后，可通过其他方面的超常发展得到部分补偿。例如，失明者通过听觉、触觉、嗅觉等方面的超常发展来补偿。机体各部分存在着互补的可能，使人在自身某方面缺失的情况下依然能与环境协调，从而为继续生存与发展提供条件。人的精神力量、意志、情绪状态可对整个机体起到调节作用，可帮助人战胜疾病和身体残缺，使身心依然得到发展。我们身边有很多这样出色的人物。相反，如果一个人的心理承受能力太差，缺乏自我调节的能力和坚强的意志，那么不是很严重的疾病或磨难也会把他击倒。互补性告诉我们，发展的可能性有的是直接可见的，有的却是隐现的。

5.个体差异性

由于人的发展的主、客观条件不同，即先天素质、环境、教育和自身的主观能动性不同，因而人的身心发展的过程与结果也有差异。个体差异从群体角度来看，首先，表现为男女性别的差异，它不仅是自然性上的差异，还包括性别带来的生理机能和社会地位、角色、交往群体的差异。其中，有的是发展水平的差异，有的是心理特征表现方面的差异。其次，个体差异不仅表现在同一年龄阶段儿童在不同时期的发展速度和水平有个体差异，而且在相同方面的发展速度和水平也有个体差异。教育者在教育工作中发现和研究个体间的差异特征，做好因材施教工作是非常重要的。

二、影响个体身心发展的因素

影响个体身心发展的因素很多，概括起来，主要有遗传、环境、学校教育和个体主观能动性等。这些因素相互联系，交织在一起，共同作用于个体的身心发展。

（一）遗传

1.遗传的概念

遗传是指人们从上代那里继承下来的生理解剖方面的特点，如机体的构造、形态、肤色、感官特征、神经系统的结构和机能等。这些遗传的生理特点也称遗传素质。这些遗传下来的生理解剖特点中，生理特点指功能特点，如出生后感觉的灵敏度、知觉的广度、注意的持久性、记忆的强度、思维的灵活性等；解剖特点是指结构特点。

2.遗传的意义

遗传在人的发展中的意义是不可忽视的，具体来说有以下几个方面。

（1）遗传素质是人的发展的生理前提，为人的身心发展提供了可能性

人的发展总是以遗传获得的生理组织和最初的生命能力为前提条件的。没有这个前提条件，人的任何发展都是不可能的。例如，健康的身体是一名优秀运动员的生理前提；正常的智力是一名科学家的基本要求；一个先天失明的人就不能发展视觉，不能成为画家；一个生来就聋哑的人，也就不能发展听觉，成为音乐家；一个无脑畸形儿或染色体畸变者，无论其外在条件如何优越，都无法得到正常人应有的心理发展。个体在智力、情感、意志等方面具有的先天心理特征，也会对个体后天的学习和成功产生很大的影响。

人的遗传素质优于动物的最大特点，在于其潜藏着巨大的发展可能性。即使是最低级的野蛮人的手，也能做几百种任何猿手所模仿不了的动作。例如，人初生时，似乎比初生的动物软弱得多。但是，由于初生婴儿具有比初生动物优越千百倍的遗传素质，蕴藏着比动物大千百倍的发展潜力和可能。在后天的环境和社会影响下，人可以掌握丰富的语言文字和高深的科学文化知识，从而具有发达的思维和高超的能力而成为万物之灵。

人体的器官中，大脑是最宝贵、最重要的器官。人体其他器官的功能远不如许多动物，如人的力气不如牛、象、骆驼大，奔跑的速度不如马、鹿快，嗅觉只有狗的嗅觉的百万分之一，视觉远在老鹰之下、也不如猫……尽管这样，人类仍不失为万物之灵，成为这个地球上不可匹敌的主宰。人的大脑能思维、想象，能认识和改造世界。

可见，如果一个人的大脑不正常，就不会有正常的思维发展和思维活动。最高等的动物，即使长期与人接触并接受人的专门训练，也不可能具有人的心理发展水平，因为它不具有人的遗传素质。

但是，遗传素质只是人的先天素质的构成部分，不是全部。如果离开了后天社会生活和教育，遗传素质所提供的可能性便不能成为现实，如狼孩、熊孩等。

一个人的发展除了遗传提供给他的可能性之外，还要由他所处的社会条件、所受的教育和个人的主观努力来决定。由于社会分工、社会生活条件、所受教育和个人主观努力的不同，导致人们从事不同的职业，在思想意识和道德品质方面也千差万别。另外，在不同的社会生活和教育的影响下，人的遗传素质可以向肯定或否定的方向发展。例如，一个音乐素质好的儿童未必将来就一定会成为音乐家。所以说，遗传素质为人的发展提供的可能性，要在一定的环境、教育和个人的主观努力等的影响下才能转化为现实。

（2）遗传素质的差异性对人的身心发展有一定的影响

个体的遗传素质是有差异的。人们常说："一母生十子，十子各不同。"正常的儿童都具有人类的遗传素质，这是遗传素质的共性；但不同个体之间在遗传素质上是存在着客观差异的。人的遗传素质的差异不仅表现在体态、感觉器官方面，也表现在神经活

动的类型上。在医院的婴儿室里，我们可以看到，出生几天后的婴儿就有不同的表现，如有的爱闹，有的较安静；从两岁婴儿的表现，我们可以看到他们对外界事物反应的快慢、情感表现的强弱等方面的差异。即使是同卵双生子，在机体的构造和机能上也有不同的特点，如感觉器官、神经系统等的构造和机能会具有不同的素质。

遗传素质对人发展影响的大小与其本身是否符合常态有关。人的遗传素质大部分处于常态。对遗传素质处于常态的人来说，遗传素质在人的身心发展中不起决定性作用；而对处于常态两端的个体来说，遗传素质便常常具有决定性的作用。

遗传素质为人的发展的个体差异提供了最初的可能性，对人的发展具有一定的影响，所以我们应高度重视优生、优育问题，要正确地估计人的遗传素质的差异，承认人与人之间先天素质的差别，这是对待遗传学的科学态度。

（3）遗传素质具有可塑性

人的遗传物质的载体是46条染色体，其一半来自父亲，一半来自母亲。那么，就父亲和母亲这两个个体而言，遗传给下一代的机会应该是均等的。只不过在创造后代的过程中，父母赋予子女的遗传基因谁呈显性，谁遗传给子女的可能就多。父母遗传给子女的只是生理方面的东西，心理是不能遗传的。也就是说，作为意识反映的客观物质外壳——大脑是可以遗传的；然而，人类的文化、思维是无法靠遗传传递给后代的，人的智力不是完全由先天决定的。诚然，儿童的先天素质存在差异，但较好的先天素质只是具备了发展智力的条件，这种条件是否使智力顺利地发展还要看其他条件。就像有了一粒好种子，不等于就会长出好苗子、结出好果子一样，还要看它是否落到好的土壤里，是否得到雨露的滋润，是否得到良好的管理。

人在实践活动中，一方面，适应环境，创造环境；另一方面，也时时修正着自己的本性。

例如，一个在遗传素质上神经过程强、平衡而灵活的人，在不良的环境和教育影响下，变成神经过程弱而不灵活的人。

遗传素质在人的身心发展中具有一定的作用，但它仅仅为人的身心发展提供了物质前提、自然基础，只是生理方面的潜在能量。在人的成长过程中，它不起决定作用，不能决定人的发展方向和水平。随着环境、教育和实践活动的作用，人的遗传素质会逐渐发生变化，具有可塑性。

（二）环境

1. 环境的概念和分类

（1）环境的概念

环境是指个体生活在其中，影响个体身心发展的一切外部因素。

（2）环境的分类

①按性质来划分，环境可分为自然环境和社会环境。自然环境是指环绕着人类并影响人类生存与发展的自然界，主要有大气、土壤、水、岩石、植物、动物、太阳等自然条件。这些自然环境在为人的发展提供了物质生活条件的同时，也对人的生理结构和性格产生一定的影响，如我国北方多山，北方人的身材比较高大，性格显得刚毅、耿直；南方多水，南方人的身材相对娇小，性格显得比较温和。

在人的发展中，社会环境起着更为主导的作用。环境对人的影响主要是通过社会环境实现的。社会环境是指人类在自然环境基础上创造和积累的物质文化、精神文化和社会关系的总和，包括社会生产力的发展水平、社会物质生活条件以及社会的政治经济制度和道德水准。社会生产力的发展水平决定着人的发展程度和范围，社会关系影响着人的发展的方向和性质，社会的精神文化影响着个体的身心发展内容。一个人的身心能否得到发展和发展到什么程度，都与社会环境分不开。社会环境是人身心发展的外部客观条件，对人的发展起着一定的制约作用。

②按范围来划分，环境可分为大环境和小环境。大环境是指个体所处的总体自然环境与社会环境，如某一国家、某一地区。小环境则是指与个体直接发生联系的自然环境和社会环境，如一个家庭、一所学校。在同一个国家或地域内，人们的大环境通常相差不大，但小环境千差万别。小环境对个体的影响更为直接，教育者应更多地把注意力集中在小环境上。但是，由于社会的变化不断加快，社会交往手段更加便利和丰富，大环境对人尤其是青少年的影响不容忽视。

2. 环境对个体发展的影响

环境对个体发展的影响具体表现在以下几个方面。

（1）环境对人作用的大小与环境本身的性质、变化相关，也与个体的发展水平相关

在童年期，自然环境、家庭环境对人发展的影响较大；到了青年期，社会环境尤其是文化因素对人发展的影响相应增强。环境对人发展的影响随着主体自我意识的形成而相对减弱，影响的性质也由限制逐渐转向更有效的利用。环境因素的作用还随着个体的活动能力而变化：活动能力强的个体，能够很好地利用环境因素促进自身的发展；活动能力弱的个体，环境因素的作用相对较小。

人生的最初几年极为重要，人出生时的素质几乎没有多少区别；但降生在什么环境，由谁教养，却直接决定一个人的社会素质。科学家的实验和很多事实表明，人的一生在8岁前是发展关键期，过了这个关键期再进行训练，即使是专家指导也会十分困难；而且很多都永远无法达到本来应该达到的水平。狼孩的例子就很好地说明了人即使有正常

的遗传基因,但脱离了人的社会环境,或接触的是不完整的人类社会,错过了发展的关键,也会造成永远无法弥补的缺陷。

(2)环境对人发展的影响有积极、消极之分

社会环境是多种因素的复合体,其中既有积极的因素,也有消极的因素。教育者应正确认识环境的性质、特点与作用方式,将环境因素进行尽可能多的正向组合,使环境影响始终与学校教育保持一致,控制和减少环境因素对青少年学生产生的不利影响,提高环境积极因素的作用强度。青少年学生不仅缺乏正确的道德观念,而且辨别是非的能力比较低,加之好奇心、模仿性强,求知欲旺盛,因而很容易接受环境因素的正、反两个方面的影响。

环境因素不仅具有广泛性、经常性的特点,而且具有自发性、偶然性和片面性的特点。因此,环境对人的影响既是自发的、潜移默化的,又是无目的、无系统、偶然、零碎的;既有与教育相平行的影响,也有与教育相矛盾的影响。但是,人与动物的根本不同在于人有主观能动性,人对环境的作用和影响不是消极、被动地接受,人在接受环境影响的同时,又凭借自己的经验和创造能力积极地改造环境、利用环境。

(3)人不只是消极、被动地接受环境的影响

环境对青少年身心发展的影响虽然是经常的、广泛的,但这种影响在大部分情况下是自发的、分散的和偶然的。它没有既定的目标,不像学校教育那样有目的、有计划、有系统。但是,这些影响具有耳濡目染、潜移默化的性质,具有一定的深刻性,有的甚至终生难忘,我们不能低估环境的作用。

环境对人的发展虽然起着非常重要的作用,但是,它也有自身的局限性。我们不能片面夸大外在因素的作用,忽视人的主观能动性,把人看成环境的消极适应者,认为生长在某种环境中的儿童就只能消极地成为某种样子的人。

(三)学校教育

1.学校教育在个体发展方面的影响力

(1)按社会对个体的基本要求对个体发展的方向进行社会性规范

从广义来说,教育是社会环境的一部分,并且是社会环境中比较特殊的一部分。教育是有目的、有意识地培养人的社会活动,关于教育在人的发展中的重要作用,曾被历史上许多思想家和教育家所肯定。人的发展离不开教育,教育是影响人发展的最有效手段。教育尤其是学校教育,与遗传因素和自发的环境影响相比,能按照社会对个体的基本要求对个体发展的方向进行社会性规范。当社会对个体在体质、思想道德、知识能力等方面有要求时,学校教育能根据这些要求,针对不同年龄、不同专业人才培养的要求

而做出相应调整，并有意识地以教育目的的形式去规范学校的工作，通过各种教育活动引导个体的发展方向，帮助个体对发展的多种可能性进行判断和价值选择，使个体的发展方向与社会发展对人的要求一致。

（2）加速个体的发展

学校教育具有明确的目的性，教育时间相对集中，有专人指导，能够对学生进行专门教育。学校教育作为一种有目的、有计划的以培养人为目的的活动，与环境中的自发影响相比有巨大的优势。它能根据一定社会政治经济制度的要求和生产力发展的需要，按照一定的方向，选择适当的内容，采取有效的方法，利用集中的时间，有计划、有系统地向学生传授各种科学文化知识并进行一定的思想品德教育。学校教育还可以协调和优化各种环境因素对人的自发影响，充分发挥个体遗传上的优势，限制和排除不良环境因素的干扰，充分利用和发挥积极因素的作用，以确保个体发展的方向，保证个体沿着社会规定的轨道进步。此外，学校教育使个体处在一定的学习群体中，也有助于个体的发展。

（3）对个体发展的影响具有长远的意义

学校教育的内容大部分具有普遍性和基础性，即使是专门学校的教育内容，也是该领域中具有普遍性和基础性的内容，对个体今后的学习具有长远的影响。此外，学校教育提高了人的需求水平、自我意识和自我教育的能力，为人的终身发展奠定了坚实的基础，为个体离开学校后的继续发展创造了条件，具有更长远的意义。

（4）开发个体的特殊才能，发展个体的个性

在开发特殊才能方面，学校教育内容的多面性和同一学生集体中学生间表现出的差异性，有助于个体特殊才能的表现与发现。在个性发展方面，学校教师和领导有教育学和心理学方面的知识素养，有助于他们发现受教育者的个性，并尊重和注意受教育者个性的健康发展。同时，受教育者在群体中的生活也有助于其从其他人的身上吸取闪光点，丰富自己的个性。

2.学校教育对个体发展发挥特殊功能的条件

（1）教育者自身的主观能动性

自觉的能动性是人类的特点。环境和教育对人的影响作用的大小与人的主观能动性高低有着直接的关系。人的主观能动性是人的一种内在需要和动力，是一种积极的学习动机和渴望。当受教育者具备了积极的学习动机时，环境和教育这些外因才能发挥相应的作用。受教育者的学习积极性越高，教育的作用就越大。只有在教育者和受教育者发生共鸣时才会产生教育过程中的教学相长。

（2）教育条件

教育主导作用发挥的程度，与教育条件有很大的关系。这些条件包括教育的物质条件、教师的素质、学校的管理水平和相关的精神条件。

（3）家庭环境

家庭环境的效应包括适当的家庭经济条件、父母的文化水平和良好的家庭氛围等。只有家庭教育与学校教育保持一致时，教育者才能按教育规律做好教育工作，受教育者才能积极主动参与，教育才能很好地发挥主导作用；否则，学校教育就不能很好地发挥教育的主导作用。因此，作为教育工作者，应主动争取学生家庭的支持与配合，协调一致地开展教育工作，以取得良好的教育效果。

（四）个体主观能动性

人不仅是社会历史活动的主体，而且是自身发展的主体。人在自身发展的过程中也会表现出人所特有的能动性。能动性是指人的主观意识和活动对客观世界的积极作用，包括能动地认识客观世界和能动地改造客观世界，并统一于人们的社会实践活动中。可以说，自觉的能动性是人类的特点。这种能动性是促进个体发展从潜在的可能状态转向显现状态的决定性因素。从其过程结构的角度来看，包括活动主体的需要与动机，指向的客体对象，活动的目的、内容、手段与工具，行为的程序、结果及调控机制等基本要素。从其活动水平的角度来看，由生理、心理和社会三种不同层次和内容的互动构成，每一层次的互动都对个体身心发展具有特殊的整体性的影响。

个体主观能动性的第一层次的互动是人作为生命体进行的生理活动。它是人这一有机体与环境中的物质发生交换的过程，为维持人的生命服务，与人的身体发展直接相关，也是其他方面发展的基础。个体主观能动性的第二层次的互动是个体的心理活动。心理活动的内容丰富多彩，它是人对外部世界能动的、带有个体性的反映，也包括人对自己的意识、态度与倾向，其中最基本的是认知活动。个体主观能动性的最高层次的互动是社会活动。对个体来说，其具有满足人的生存、发展和创造需要的意义，是人与环境之间最富有能动性的交换活动，是一种能量的交换。它具有鲜明的目的性、指向性和程序性，体现了人的主动选择。

以上三类不同层次的个体活动及其作用实际上是共时、交融的。人的生理活动、心理活动渗透在一切社会活动中，人的一切社会活动又受到它们的支持和影响。人的主观能动性从综合的意义上把主体与客体、个体与社会、人的内部世界与外部世界联系起来，成为推动人本身发展的决定因素。

个体主观能动性的强弱直接影响学习的效果和质量。现实生活中，常有这种情况：

同一个教室里的学生，学习状况千差万别。究其原因，除了遗传素质、家庭教育等因素的影响外，最主要的是学生个体主观能动性的发挥程度。如果学生没有学习的需要和动机，甚至厌恶学习，那么教师的教学就无法对学生构成影响，学生自身也无法得到更好的发展。也就是说，外部环境如果不被个体注意并与个体发生相互作用，就无法影响个体的心理和行为；而一旦被个体注意并相互利用，就会构成个体的生活空间，影响个体的心理和行为，最终影响个体自身的发展。

总之，个体的主观能动性在人的发展中起着巨大的推动作用，是人身心发展的内在动力，是内因。社会要求和教育条件是个体主观能动性产生的根源，教育者与受教育者的关系直接影响受教育者主体性的充分发挥。教育者在教育的过程中，既要注意发挥受教育者自身的主观能动性，也要认识到个体主观能动性的作用不是绝对的、无限制的。如果片面、无限制地夸大主观能动性的作用而忽视环境和教育的作用，就可能削弱教育的力量。这在理论上是错误的，在实践中是有害的。

三、教育促进人类的发展

教育使人的价值得到越来越充分的体现，使人个性发展的空间越来越大。

（一）教育对人的潜能的发掘

潜能是人区别于动物的重要标志，是指能够把未成熟的人培养为成熟的人，把平凡的人培养成出色的人的可能性或前提条件。

任何人都具有一定的潜能，甚至是巨大的潜能。人已实现的发展水平与其可能达到的水平有较大的差距。人的发展是一种动态的过程，历史的无限性与人的发展的无限性相统一。人的潜能很少会自动表现出来，人的潜能的充分发掘必须通过教育、学习才能实现。教育者应充分认识学生的潜能存在的事实与价值，尽可能使学生的潜能得到发展是教育者应该努力追求的目标。

（二）教育对人的力量的发挥

人的力量是人的身体力量与精神力量的综合。人类在早期与自然的斗争中，主要依靠身体的力量，因此，历史上流传着无数力大无比的英雄的故事。但是，人的根本力量在于精神力量。人类能创造和使用工具以增强自身的生存能力，能认识自己和改造自己，以发展和完善自身。

人的身体力量的发展有多种途径，教育也是其中一个重要方面，但人的精神力量的发展只有通过教育才能实现。教育不仅需要分别培养和发展人的身体力量和精神力量，而且要力图使人的身心得到和谐、充分的发展。

（三）教育对人的个性的发展

个性是指个体在社会实践活动中形成的独特性。心理学中，个性也称为人格，是指个体稳定的心理特征，具有整体性与独特性。个性体现为个体的信念、理想等；人格体现为个体的能力、气质、性格等。个性是人的共同性与差别性在每个个体身上的具体统一。

发展个性就是要在人的共同性的基础上，充分把人的差别性表现出来，从而使每个人都具有自主性和独特性，实现生命的个体价值与社会价值。人的社会化过程必然伴随着个性化，个性化的形成与实现依赖于教育的作用。教育通过促进人的主体意识的发展、个体特征的发展以及个体价值的实现等来促进人的个性发展。首先，人的主体意识突出表现为人的创造意识，教育对于人的个性化功能突出地表现在它能为培养个体的创造意识、激发个体的创造性服务。其次，人的个体特征是指人的身心发展的个体差异性。这里侧重指人的心理发展，如个人兴趣、爱好、智能结构、性格、气质等方面的特征。人的遗传素质中寓含着个体差异性，但人的个体差异性的发展和形成则更多地取决于后天的因素，尤其取决于教育的作用。教育虽然按照社会的要求作用于个体，但也包含着对人的个体特征充分发展的需求。教育应是尊重个体差异的教育发展，通过不同的教育内容与不同的教育形式促进个体特征的发展。个体在受教育的过程中会产生兴趣、爱好的分野，又会造成个体在专业领域或技能领域的分野，也会造成职业分野。最后，教育使人意识到生命的存在并努力追求生命的价值和意义，赋予人创造生命价值的信心与力量。发展个性是教育的理想，进行个性教育是教育的本质和真谛。

第二章 教育目的与素质教育

第一节 教育目的概述

一、教育目的的含义

"目的"一词在我们的生活和交往中常常使用，是指生活或活动主体意欲达到的最终归宿。

"目的"一词通常显现出以下特征。

①蕴含明确的意识性，即生活或活动主体在意识上对意欲达到的最终归宿的明确觉知。

②蕴含主体的意欲性，即生活或活动目的是出自生活或活动主体内在的意愿，为主体自身所欲求。也就是说，它是发自本心的一种欲求达到的意愿。由此可见，目的蕴含着主体的自觉性。

③蕴含实现的可能性，即主体生活或活动的目的一般不是凭空产生和确立的，常常带有实现的客观依据和主观依据。没有这些相应的依据，人们往往不会确立相应的生活或活动目的。这种基于主、客观依据的生活或活动目的一般带有实现的可能性。

④蕴含实现的预期性，即基于主、客观依据的生活或活动的目的，往往会使人在可能的条件下对其实现进行行动上的规划和安排，包括对主、客观因素的把握和实现时间的考虑，进而使目的的实现带有可预期性。

目的性是人类生活或活动的特性，也是发展的内在根源或源泉。人类从野蛮走向文明，从愚昧走向科学，从农耕社会进入工业时代再进入信息时代，人类的物质文明、精神文明、制度文明等无不包含目的性作用的结果。

人类社会的各种活动无不带有目的性，教育活动亦然。从其产生来看，教育是基于人类及其生产和社会生活经验、知识得以延续的需要而进行的一种有目的、有意识地培养人的活动；从其运行过程来看，一切教育内容的确定、教育方法的选择和教育培养目标的制定等，无一不是依据教育目的来进行的。可见，教育目的体现了人类活动的特性，人类社会对人的培养都是依据所确定的教育目的来进行的。

教育目的是指教育意欲达到的归宿或所预期实现的结果。它是教育活动的出发点和归宿，反映了教育主体对教育活动在努力方向、社会倾向以及人的培养规格、标准等方面的要求和指向。从所含内容的主要指向来看，教育目的有狭义和广义之分。

狭义的教育目的是指一定社会（国家或地区）为所属各级各类教育（或者说是整个教育事业）的人才培养所确立的总体要求，是整体教育意欲达到的根本所在。因此，教育目的对所有学校具有指导意义。不管学生有多大的个别差异，如体质强弱不同、成绩高低不齐、兴趣爱好不一等，学校都必须努力使他们的发展符合国家提出的总要求。

广义的教育目的是指人们对受教育者的期望，即人们希望受教育者通过教育在身心诸方面发生什么样的变化，或者产生怎样的结果。国家和社会的教育机构、学生的家长和亲友、学校的教师等，都对新一代寄予这样或那样的期望，这些期望都可以理解为广义的教育目的。

教育目的与教育方针既有联系又有不同。从两者的联系来看，它们在对教育社会性质的规定上具有内在的一致性，都含有"为谁（哪个阶级、哪个社会）培养人"的规定性，都是各级各类教育在其性质和方向上不得违背的根本指导原则。从两者的区别来看，一方面，教育方针所含的内容比教育目的更广。教育目的一般只包含"为谁培养人""培养什么样的人"的问题；而教育方针除此之外，还含有"怎样培养人"的问题和教育事业发展的基本原则。另一方面，教育目的在培养的质量、规格方面要求较为明确，而教育方针则在"办什么样的教育""怎样办教育"方面显得更为突出。

二、教育目的对教育活动具有质的规定性

（一）教育目的对教育活动的社会倾向具有质的规定性

一般而言，一个国家的教育目的总体上都内在地含有对教育"为谁培养人""为谁（哪个阶级、哪个社会）服务"的基本规定。这种质的规定性在于明确教育进行人才培养的社会性质和根本方向，以便培养出与一定社会要求相一致的人。如果偏离了社会要求或违背了社会性质，社会必然要通过各种方式对其教育进行批评、整顿、改造，严重的甚至予以取消。

（二）教育目的对教育对象的发展具有质的规定性

这主要体现在两方面：一方面，规定了教育对象培养的社会倾向，即要使教育对象成为哪个阶级、哪个社会的人，为哪个阶级、哪个社会服务；另一方面，规定了培养对象应有的基本素质，即要使教育对象在哪些方面得到发展、应养成哪些方面的素质等。

由此可见，教育目的作为培养人的总体要求，总是内在决定着教育活动的社会性质

和教育对象发展的素质。这种对教育活动所具有的质的规定性，使教育目的自身对各种教育活动的要求具有很强的原则性，成为社会在总体上把握教育活动及人才培养性质和方向的根本所在。坚持了所确定的教育目的，把握了它所具有的质的规定性，就能够从根本上保证教育对人的培养与社会发展要求相一致。

三、教育目的的层次结构

（一）各级各类学校的培养目标

1.各级各类学校培养目标的确立

根据各级各类学校的任务确定的对所培养的人的特殊要求，我们习惯上称为培养目标。它是由特定的社会领域和特定的社会层次的需要决定的，也因受教育者所处的学校级别而变化。为了满足各行各业、各个社会层次的人才需求和不同年龄层次受教育者的学习需求而建立了各级各类学校，各级各类学校要完成各自的任务，培养社会需要的合格人才，就要制订各自的培养目标。

2.教育目的与培养目标之间的关系

教育目的与培养目标是普遍与特殊的关系。教育目的是针对所有受教育者提出的，而培养目标是针对特定的教育对象提出的。各级各类学校的教育对象有各自不同的特点，制订培养目标时需要考虑各学校学生的特点。

（二）教师的教学目标

1.教学目标的概念

教学目标是教育者在教育教学过程中，在完成某一阶段（如一节课、一个单元或一个学期等）的工作时，希望受教育者达到的要求或产生的变化结果。学校培养人的工作是长期、复杂而细致的，学校实现教育目的和培养目标不是一蹴而就的，对学生的培养要靠日积月累。这就要求学校、教师将教育目的、培养目标具体化，明确在某一阶段内、教某一门学科或组织一些活动时希望学生在认知、情感、行为和身体诸方面所要达到的具体目标。

2.教学目标与教育目的、培养目标的关系

教学目标与教育目的、培养目标的关系是具体与抽象的关系，它们虽彼此相关，但相互不能取代。教育目的反映的是对人才培养规格总的、普遍的、一般性的要求，具有较强的抽象性、理想性、终极性的特点；相对而言，培养目标显得较为具体，且具有一定的针对性和实现的可行性；教师的教学目标则最为基础，最能在实践层面上加以操作

与实施。

四、教育目的的基本类型

（一）价值性教育目的和功用性教育目的

价值性教育目的是指教育在人的价值倾向性发展上意欲达到的目的，内含对人的价值观、生活观、道义观、审美观、社会观、世界观等方面发展的指向和要求，反映教育在建构和引领人的精神世界、人文情感、人格品行、审美意识、生活态度、社会倾向等方面所要达到的结果。这类教育目的的根本就是要解决培养具有怎样的社会情感和个人情操的人的问题。

功用性教育目的是指教育在发展人从事或作用于各种事物的活动性能方面所预期的结果，内含对人的功用性发展的指向和要求，在教育实践中以能力、技能及技巧等方面的具体要求呈现出来。功用性教育目的的根本就是要解决人在各种活动中的实际能力和作用效能的开发与提升问题，发展和增强人在各种活动中的有用性和功效性。

（二）终极性教育目的和发展性教育目的

终极性教育目的也称理想的教育目的，是指具有终极结果的教育目的，表示各种教育及其活动在人的培养上最终要实现的结果，它蕴含着人的发展要求具有"完人"的性质。

发展性教育目的也称现实的教育目的，是指具有连续性的教育目的，表示教育及其活动在发展的不同阶段所要实现的各种结果，要求对人培养的不同阶段具有衔接性。每一种目的都不带有终极性，在从某一阶段向另一阶段的发展过渡中，具有承前启后的作用，既表示某一阶段的目标，又表示对先前阶段目标的续接性和对以后阶段目标的奠基性，不可或缺。

终极性教育目的和发展性教育目的各有不同的特点。前者具有发展的终结性，对各种教育阶段及教育活动的影响是宏观的，具有总的指导原则和方向指针的意义；后者具有发展的持续性，对各种教育阶段及教育活动的影响是具体的，对各种教育现实问题解决的结果具有直接评价和认定的意义。就两者的关系来看，前者是发展性目的的根本性依据，是发展性目的确立不可忽视的一个基本指导思想；后者是前者实现的必经之路和必不可少的具体策略，是前者的具体体现。在实际教育工作中，依据终极性教育目的来确立各种相互承接的发展性目的是十分重要的，这样才能有效增强其实现的效果，否则将可能导致各种教育及教育活动发展偏离预期目的，体现不出人才培养的总体要求和方向；但是，也不能把这一问题绝对化。

（三）正式决策的教育目的和非正式决策的教育目的

正式决策的教育目的是指被社会一定权力机构确定，并要求所属各级各类教育机构都必须遵循的教育目的。它一般是由国家或地区作为主体提出的，其决策的过程要经过一定的组织程序，常常体现在国家或地区重要的教育文件或有关的法令之中。它表现的层次多种多样，有的是国家或地区所属各级各类教育的总体目的，有的是特指的教育目的。它的实现过程具有权力机构的支持和行政上的要求。正是在权力机制的运作下，它才成为所属各级各类教育必须遵循的基本依据和努力方向。它内含国家或地区的意志和政治、经济、文化生产等方面发展的需要，与国家或地区自身的利益和发展密切联系，综合反映国家各方面发展对人才培养的要求，是国家或地区在总体上把握所属各级各类教育培养人才的根本所在，成为国家或地区检查、评价所属各级各类教育培养人才的根本依据，在国家或地区教育体系的建构中处于重要的地位。

非正式决策的教育目的是指蕴含在教育思想、教育理论中的教育目的，它不是被社会一定权力机构正式确立而存在的，而是借助于一定的理论主张和社会根基而存在的。其主要有两类，一类是以思想理论为根基而存在的，其大多是一些政治家、思想家、教育家基于自己的社会见解或教育见解而提出的，通常体现在他们的理论或思想中。这类教育目的虽不是被社会一定权力机构正式决策的，但因其深邃的思想阐述、多视角的深刻分析和严密的逻辑论证而产生一定的影响。另一类则是基于一定社会单纯的功利观念而存在的，其虽没有明确的阐述，但常常借助于一定的社会功利心理和观念而起作用，如片面或单纯升学的教育目的等。严格来说，这类教育目的不是教育目的，但因其凭借广泛的社会功利心理或观念，对正式教育目的的实现带来极大的干扰，左右着实际教育的方向，而成为有的学校实际追求的教育目的。这是国家或地区在实现所确定的教育目的时应格外注意和防止的。

（四）内在教育目的和外在教育目的

把一般性的和最终的教育目的视为外在的教育目的。换句话说，内在教育目的是指具体教育过程或某门课程建设要实现的直接目的，是对具体教育活动预期结果的直接指向，内含对学习者的情、意、品行、知识认知、行为技能等方面发展变化预期的结果，通过某门课程及其教学目标或某一单元、某一节课的教学目标体现出的可预期的具体结果。外在教育目的是指教育目的的领域位次较高的教育目的，它体现一个国家或地区的教育在人的培养上所预期达到的总的目标和结果，是一个国家或地区对所属各级各类教育人才培养的普遍要求。其表述特点比较宏观、抽象，不像内在教育目的那样微观、具体。因此，外在教育目的不如内在教育目的那样贴近具体的实际教育活动，对实际、具体的教育活动来说，它只是一种方向、指针。

五、教育目的的功能

（一）对教育活动的定向功能

任何社会的教育活动，都是通过教育目的才得以定向的。教育目的及其所具有的层次性，不仅内含对整体教育活动努力方向的指向性和结果要求，而且含有对具体教育活动的具体规定性。它指示给教育的不仅有"为谁培养人""培养什么样的人"这样未来的方向，而且包括现实教育实际问题解决的具体路径。这具体体现在以下几个方面。

1. 对教育的社会性质的定向作用

教育目的对教育"为谁培养人"具有明确的规定。

2. 对人培养的定向作用

教育遵循教育目的，不仅能改变人的盲目发展性，还能对人不符合教育目的要求的发展给予正确引导，使人的发展与预期的方向一致，符合教育目的的规定，产生社会所需要的新品质。

3. 对课程选择及其建设的定向作用

教育目的对选择什么样的内容、何种水平的教育内容等具有决定性作用。

4. 对教师教学方向的定向作用

教育目的除了对培养学生能力和技能方面的教学进行定向外，还有对培养思想品德方面的价值定向作用，使教师知道自己应该教什么。

正因为教育目的的定向功能，教育活动才有所依循，避免其社会性质和发展方向上的失误。事实上，任何社会为满足自身的发展需要，总要首先确定相应的教育目的，引导教育发展的方向，以便从根本上确保教育的社会性质和人才培养的社会倾向性。

（二）对教育活动的调控功能

教育目的是社会根据自身或人的发展需要对教育活动进行调控的一种重要手段，以达到其自身发展的目的。教育目的对教育活动的调控主要借助以下几种方式来进行。

1. 通过确定价值的方式进行调控

教育的产生和发展既是社会的需要，也受社会的制约，社会在利用教育来满足自身或人的发展的需要时，无不赋予它特有的价值取向。因此，教育目的带有一定价值观实现的要求，并成为衡量教育价值意义的内在根据，进而调控实际的教育活动，使其不违背价值取向。

2.通过标准的方式进行调控

教育目的总是含有"培养什么样的人"的标准要求。这些标准对实际教育活动的影响是多方面的，是教育活动"培养什么样的人"的基本依循，使教育者根据这样的标准调控对教育内容或教学方式的选择等。

3.通过目标的方式来进行调控

一种教育目的的实现会使它自身衍生出系列的短期、中期或长期目标，这些目标铺开了教育目的实现的操作路线，得以具体调控教育的各种活动，具体调控的内容包括以下两点。

①对教育工作者教育观念、教育行为的调控。教育观念含有对学生培养的价值倾向（一般从工作态度和行为中体现出来），教育行为不仅体现了教育者的敬业状态和责任感，而且涉及教学内容、教学方法的选择等，这些都直接或间接地依循教育目的进行调控。

②对受教育者的调控。一方面，体现为对教育者的外部调控。由于教育目的本身含有对教育者成长的期望和要求，因而教育者对受教育者不符合教育目的的行为总是予以引导或纠正，把受教育者的发展纳入预定的方向。另一方面，体现为受教育者的自我控制。当受教育者意识到教育目的对自身未来成长的意义和要求时，往往能增强在教育活动中不断完善自己的努力程度，把合乎教育目的的发展作为努力的方向，主动发展和规划自己。

（三）对教育活动的评价功能

教育目的不仅是教育活动应遵循的根本指导原则，而且是检查评价教育活动的重要依据。因为一种能够实现的教育目的总是含有多层次的系列目标，可为教育活动提供宏观的和微观的衡量标准。教育目的对教育活动的评价功能体现在以下两个方面。

1.对价值变异情况的判断和评价

社会中个人、群体、社会各层次之间存在的利益、需要、目的等方面的矛盾与冲突，常常导致教育上的冲突，使教育活动总是面临多种多样的教育价值观和教育目的的影响和干扰。这种影响和干扰虽不能一下子取代被社会正式确定的教育目的，但有时容易在实践上导致教育活动的方向模糊不清，甚至使其被赋予了另外一种价值取向。如果不坚持用所确立的教育价值观进行衡量、评价，就不能意识到教育活动价值的变异，也难以使教育活动得到有效的纠正。

2.对教育效果的评价

教育目的中的层次目标，一般是根据具体教育问题提出的。它不仅是可以被具体教育活动操作和实现的目标，而且是评价具体教育活动效果达成程度的直接依据。运用这些目标来评价具体的教育活动过程，可判断出教育过程的得失、质量的高低、目标达成的程度等。

总之，教育是一个多因素参与的社会活动，复杂多样的社会因素总是对教育及其过程产生这样或那样的影响。要确保教育目的的实现，就应注意依据教育目的来分析、评价教育过程发展的状况和结果，适时进行恰当的判断。只有注意发挥教育目的对教育活动的评价功能，才能更好地从根本上把握教育活动。

教育目的的上述功能是相互联系、综合体现的，每一种功能的作用都不是单一表现出来的。定向功能是伴随评价功能和调控功能而发挥的，没有评价和调控功能，定向功能难以发挥更大的作用，而调控功能的发挥要以定向功能和评价功能为依据，评价功能的发挥也离不开对定向功能的依赖。

第二节 教育目的的选择与确立

教育目的的选择，即对人的培养目的或目标所进行的选取或抉择。教育目的的确立，即以一定的组织形式对教育目的进行的确认，是对教育目的或目标选择结果的肯定。一般而言，教育目的的选择与确立是结合在一起进行的，通常包括三个层次的选择：一是宏观层次的选择，即对所属各级各类教育进行的具有总体性、全局性的目的决策，它是由决策主体根据自身的利益和发展需要来进行的，决策后的教育目的表明对所属各级各类教育培养人的总体要求，也称普遍要求；二是中观层次的选择，也称教育目的的再选择，是依据宏观教育目的的要求和各级各类教育的特点、使命来进行的，是对各级各类教育所要达到的目标进行抉择，表明各级各类教育培养人的要求；三是微观层次的选择，也称教育目的的具体选择，如课程目标、课程教学目标、单元教学目标等，它们的选择与确立一般是结合学生的实际发展水平、学科特点及培养人的总体要求进行的。

一、教育目的选择与确立的基本依据

一般来说，各层次教育目的的选择与确立是由不同的决策主体来进行的，有的主要依据社会政治、经济、文化和生活方式的现实状况、发展需要以及人的发展需要来确定，有的主要依据具体的教育内容和学生身心发展的程度和水平来确定，有的主要依据学科或专业发展的特点等来确定。

教育产生于社会需要，与一定社会的现实及其发展有密切的联系。教育要更好地服务于社会，就必须依据社会现实及其发展的需要、社会生产和科学技术发展的需要来选

择与确立教育目的。

（一）根据社会关系现实及其发展的需要来选择与确立教育目的

社会关系是建立在物质资料生产基础上的各种关系的总和，是社会生产关系、政治关系、经济关系、法律关系、道德关系、利益关系等各种关系的总称。一个社会的社会关系是否和谐、有序，关系社会的稳定。因此，任何社会都十分重视社会关系问题，并建立相应的政治机构、组织制度和经济制度等对社会关系予以调控和管理。在社会发展中，社会生产方式的变革总要带来社会关系结构及其制度的变革，而适应社会发展变革的新的社会关系结构及其制度的建立又无不对教育培养人提出相应的要求。这一点在当今社会显得尤为突出。

（二）根据社会生产和科学技术发展的需要来选择与确立教育目的

人不仅是社会的成员或阶级的成员，也是社会物质财富和精神财富的创造者。因此，培养什么样的人，不仅要反映社会关系和政治经济的要求，还受到社会生产力和科学技术发展水平及发展需要的制约。特别是现代社会，生产力的发展及产业结构的变化、科学技术的作用日益显著，已经成为制定教育目的不可忽视的直接因素。当今，知识经济和信息化已经成为社会的重要特征，社会生产与管理越来越走向科学化、知识化、信息化和智能化，对劳动者的质量、规格提出了前所未有的要求，世界上的很多国家根据这种要求来重新选择、确立教育目的，以培养能够适应社会发展的人才。

（三）依据人的身心发展特点和需要来确定教育目的

教育目的含有对人的素质发展的要求，这种要求不仅要依据社会现实及其发展的需要来确定，还要依据人的身心发展特点和需要来确定。

人的身心发展特点是确定各级各类教育目的不可忽视的重要依据。

如果不考虑人的身心发展特点，就会导致实际教育活动脱离学生的身心发展水平或特点，难以有效地促进学生的发展。因为在不同年龄阶段，人的身心发展特点和水平有所不同。在把教育目的转化为各级各类教育的培养目标时，就必须以此为依据，这样才能使实际教育活动对学生的要求符合其身心发展的特点和水平，具有针对性，而不至于过低或过高、过易或过难。人的身心发展具有阶段性和顺序性、稳定性和可变性、不平衡性和差异性等特点，这是各级各类教育选择与确立教育目的时应把握的基本前提。依据这些特点才能将各级各类教育目的从低到高整合为一个循序渐进、相互联系、相互衔接的有机序列，为不同教育阶段开展实际教育活动提供合适的指导，这样的目标不仅具有可行性，而且能对学生的身心发展起到强有力的推动作用。

人的发展需要是选择与确立教育目的时不可忽视的重要因素之一。

人的发展具有多方面的需要，包括物质的和精神的、现实的和未来的、生存的和发展的等。这些需要与人在发展过程中对社会发展变化要求的意识密切相关。人对社会发展变化要求的认识，会使人把社会要求转化为自我发展的需要，使人围绕社会要求来设计、建构自我发展。人的这种需要的满足常常包括对教育的要求，这是选择与确立教育目的时必须考虑的。如果不考虑人的发展需要，教育对人的发展需要就难以满足。事实上，任何社会的教育目的对人所应具备的素质的要求、所预期形成的素质结构不仅体现着社会的规定性，而且总是不同程度地体现出对人的生理、心理等方面理想化发展的追求。人是社会的主体，正视人的主体性需求、满足人的主体性需要的教育目的，往往更有利于人的价值提升和内在力量的增强，才能对培养人的实际教育赋予根本的活动宗旨或活动追求。

二、教育目的选择与确立中的基本价值取向

选择和确立教育目的，不能不涉及教育目的的价值取向问题。因为对教育目的的选择与确立，人们总是从各自的利益和需要出发，在选择和取舍中体现不同的价值追求。

教育目的的价值取向是指对教育目的的价值性进行选择时所具有的倾向性，是教育理论中最为复杂和最为重要的领域。说它是教育理论中最为复杂的领域，是因为教育目的的功能是多方面的，而且总是与社会各方面、人的各种问题联系在一起。由于人们所处的社会地位、经济地位不同，因而有不同的社会感受和生活感受，有不同的文化背景、实践经验、认识水平、政治倾向、社会理想，有不同的利益和价值观念。说它是教育理论中最为重要的领域，是因为价值是教育目的的核心，价值取向在很大程度上规范着教育活动的目的，引导着教育活动目的选择的方向。如果选择与确立教育目的时其价值性问题不确定，那么教育目的也就难以真正确立；反之，如果价值性问题明确了，那么教育目的的选择和确立也就有了基本的方向和原则。

（一）教育目的选择与确立中的基本价值取向所涉及的基本问题

教育目的选择与确立中的基本价值取向所涉及的基本问题，包括人本位的价值取向和社会本位的价值取向。

1. 人本位的价值取向

人本位的价值取向把人作为教育目的的根本所在。其重视人的价值、个性发展及其需要，把人的个性发展及需要的满足视为教育的价值所在；认为教育目的的根本在于使人的本性、本能得到自然发展，使其需要得到满足；主张应根据人的本性发展和自身完

善的这种"天然的需要"来选择与确立教育目的。

人本位的价值取向虽然把人作为选择教育目的的根本依据,把人的价值看得高于社会价值,但在历史发展的过程中,其表现也不尽相同:一是在不同的历史发展时期,各种人本位的价值取向背景和针对性有所不同;二是在对待人与社会的关系上,人本位的价值取向虽然都认为人的价值高于社会价值,但在其态度上,有独立与非独立之分、激进与非激进之别。人本位的价值取向把人视为教育目的的根本,它在历史发展中的每一次变化都具有不同程度的变革性,其或面对社会,或面对教育自身。

2. 社会本位的价值取向

社会本位的价值取向把满足社会需要视为教育的根本价值。这种观点认为,社会是人们赖以生存和发展的基础,教育是培养人的社会活动,教育培养的效果只能以其社会功能的好坏来衡量。因此,其主张教育目的不应从人本身出发,而应从社会需要出发,根据社会需要来确定。其出发点也有所不同:有的是基于人的社会化、适应社会要求来主张社会本位的价值取向,有的是基于社会(国家或民族)稳定或延续的重要性来主张社会本位的价值取向。

社会本位的价值取向重视教育的社会价值,强调教育目的从社会出发,满足社会的需要,具有一定的合理性。事实上,人的存在和发展是无法脱离社会的。离开社会,人就无法获得其发展的社会条件。人获得发展的社会条件客观上需要每个人遵守并维护社会要求。从这一意义来说,社会本位的价值取向具有不可否认的意义。但是,它过分强调人对社会的依赖,把教育的社会目的绝对化、唯一化,甚至认为个人不可能成为教育的目的。这种极端的主张完全割裂了人与社会的关系,极易导致教育对人的培养只见社会不见人,单纯地把人当作社会工具,而不是把人作为社会主体来培养,造成对人本性发展的严重束缚和压抑。

3. 价值取向中人与社会关系的基本确认

人与社会的关系问题是选择与确立教育目的时不可回避的问题。教育目的的人本位和社会本位两种价值取向理论无疑会给我们一些启示,但不能以这两种理论主张来简单代替教育目的的选择。这主要是因为:第一,这两种主张虽都有一定的合理性,但都不是一个超历史的抽象公式,它们各自的合理性须联系具体的历史条件来进行分析。如果将其当时针对一定问题而提出的主张不加区别地普遍化,以为是可以适合一切时代、一切社会的,则不免僵化和偏颇,无益于解决当代教育目的的选择问题,甚至会对当代教育目的的选择产生误导。第二,这两种主张对我们理解人和社会在教育目的中的重要性、不可忽视性是有帮助的,但两者都忽视了人与社会的相互联系,都不能使人与社会的关系在教育目的中得以恰当体现。这在客观上极易导致教育实践和教育功能的片面性，限制教育多方面功能的发挥。事实上，人与社会是密切联系、不可分割的两个方面。一方面，社会是由人构成的。从这一点来说，社会是人的社会（良好的、理想的社会是一个真正为了人的社会）。这一点就连社会本位论中的一些人也不得不承认，他们的社会本位论中有的也没有离开"为了人"的思考。另一方面，人是因社会才得以生存和发展的，人总是离不开一定的社会。从这一点来说，人是社会的人。这一点就连人本位论中的一些人也不得不承认，他们的人本位论中有的也没有离开对"社会的人"的思考。

在现实教育目的的选择与确立中，对人与社会关系的认识和解决仅限于价值关系性的论证是不够的，还有以什么样的方法来思考、论证的问题。从这一方面来看，在思维上注意以下两方面就显得十分必要：一是对教育目的中人与社会关系的思考应给予动态、发展的把握，而不是静止、僵化地看待这一问题。因为社会及社会中的教育活动本身就是不断发展变化的，僵化、静止的思维或思想本来就不利于社会及教育的发展。二是应注意在相应的层次来思考和讨论问题。因为同一问题如果不是在同一层次上进行讨论与思考，往往无助于问题的解决。层次混淆的讨论必然导致讨论的混淆。人本位的价值取向和社会本位的价值取向虽各有一定的道理，但都有其方法上的僵化性和绝对性。

其实，一个社会教育目的的选择，不只是价值选择与确立的问题，还有价值实现的问题；不只涉及整个社会教育事业的目的问题，还涉及具体教育实践的目的问题。因此，我们应以动态、层次对等的方式来认识和看待教育目的选择中的人与社会关系问题。首先，就一个社会的整体教育目的而言，在其价值取向上要把满足人的需要和满足社会的需要结合起来，把重视人的价值和重视社会的价值结合起来，把人与社会发展的互依性、互动性、互利性作为社会整体教育目的的根本价值取向，这既有利于避免教育对人的压抑，也有利于避免教育对人的培养脱离社会现实及其发展的需要。其次，就教育目的的价值取向的实现过程也就是教育的实际运行过程而言，要把满足社会的需要与满足人的需要结合起来，不能僵化地理解为两者在实践中是"平分秋色"的，应予以动态的把握，使两种价值在不同程度上、以不同的方式统一于教育目的或教育过程。这就是说，在实现两种价值结合的过程中，不应僵化地以个人或社会的价值为基点，而应互为基点。最后，就教育目的的价值实现的实践着眼点而言，要落在人的发展上。因为无论教育是满足社会的需要还是满足人的需要，都要通过人的发展来实现，没有人的发展一切都是空话。可见，人的发展是教育的直接目的，是教育的社会价值和人的价值实现的着眼点。事实上，在社会中，一个人应该怎样发展，在很大程度上是根据社会发展变化的实际确定的；不仅个人如此，教育也如此，只不过对发展的选择有所不同罢了。

（二）确立教育目的价值取向时应注意的问题

一个社会的整体教育应把满足社会的需要和人的需要作为基本的价值取向。在这个总的前提下，有必要认识和把握好一些基本问题。

1. 确立社会价值取向时应注意的问题

社会价值取向的片面性或狭隘性不仅会直接影响教育多方面功能的发挥，而且会助长社会发展失衡。从现代社会的发展来看，教育目的的社会价值取向虽多种多样，但都比较注重取向的全面性与综合性。当代教育目的社会价值取向的确立应注意把握以下几个问题。

（1）以可持续发展理念为指导的问题

可持续发展的理念最早源于人对自然资源和生态环境发展及其保护的认识。可持续发展理念是对以往社会发展道路的反思和对传统发展理论的扬弃和深化。它不是单指生态和资源的持续，也不是仅指经济发展或社会发展，而是指以人为中心的经济—社会—自然复合系统的发展，即人类在不突破资源和环境承载能力的条件下，促进经济和社会的全面发展，提高生活质量，保障当代和后代人的不断发展。其目标是达到人与自然、社会的和谐，满足今后整个人类的基本需要和全面发展。

可持续发展理念是对传统发展理论的超越和创新，它向世界展示了一种新的发展意义和价值观念，成为当今世界各国发展的重要选择和必然趋势。它强调人与自然、社会的和谐，其核心是人的发展，而教育作为培养人的社会活动，对此必然负有重要的使命。因此，选择与确立教育目的必须依据和体现可持续发展的思想和要求，要把人—社会—自然的和谐发展作为教育目的的选择与确立的根本价值取向，避免教育目的价值取向的单向度、片面化。一方面，当代社会可持续发展战略的实施已不再单纯以经济或政治等为评价社会发展的标准，而代之以全面发展、协调发展和可持续发展。从最终意义上说，发展不仅仅包括人民生活的物质和经济方面，还包括其他更广的方面。另一方面，社会是一个多元的复杂系统，其中各要素是相互影响、相互制约的，这种相互作用的结构机制从根本上决定了现代化建设必须注重社会诸要素的协调发展，即社会的经济、政治、文化等要素的协调发展。如果在教育目的的选择上追求单一、片面的价值取向，就将会因为对人片面性的培养而导致社会各方面发展的失衡。因此，当代社会教育目的的选择与确立只有赋予社会全面发展、协调发展和可持续发展的理念，根据这样的理念来培养人，才能使社会的全面发展、协调发展和可持续发展获得坚实基础。

（2）适应性与超越性问题

教育是人类社会实现继承和发展的一种重要手段。社会的继承与发展决定了服务于它的教育无不带有适应性与超越性。适应性是指教育对现实社会当前需要的符合性，是教育基于对现实社会当前的肯定关系，在体现现实社会当前的要求、满足现实社会当前的需要方面所具有的适合、顺应状态，也可以理解为教育对现实社会当前的要求或需要的满足的配合性或支持性。超越性是指教育对现实社会当前发展的超出性，是教育基于现实社会当前的发展趋势或可能，在体现现实社会未来的发展要求、满足现实社会未来的需要方面所具有的努力状态。它既是教育对现实社会当前发展的未来指向，也是教育对现实社会当前发展的否定。当然，这种否定并不都是相同的：有的是对水平或程度的否定，即在认可现实社会某种存在合理的前提下，对其已有水平或程度的否认，是实现程度或水平上的更高发展；也有的是对存在性的否定，即否认现实社会某种存在或多种存在的合理性，是革除旧有的存在，创建一种新的存在。

教育要适应现实社会的当前要求和需要，因为这是社会继承所必需的。但是，只注重适应性的教育，容易导致教育的短视，降低对未来发展的适应意识和应对能力，必然缺乏对未来发展挑战的充分准备，也难以赋予现实向未来发展的有力导向和巨大的内在发展潜能。同样，教育还要讲究超越性，因为没有超越就不会有发展。但是，单纯地注重超越性的教育，也容易导致教育热衷于虚幻的未来而忽视未来发展的现实基础，甚至带来现实与未来发展的错位，使未来的发展缺乏坚实的基础。总之，适应现实，要有走向未来的指向；超越现实，要有良好的现实基础。忽视或割裂适应与超越之间所具有的联系性，在客观上不利于使社会发展保持良好的连续性。

教育目的的社会价值取向要坚持适应性与超越性的统一。首先，不能局限于在理论上抽象思考两者统一的合理性，还要探索两者的统一在实践上的可行性。不能把这种统一变成僵化的理论，而要努力使其成为鲜活的实践。其次，在实践上要避免主次分明的绝对化思维。就教育的适应性而言，可能某一时期对现实的某一方面的适应是极为有利的，并且会对社会其他方面产生积极的影响，而在另一时期这种适应则可能是没有必要的；就教育的超越性而言，可能某一时期对现实的某一方面是极为必要的，而在另一时期这种超越则可能是不必要的。就现实社会的同一方面而言，教育对其适应或超越具有不固定的先后之分；就现实社会的不同方面而言，教育对其适应或超越可能具有同时性。实践中出现的这种状况并不否认适应性与超越性的统一；相反，这恰是实践中对适应性与超越性关系的灵活运用。最后，在实践中，要从现实及未来发展的方向来把握教育的连续性，体现适应性和超越性的统一。一方面，要注意在适应中超越，即使教育对现实的适应面向未来，具有面向未来的发展性；另一方面，要注意在超越中适应，即在超越现实的同时去适应新的现实要求。把教育目的的社会价值取向的适应性与超越性统一落实到对人的培养上，应注意在适应现实的教育活动中透视未来发展的必然走向，还应注意引导对象为树立和实现远大的理想而进行不懈的努力。

（3）功利性与人文性问题

物质生活发展与精神生活发展是人类社会发展进步的基本需要。社会发展进步的这种内在需要决定了服务于它的教育既有功利价值又有人文价值，即具有功利性和人文性。在这里，教育的功利性是指教育活动所产生的社会物质生产、经济发展和物质利益满足方面的功用性和效益，体现为教育在社会中的功利价值。教育的人文性是指教育活动对社会的精神生活、文化发展、价值精神建构方面所产生的作用和效果，体现为教育在社会中的人文价值。如何看待两者和处理两者的关系，是选择与确立教育目的不可回避的重要问题。因为教育作为培养人的社会活动，必然要反映和满足社会的要求，这种要求不仅是社会物质和经济发展方面的，而且是社会精神文化方面的。从社会的这种内在要求来看，教育目的的选择与确立要坚持功利性与人文性的有机结合。

随着社会的发展，特别是近代以来，人们对经济效益的渴望，使功利性成为现代化追求的首要目标，而人文精神则渐渐受到忽视和冷落，社会对功利价值与人文价值追求的失衡越来越突出，教育由此也越来越被赋予了经济发展的目的和物质利益追求的目的，生存与发展的功利性、实用性的教育成了培养人的根本所在。这种教育目的的价值取向使教育成了对经济利益和物质财富进行创新性追求和创新性掠夺的手段，其人文价值严重弱化。不可否认，近代以来，教育的这种取向及其发展已经自觉或不自觉地助长了社会功利价值与人文价值的严重失衡。因此，在当代社会重视人文精神、呼唤人文精神的情况下，教育目的的价值取向必须克服功利性的单一取向，必须使之赋予明确的人文价值追求。

重视教育的人文性，对于矫正以往教育目的价值取向的单纯功利性是十分必要的。在矫正的同时，要注意把握好以下问题。首先，在重视人文精神和教育的人文性时，要避免把它与功利性对立起来。现实中，重利轻义的现象是片面的，但因此而重义轻利，甚至以义抑利也是不可取的。如果把人文精神或教育的人文性与功利性对立起来考虑，就容易导致以义抑利的禁欲主义。其次，重视教育的人文性就是要弘扬人文精神，但不能把中国传统的人文精神望文生义地等同于今天所要提倡的人文精神，也不能把它与西方倡导的人文精神等同起来，当然也不能断然割裂与它们之间的联系。今天所倡导的人文精神，要抛弃精神至上、个人至上、人类中心以及对功利存在的禁欲主义等观念，要按照时代的发展去建构对人类功利取向、物质追求和经济发展具有良好价值导向的人文精神，促进社会在物质与精神、人与环境、人与社会等方面的协调发展，促进社会的精神文明与人际和谐，提升人的精神境界。最后，确立人文精神与功利追求是人生意义和社会发展不可或缺的观念。人及人类社会的生存与发展是在追求功利并不断超越功利的矛盾过程中实现的。人及人类社会的生存不仅仅是自然生命的存在，还有精神生命的存在。两者的内在联系及相互作用表现出人对自然生命的重视和对它的超越，这种超越能使人及人类社会在肯定功利追求的前提下，在功利追求的基础上，不被单纯的功利追求所束缚。它不是抛弃功利的纯精神生活，而是引导人们在追求功利的同时，赋予功利追求重要的人文价值导向，提升人及人类社会的精神境界。人及人类社会的生存和不断发展正是在两者的互动中实现的。

2. 确立人的价值取向时应注意的问题

教育作为培养人的社会活动，其目的既含有社会价值取向，也含有人的价值取向。历史上任何社会的教育目的都是如此，只不过不同时期、不同社会对其重视的程度和取向的侧重点有所不同罢了。选择与确立教育目的时，在人的价值取向上应注意解决好以下问题。

（1）人的社会化与个性化问题

社会化和个性化是人自身发展的两个不同方面。人的社会化一般是指个体在出生后的发展中习得社会文化规范、价值观念和行为习惯等，并借以适应社会和参与社会的过程。这一过程的结果是把一个具有生物特性的人赋予各种社会关系和社会行为方式，使之成为具有社会特性的人。因此，人的社会化反映人的聚合性和共处性，是社会凝聚个体的重要形式，也是个体自身发展的重要内容之一。人的个性化一般指个体在社会适应、社会参与过程中所表现出来的比较稳定的独特性。综观现代对个性化的探讨，体现出的意蕴有三：一是指个体有别于他人的独特性；二是指个体在社会和社会关系中的不可替代性，也可以说是人在遵守、服从社会各种规范以及参与社会各种活动中的不可替代性；三是指与人身心的束缚性、奴役性、盲从性相对应的独立自主性。独立自主性被视为个性的根本所在。因为一个人如果没有独立自主性，习惯于盲从，习惯于被束缚和被奴役，就意味着个性在其精神上被消解，已经枯萎或丧失。由此可以认为，独立自主性是个性精神气质所在。人的个性化发展意味着个人自主能力、独立能力、创造能力与自控能力的提高，蕴含着人自身发展的潜能和自立自主的能力。正因如此，人的个性化具有重要的个体意义和社会意义。

中外历史上，对人的社会价值和个性价值存在着不同的认识。人的社会化因其所具有的个体对社会规范的遵从性，常常导致有人将其看成对人个性化的束缚和压抑，从而轻视甚至否定社会化的意义；人的个性化因其所具有的个体的独立自主性，常常导致有人将其看作妨碍社会凝聚和一致性的根源，甚至把它当作社会一致性的对立面。这些看法对以往的教育目的价值取向不无影响。当今社会不仅重视社会的凝聚力和一致性，而且注重增强社会发展的内在活力与源泉，这就使人的个性化发展成为教育目的价值取向不可忽视的重要方面。

不过，当今社会的教育目的价值取向虽然对个性价值给予了高度的重视，但也不能矫枉过正，必须从有机结合的理念上加以把握。这主要是因为，人的社会化和个性化是人自身发展的两个相互对应的不同方面，是人健康发展的重要标志。人的发展与完善，就在于其社会化和个性化的和谐与统一。没有人的社会化及其发展，个体将难以适应社会、参与社会和自主创造社会，从而使不同的个体在社会中失去共有的基础和赖以相互交往的基本规范；而没有人的个性化及其发展，个体的观念和行为就会千人一面，其自身的才智及潜能就难以充分、自由地发挥。不只如此，对个性的束缚和压抑，不仅会造成个体自主、自立和创造性的萎缩，而且会在活动源泉上影响社会文化的进步，使社会发展的内在生机和活力匮乏。失去社会化的个性化极易导致个体的过分自由，失去个性化的社会化极易导致社会创造活力的抑制。因此，单纯强调或重视社会化价值或人的个性化价值都是不可取的。人的社会化应是个性化了的社会化，人的个性化应是社会化了的个性化。

（2）人的理性与非理性问题

关于什么是理性和非理性，在哲学上有着本体论、认识论、人性论、技术论等不同观点。人的理性是指人在认识和行为方面表现出来的理性遵循（如对事物发展变化的逻辑性遵循，对科学的概念、价值准则的遵循等）以及运用理性（如逻辑、科学概念和价值准则等）来揭示或把握客观对象（自然、社会、人及其相互关系）的普遍性本质和规律、看待或处理问题的特点等。人的理性在认识和行为上具有对感性和直觉直接性的超越性，体现为人类超越自我的生物本能，超越自身的有限存在，而追求世界与人生的真理和永恒的能力是人类灵性的精华。人的非理性是指人在认识和行为方面表现出来的非理性遵循（对产生于感觉、情绪、欲望之上的直觉、直接体验或灵感、顿悟的遵循），以及运用非理性来把握与说明客观对象或事物、看待或处理问题的特点等。人的非理性在认识和行为上具有对感性和直觉的依赖性，体现着人类生命的情感、意志、自然本能、欲望等，表现为追求肉体感官或精神感官的满足以及自我充分实现的特性，是人类行动的原始动力。

当代教育目的的选择与确立，在价值取向上要避免陷入理性和非理性两者对立的误区。两者虽然各不相同，但不是截然对立的。实质上，纯粹的理性和非理性是不存在的。

首先，就理性而言，它的产生、发展及作用的发挥不是孤立的，而总是与人的情感、欲望等有着割不断的联系；就非理性而言，它的表现过程也不是单纯的情感、意志活动，而是直接或间接地受原有文化素养（思维方式或文化观念、价值标准）的影响，在灵感、直觉的表现中，人们也能觉察到其对已有经验积累和文化积淀的依赖性。其次，要充分认识理性与非理性的长处与局限性，避免盲目地推崇理性至上或非理性至上。理性至上而贬低非理性，极易造成对人的冲动的压抑，导致人行为的僵化、教条，使人的行为缺少内在的激情与活力，无益于人的主体性的发展；非理性至上而贬低理性，易造成人的自我放纵，使自我任由本能冲动的支配，这无益于个体自身的文明发展和社会的进步。

（3）科技素质与人文素质问题

科技素质是指与人认识、作用于自然，与物质生产、生活密切相关的科学技术方面的素养、品质及能力发展的水平，通常体现为科学文化知识、技能掌握及运用的能力以及与此相关的思维品质、探索创新的意识、崇尚科学的精神等。人文素质是指与人认识、解决人类生存意义和价值问题，以及从事社会价值建构活动密切相关的人类文化、价值方面的素养、品质及能力发展水平，通常体现为在对人类生存意义和价值关切中所形成的价值理性、道德情操、精神境界及能力等。从历史的发展来看，近代以前的教育基本上是以人文素质培养为主要价值取向的；而近代以来的教育，科技素质在教育目的的价值取向上日显突出，随着科学主义与人文主义哲学观的对峙以及科学技术在满足社会功利追求中的巨大作用，科学技术与人文科学的分离也日益加剧，使近现代教育目的的科技素质与人文素质价值取向失衡。人文教育中缺少对科技素质的培养，科学技术教育中缺少对人文素质的培养，这不仅造成了当代社会人的素质的明显缺失，而且无益于帮助社会解决人文精神失落的问题。

首先，要认清和摆脱科学主义和人文主义哲学观的片面性。近代科学的兴起，导致了科学主义甚至唯科学主义的倾向，从而引起真理与德行的分离、价值与事实的背离、伦理与实际生活的断裂。正因科学主义的片面性及其后果，所以遭到了人文主义的激烈批判。但这种批判把当今社会的一切罪责都归于科学，其实也是片面的，不利于科学的发展。事实证明，过分强调科学理性、科学技术至上，必然导致对人文精神的轻视；过分强调人文价值，也会带来对科学技术的压抑。其次，要充分认识和理解科学精神与人文精神的统一性。科学精神与人文精神是反映和构成整个世界图景的两个相互关联的不同方面。科学精神是人类在对世界特别是对自然界的探究中形成的，包括：相信理性，追求知识，注重可操作程序；实事求是，怀疑一切既定权威；热爱真理，憎恶一切虚假行为；遵循公正、创新等准则等。科学精神重在求真务实，探究万物之理。人文精神是人类对自己生存意义和价值的关心，包括对人的价值的至高信仰，对人类处境的无限关切，对开放、民主、自由等准则的不懈追求，并凝结为人的价值理性、道德情操、理想人格和精神境界。从对两者的分析中我们可以看到，两者不是对立的，科学精神中含有明显的人文价值。认识和把握科学精神和人文精神的统一性，有助于避免科技素质和人文素质价值取向的失衡。最后，要充分认识科技素质与人文素质协调发展的时代性要求。当今社会日新月异，但各种矛盾和危机也日益突出。为解决这些问题，人类在种种教训中选择与确立了可持续发展的观念，开始强调社会的全面发展、全面进步，社会的协调发展、可持续发展。这种观念内在地含有科学精神与人文精神的有机融合，要求人们以科技素质和人文素质的协调发展与之相适应。

第三节　我国的教育目的

一、我国教育目的的理论基础

马克思主义关于人的全面发展学说是确定我国教育目的的理论基础，正确认识和理解这一学说，对制订教育目的有重要的指导意义。

马克思主义关于人的全面发展的学说是建立在历史唯物主义和剩余价值学说的理论基础上的，它把人的全面发展既看成现代化大生产的客观要求，又看成对共产主义新人的理想蓝图的描绘。马克思主义关于人的全面发展学说的基本理论，有以下几个要点。

（一）相对性

人的全面发展与人的片面发展是相对而言的，全面发展的人是精神和身体、个体性和社会性得到普遍、充分、自由发展的。

（二）取决于社会条件

人朝什么方向发展、怎样发展、发展到什么程度取决于社会条件。人的发展从根本上来说，取决于其所处的社会物质生活条件。人们在社会生产和生活中所处的地位不同，其所获得的发展机会也不相同。

（三）工业生产提供可能性

工业生产的高度发展必将对人类提出全面发展的要求，并提供了人的全面发展的可能性。机器大工业生产提供了人的全面发展的基础和可能。资本主义机器大工业的出现与发展，为人的全面发展开辟了道路。首先，机器大工业生产对人的全面发展提出了客观需要。因为机器大工业生产的技术基础是现代科学技术。科学技术的不断发展使社会生产分工不断发生革命性变革，不断把大批工人和大量资本从一个生产部门投向另一个生产部门。大工业的本性决定了劳动的变换和工人的全面流动性。这就要求工人应懂得机器操作的一般原理，掌握一定的科学技术知识，把体力劳动和脑力劳动尽可能地结合起来，还要有比较广泛的适应性。其次，机器大工业生产为人的全面发展提供了可能和条件。因为机器大工业生产创造了极高的劳动生产率和社会财富，缩短了劳动时间，使工人有物质条件、时间和精力去进行学习，发展自己。

（四）教育与生产劳动相结合

教育与生产劳动相结合是实现人的全面发展的唯一方法。关于通过什么途径和方法才能实现人的全面发展，这种方法就是将教育与生产劳动相结合。教育与生产劳动相结合不仅是提高社会生产的一种方法，而且是造就全面发展的人的唯一方法。

马克思主义关于人的全面发展的学说确立了科学的人的发展观，指明了人的发展的必然规律，并为我们制订教育目的提供了理论依据。我们只有正确地理解马克思主义关于人的全面发展的学说，并结合当前社会政治、经济、文化发展的实际情况，才能制订出科学的教育目的。

二、现阶段我国教育目的的精神实质

我国的教育目的虽然几经变化，但其精神实质是很明显的，主要体现在以下几点。

①社会主义是我国教育性质的根本所在。教育作为培养人的社会活动，既源于社会需要，也要受社会的制约。因此，教育无不带有各个时代社会的特点和要求，无不体现一定的社会性质。现阶段，我国的教育目的是为社会主义巩固和发展服务的。维护社会主义利益、为社会主义服务一直是我国教育目的的根本所在。正是我国教育目的所具有的对教育的社会主义性质的规定性，才从根本上保证了我国教育发展的社会主义方向，指引着教育为社会主义事业的全面发展培养各方面的人才。

②我国的教育目的中蕴含着人才培养的素质要求。一是明确了人才应有的基本素质，即德、智、体、美、劳等方面。德是指个人对待生活和工作，对待与社会、集体、他人和自然的关系时所应具有的价值观念、行为品质、道德追求、人格修养、人生信念等，是对人生观、世界观、道德观、政治观及行为品质的总称。智是指人在生活、事业中，在认识自然、社会并作用于自然、社会的过程中所具有的学识、才能、智慧等。体是指人在各种活动中所应具有的身体活动机能、能量、体质和体力等。美具体指的是审美和创造美的能力。德、智、体、美、劳这几方面相互联系、相互作用，是人的生存和发展以及现代化建设中不可缺少的基本素质。二是明确了使受教育者各方面得到全面发展，

即在注重基本素质（德、智、体、美、劳）形成发展的同时，也要注重促进其他素质的形成和发展，而不应局限在德、智、体、美、劳五方面。这是促进人的个性丰富发展所必需的，有利于个人在物质生活领域和精神生活领域展现创造性才能，更好地实现自己的理想和价值，使人的发展充满内在活力。

③我国的教育目的不仅包含对人的全面发展的要求，而且包含对整个民族素质全面提高的要求。提高全民族的素质是我国当今社会发展赋予教育的根本宗旨，也是我国当代教育的重要使命。一方面，由于科学技术的发展对综合国力、社会经济结构和人民生活有巨大影响，科学技术成为经济发展、社会进步的关键。我们要加速科技进步并用科技进步来推动经济、社会发展，就要提高整个民族的素质和能力。另一方面，实现社会的现代化不仅是经济的巨大发展，也意味着包括思想、道德、文化、观念等在内的社会的全面进步；否则，这个社会的发展不仅是片面的，而且经济本身也将受到各种因素的严重制约，变得步履艰难。

而要促进包括思想、道德、文化、观念在内的社会的全面进步，就需要整个民族素质的全面提高。因此，提高全民族素质，促进经济建设和社会发展，是我国教育目的所蕴含的一个重要方面。

④为经济建设和社会的全面发展培养各级各类人才是我国教育的基本使命。一个国家的经济建设和社会的全面发展，需要各级各类人才与之相适应。培养能够坚持社会主义方向的各级各类人才是我国改革开放以来教育目的所体现的基本要求。这里所说的人才不是狭义的，而是广义的。从实际来看，各级各类人才都是劳动者；就每个岗位来说，每一岗位的劳动者也都是这一岗位所需要的人才。我国教育目的所体现的培养各级各类人才的要求，与培养社会主义事业的建设者和接班人的要求是一致的。因为从社会主义制度的延续来看，各级各类人才都是社会主义事业的接班人；从社会主义政治经济、文化科技、生产生活等方面的发展需要来看，各级各类人才都是社会主义事业的建设者。

总之，我国教育目的所要求培养的人才都是服务于社会主义事业的劳动者、建设者和接班人。

三、我国教育目的的实现

当今世界，科学技术突飞猛进，国际竞争日趋激烈。教育在综合国力的竞争中处于基础地位，一个国家国力的强弱越来越取决于劳动者的素质，取决于各类人才的质量和数量。为此，教育要以提高国民素质为根本宗旨，全面推进素质教育，为实施科教兴国战略奠定坚实的人才和知识基础，为中华民族的全面振兴培养一代新人。

全面提高学生素质是素质教育的根本目的。它可以分为做人与成才两个层次。前者是后者的基础，偏重于共同要求；后者是前者的发展，偏重于区别对待。素质教育有三大任务，即提高身体素质、培养心理素质、形成社会素质。这三大任务是相互作用、共同提高的。

（一）素质教育是面向全体学生的教育

人是社会的载体，而各种不同知识层次的人共同推动了社会的进步。有高度的社会责任感、勤奋工作、勇于创新、能为社会做出一定贡献的都是人才。而在应试教育下，首先，多数学校教师、家长眼中盯着的只是能考上重点中学、重点大学的学生，人们常将掌握高科技的科学家、掌握政治权力的政治家、社会上有名气的艺术家、腰缠万贯的企业家作为人才标准和学校教育的培养目标。其次，有很多学校教师、家长只重视个别学生的个别方面，不是依照全体学生在德、智、体、美、劳诸方面有较大提高来评价教育和教学，而是以考试为指挥棒，考什么就教什么，简单地依考分、升学率来评价学校和奖励教师，使学校重知不重能、重理不重文、重智不重德、重才不重人的现象愈演愈烈，导致那些受歧视的学生因本应有的才能未得到培养而被压抑，这不仅影响到全面提高教育教学质量，而且带来校园里的一些不和谐因素。

1. 全体适龄儿童都入学

素质教育要求全体适龄儿童都入学接受现代学校教育，防止因各种原因造成的学生流失，更反对以学生智力、成绩、行为不良为借口强迫学生退学，以促进整个民族素质的提高。

2. 普遍提高学生素质

素质教育要求普遍提高学生素质，为每个学生都成为合格、现代的公民奠定基础；反对为提高升学率而只抓少数尖子学生的教育，放弃或放松对大多数学生的培养。素质教育要求根据不同儿童的发展特点和水平因材施教，使每个儿童都学到知识，体验成功的喜悦，得到应有的发展。总之，素质教育是使每个学生都在自己原有的基础上得到发展的教育，是使每个学生的潜能都在他自己天赋允许的范围内得到充分发展的教育。也就是说，素质教育既是面向全体学生的教育，也是全面发展与因材施教相统一的教育。

（二）素质教育是全面发展的教育

素质教育强调培养学生在德、智、体、美、劳等方面全面发展。学校教育不仅要抓好智育，更要重视德育，还要加强体育、美育、劳动技术教育和社会实践，使诸方面教育相互渗透、协调发展，促进学生的全面发展和健康成长。

1. 德育

德育是指教育者组织适合学生品德成长的价值环境，培养学生正确的人生观、世界观、价值观，使学生具有良好的道德品质和正确的政治观念，形成正确的思想方法的教育。

学校在德育方面的要求如下。

①帮助学生初步了解马克思主义的基本观点和中国特色的社会主义理论。

②培养学生热爱党，热爱人民，热爱祖国，热爱劳动，热爱科学。

③使学生建立民主和法制意识，养成实事求是、追求真理、独立思考、勇于开拓的思维方法和科学精神。

④使学生形成社会主义的现代文明意识和道德观念。

⑤使学生养成适应改革开放形势的开放心态和应变能力。

2. 智育

智育是指教育者创设一定的情境，以提升学生的智慧水平为目标的教育，即传授给学生系统的科学文化知识、技能，发展他们的智力和与学习有关的非认知因素的教育。

学校在智育方面的要求如下。

①帮助学生在小学教育的基础上进一步系统地学习科学文化基础知识，掌握相应的技能和技巧。

②发展学生的思维能力、想象能力和创造能力，养成良好的学习习惯和自学能力。

③培养学生良好的学习兴趣、情感、意志和积极的心理品质。

3. 体育

体育是指教育者以发展学生的体能为目标，传授学生健康的知识、技能，发展学生的体力，增强学生的自我保健意识和体质，培养学生参加体育活动的需要和习惯，增强学生意志力的教育。

学校在体育方面的要求如下。

①使学生掌握基本的运动知识和技能，养成坚持锻炼身体的良好习惯。

②培养学生的竞争意识、精神和坚强毅力。

③培养学生良好的卫生习惯，了解科学营养知识。

4. 美育

美育是指以培养学生感受美、鉴赏美、创造美的能力，从而促进学生追求人生的情趣与理想境界为目标的教育，即对学生进行健康的审美观、高尚的情操和文明素养的教育。美育不等于艺术教育，也不仅仅是美学的学习，它的内容要比艺术教育和美学学习宽泛得多。

学校在美育方面的要求如下。

①提高学生感受美的能力，对自然、社会中存在的现实美及对艺术作品的艺术美的感受能力。提高学生感受美的能力，从根本上说，是提高人的整体性的精神素养。

②培养学生鉴赏美的能力，即具有区分美的程度和种类的能力，懂得各种类型的美的特性和形态的丰富性，领悟美所表达的意蕴和意境，从而达到"物我同一"的审美境界，并使人格和性情得到陶冶。

③形成学生创造美的能力，即能把自己独特的美感用各种不同的形式表达出来的能力。创造美的能力既包括艺术美的创造，也包括生活美的创造。形成学生创造美的能力是美育最高层次的任务。

5. 劳动技术教育

劳动技术教育是指教育者引导学生掌握劳动技术知识和技能，形成劳动观点和习惯的教育。

学校在劳动技术教育方面的要求如下。

①通过科学技术知识的教学和劳动实践，使学生了解物质生产的基本技术知识，掌握一定的职业技术知识和技能，培养动手能力，养成良好的劳动态度、劳动习惯和艰苦奋斗的精神。

②结合劳动技术教育，传授给学生一定的商品经济知识，使学生初步懂得商品的生产、经营和管理，了解当地的资源状况和经济发展规划，以及国家的经济政策、法律法规，具有一定的搜集和利用商品信息的能力。

（三）素质教育是促进学生个性发展的教育

当今世界所需要的是一种全面发展的具有独立个性的创新型人才，其应具有丰富的知识、灵活的应变能力、乐于合作和勇于创新的能力。随着社会发展的加速，人类面临的新问题和新矛盾越来越多，需要培养更多的具有认识人类社会发展规律的能力，能面对社会的发展方向做出正确判断，具有健全人格和丰富个性的人。在此基础上，我们的教育应当面向全体学生因材施教，让每个学生的潜能都有获得充分发展的机会。

事实上，人与人之间在基本素质大体相同的基础上，由于先天禀赋、环境影响、接受教育的内化过程等方面存在诸多差异，存在多样的个性。因此，教育在重视学生的全面发展的基础上，还应当促进学生的个性发展。这两者是相互依存、互为表里的关系。

以往的教育一般只注重对学生的共同要求，过分强调统一性而忽视差别性，以统一性代替个别性，对所有学生按统一的模式进行教育，结果扼杀了学生的个别性。

针对教育的这种弊端，素质教育强调把学生的全面发展与个性发展结合起来，既充分重视学生的共性发展，对学生基本方面的发展有统一的要求，在此基础上，又重视学生个性的多样性，对不同的学生有不同的发展要求、不同的教育模式、不同的评价方案，从而把学生的差别性显示出来并加以发展，使每个学生都成为具有高度自主性、独立性与创造性的人。

（四）素质教育是以培养创新精神为重点的教育

创新能力是一个民族进步的灵魂，是国家兴旺发达的不竭动力。一个没有创新能力的民族难以屹立于世界前列。作为国力竞争的基础工程，教育必须培养具有创新精神和能力的新一代人才，这是素质教育的时代特征。

1. 创新能力是一种智力特征，也是一种人格特征

创新能力离不开智力活动，离不开大量具体的知识。创新能力是一种智力特征，表现为对知识的摄取、改造和运用，对新思想、新技术的发明；创新能力也是一种人格特征，表现为追求创新的意识，具有发现问题、积极探求的心理倾向，有善于把握机会的敏锐性和积极改变自己、改变环境的应变能力。

2. 创新精神与创新能力相辅相成

创新精神与创新能力相辅相成，面对多样、多变的世界，任何一个人、一种职业、一个社会都缺少不了创新精神和创新能力。对教育来说，培养创新精神和创新能力不是一般性的要求，而应成为教育活动的根本追求，成为素质教育的核心。应试教育不仅加重学生的学习负担，牺牲多数学生的发展，还会忽视、扼杀学生的创新精神和创新能力。因此，能不能培养学生的创新精神和创新能力，是应试教育和素质教育的本质区别。

3. 重视创新能力的培养是现代教育与传统教育的根本区别所在

传统教育以教学内容的稳定性和单一性为基本出发点，以知识记忆和再现为基本学习目标，强调掌握知识的数量和准确性，强调对过去知识的记忆。因此，传统教育把掌握知识本身作为教学目的，把教学过程理解为知识积累的过程。在这样的教学过程中，创新能力的培养没有也不可能得到重视。现代社会，知识更新的速度加快，改变了以知识学习、积累为目的的教育活动，知识的学习成为手段，成为认识科学本质、训练思维能力、掌握学习方法的手段。在教学过程中，强调的是发现知识的过程，而不是简单地获得知识，强调的是具有创造性解决问题的方法和形成探究的精神。在这样的教学过程中，学生的应变能力、创新能力在解决问题的过程中得到了培养和发展。

我国教育的目的是把受教育者培养成为有理想、有道德、有文化、有纪律，德、智、体全面发展的社会主义事业的建设者和接班人。在普通教育阶段实施素质教育是非常重

要的，实施素质教育可以促进青少年的全面发展；要用正确、科学的方法实施素质教育，使学生素质得到真正的提高和发展。

第三章 教学设计与教学策略

第一节 教学的现代理性认识

一、教学的基本理论

（一）教学的含义

1. 教学是教师教学生认识客观世界的活动

教师通过教学活动传授给学生的是人类认识的丰硕成果，是经过组织、加工、提炼过的，主要以文字记录下来的，关于客观世界的基本认识、基本技能。教师通过言传身教、课堂讲授，带领学生亲身实践、观察体验，使学生获得关于客观世界的知识，掌握客观世界的基本规律、基本原则，帮助学生理解和适应现实社会的生活，为未来发展打下基础。

2. 教学是促进学生身心发展的活动

教学是学校教育的主要活动，教学的主要目的就是促进个体的身心发展，各级各类学校通过开展课堂教学、社会实践、科学实验、实地观摩等形式多样的教学活动，丰富学生的知识、提升学生的技能、发展学生的能力、培育学生的品格，使学生的身心发生积极的、稳定的变化，使学生成长为既符合社会需要，又具有个性特点的心智成熟的个体。

（二）教学的地位

教学在学校的各项工作中居于中心地位，这主要表现在：首先，学校以教育教学为根本任务，在学校的工作计划中，教学工作是最系统、最全面的工作，学校的各项工作都要围绕教育教学来展开，都必须优先保障教学工作的落实；其次，学校的主要工作是教书育人，教学是承担这一重任的核心工作，教学质量的好坏关系着学生的发展和学校的长远进步；最后，教学活动占据了学校工作的绝大部分时间、空间和设施，占据了学校资源分配的核心位置。因此，教学是学校教育的主体，是学校教育的基本途径，必须始终坚持教学在学校教育中的中心地位，积极发挥教学的核心引领作用，促进学校教育的发展和教学质量的提高。

（三）教学的规律

规律是客观存在的，教学规律也是存在于客观的教育教学活动中的，是教育者对教育实践的反思，以及对实践的总结、提炼。教学规律的具体内涵是教学中客观存在的、本质的、内在的、必然的联系。它是教师开展教学活动的根本遵循，对教学工作具有指导作用，是教学工作得以顺利展开的核心力量。根据教学规律的定义，我们可以从以下几个方面来理解教学规律。

1. 教学是直接经验和间接经验的统一的过程

学生获取的知识主要包括两个方面，一是通过亲身实践得来的直接经验，二是通过课堂学习、他人经验、书本资料等渠道获得的间接经验。教学活动主要传授的是以书本知识为主的间接经验，这些间接经验是经过加工、处理过的人类文化的精华，学生通过有目的、有组织的教学活动，把这些丰富的理论和实践吸收、消化，使其成为自身的内在涵养，提升自身的认知水平，继而站在前人的肩膀上，继续攀登科学文化的高峰。因此，教师在教学活动中，要重视学生间接经验的掌握，同时，要合理地安排实践活动，增加学生对直接经验的学习时间，使直接经验和间接经验相互联系、相互作用，共同促进学习质量的提高。

2. 教学是掌握知识与发展智力的统一的过程

教学的过程是学生通过系统的学习获得知识的过程；同时又是学生智力获得发展的过程。智力是学生掌握知识的必要条件，掌握知识是发展智力的基础，学生掌握了丰富的知识和技能，可以内化为自己的智力，进而指导自己掌握更丰富、更深刻的知识和技能，因此，掌握知识和发展智力，两者相互联系、相互促进，共同作用于个体的成长与发展。教师在教学过程中既要注重知识的传授，又要注重发展学生智力，要充分发挥学生的主观能动性，引导学生自觉地掌握知识，促进智能的发展。

3. 教学是知识传授与思想教育相统一的过程

一方面，任何一门学科知识既是对人类文明的总结和凝练，又包含人类的智慧和精神品德。学生在学习科学文化知识的同时，也时刻接受思想品德的熏陶。另一方面，教师教书的过程也是育人的过程，教师将知识与品德有机结合起来，育德于教学中，同时，教师的道德品质，也在教学过程中对学生进行耳濡目染的熏陶。因此，教学的过程是知识的传授与思想教育相统一的过程。

4. 教学是教师主导与学生主体相结合的过程

教学过程是教师和学生共同活动的过程，学生是教学的主体，教学为学生学习知识和技能服务，学生在教学过程中具有主观能动性，但由于学生是不成熟的个体，因此，在教学过程中，教师作为知识丰富、专业的教育者，在教学过程中起主导作用，引导学生学习知识和技能，进而获得身心的全面发展。学生的主体地位和教师的主导地位在教学过程中得到有机统一，两者相互促进，积极发挥了教学对学生成长的重要作用。

二、教学环境

教学环境是人类环境中的一个特殊组成部分，它贯穿于教学全过程，通过对教师和学生产生生理及心理的影响，发挥对师生积极的促进作用。教学环境是教学理论中汇集教育学、社会学、管理学、心理学、环境学、文化学等众多学科的极具综合性的研究课题。通过对教学环境的深入研究，人们能了解教学活动中有形的和无形的影响因素，指导人们在教学实践中充分利用环境实现教育教学的目标。

（一）教学环境概述

教学环境与教师和学生的教学活动密切相关，是影响教学活动的各种外部刺激。教学环境广义上是指一切制约教学活动的自然地理条件、人员、语言和文化因素的综合。教学环境狭义上是指与教学活动直接关联的具体的自然地理条件、人员、语言和文化因素的综合，由教学活动所处的场所、影响教学的物质因素和精神因素、教学活动过程中发生的各种事件、与教学实践相关的各种人际关系等综合而成。

学校中各种有形的、无形的事物，都可以对教学活动产生重大的影响。

1.物理环境

教学的物理环境是指教学中有形的、静态的环境，如教学场所、教学设施、班级规模、座位编排等。

（1）教学场所

教学场所是一个由多种不同要素构成的复杂系统，是相对安宁、稳定、安全的教学环境，它主要围绕教学来设置，包括校址的选择、面积的大小、建筑物的位置、教室的布置等，使学校内外富有吸引力。广义的教学场所是指开展教育教学的各类场地，狭义的教学场所主要指教师向学生传授课业的教室。

（2）教学设施

教学设施是构成学校活动的物质基础，它不仅包括校园、教师、宿舍、图书馆、实验室、操场等的规划、建设与管理，还包括教室内部桌椅、实验器材、图书资料、教具器材等方面的保养与维护，使教学中的各种物质基础能够满足教师和学生开展各种活动的需要，更好地适应学生发展的需求。

（3）班级规模

班级规模是教学环境的一个重要组成要素，班级规模的大小对课堂教学的效果和学生学习成绩都具有不同程度的影响。一般来说，大班教学便于教师根据课程进度对教学大纲要求的知识点进行集中讲解，能够缓解师资压力，有利于提高教学效率，但大班教学因人数限制，师生互动较难保证惠及所有学生，教学针对性较弱。小班教学能够适合不同学生的需要，学生纪律较好，教师管理课堂的时间较少，增加了学生参与教学的机会，但小班教学需要更多的师资力量投入教学活动，教学进度也比较缓慢。

2. 心理环境

教学的心理环境是指教学中无形的、动态的教学环境，包括社会信息、人际关系、校风班风、课堂气氛等。

（1）社会信息

学校具有创新性和包容性，它向社会开放，与社会环境进行各种各样的交流。一方面，社会生活中衍生出的新的生活、生产形态、新理论都会被学校教育容纳、吸收，成为学生知识与实践的有益内容；另一方面，社会媒介，如广播、电视、书报、网络等的迅猛发展对教学活动的影响不可估量，它促进了教育教学的内容、方式、手段不断更新。

（2）人际关系

学校中的人际关系多种多样，有师生关系、生生关系、同事关系、校领导与教师的关系、校领导与学生的关系等。这些关系通过影响个体的认知、行为、情绪，进而对教学活动产生影响，尤其是师生关系、生生关系、教师之间的关系，他们对教学质量具有最直接、最具体的影响，平等、友好、互助的人际关系，对于学生之间、教师之间形成良性竞争、友好互助、相互鼓励有重要的促进作用。

（3）校风班风

校风是指学校形成的一种集体行为风尚。班风是指班级内部所有成员在长期交往中形成的一种共同的心理倾向。校风班风都是学校建设的重要前提，在立德树人、铸魂育人的方面有强大的影响力和决定力。良好的校风班风既糅合了优秀的传统文化，又弘扬了学校的理念和传承，具有丰富的内涵。校风班风在教育教学过程中以"春风化雨"的作用感染着每位师生，使学校凝结成积极向上的状态，不断向前发展。

（4）课堂气氛

课堂气氛是指教师与学生共同作用产生的，在课堂情境中占据主导地位的师生情感、情绪、心理等综合状态。活跃的课堂气氛，一定是师生情绪饱满、行动积极、充满信心的情感状态。教师发自内心的讲授，能够使学生产生学习的动力，教师富含哲理的话语能够使学生产生思想触动、行动呼应，学生积极配合教师开展课堂教学，约束自己的行为，高效完成课堂学习任务。

（二）教学环境的特点和功能

1. 教学环境的特点

教学环境在教学活动中发挥着积极的作用，这是由教学环境具有客观性、系统性、能动性等特点决定的。

（1）客观性

教学环境是教学活动的动态表现形式，教学环境与教学活动相互依存，教学活动只有在一定的教学环境中才能进行，因此，教学环境的客观性是无条件的、绝对的。同时，教学环境也受到教学活动的制约，因此，教学环境又是可变的、有条件的。总之，教学环境的客观性是指教学环境受自然、社会等条件的制约。

（2）系统性

教学环境是一个有机统一的整体，由自然条件、客观物质、语言、文化、人际关系等多个子系统构成，它是自然与人为的复合体，具有物质和心理的双重属性。同时，教学环境还是一个开放的系统，它时刻与周围的环境发生物质的、信息的交换，既受到周围环境的影响，又能够反作用于周围环境。

（3）能动性

教学环境的能动性表现在两个方面：一是教学环境能够主动地、自觉地与周围环境保持平衡，不管是社会环境的动荡不安，还是快速发展，教学环境都能做出积极的反应，自觉地调控自身的各要素，使其不断为社会发展需要和教育教学目标服务；二是人是教学环境的重要因素之一，人本身具有能动地认识世界、改造世界的能力，个体的能动性决定了教学环境也相应地具有能动性、创造性。

2. 教学环境的功能

教学环境是通过有形的物质作用和无形的精神熏陶，对教学活动中的教师和学生产生潜移默化的促进作用，这种促进作用通过教学环境的五种功能表现出来。

（1）导向功能

教学环境是按照国家教育方针、学校培养目标、学生身心发展特点的具体要求将物质和信息统一起来的场所，其中的每个环节都渗透了国家的教育期待和教育的育人理念，它们汇聚成强大的精神动力、文化氛围，引领着师生的思想、规范着师生的行为、塑造着师生的个性，使学校教育和学生发展朝着国家及社会期望的方向持续推进。

（2）凝聚功能

教学环境通过共同的文化氛围、心理机制、情感认同将教师、学生聚合在一起，使其产生认同感和归属感。宽阔整洁的校园、绿树成荫的环境、宽敞明亮的教室能够激发师生对学校的热爱，进而产生对知识的渴望；严谨务实的教学氛围、团结奋进的校园风气、积极向上的学习文化能够激励学生求知若渴，激发学生产生内在的学习动力；共创共建的优良班风，更是一种持久而强大的力量，团结师生共同进步，使师生在心理上产生极大的满足感和愉悦感，推进教学工作顺利进行。良好的教学环境可以陶冶师生的情操，培养师生高尚的道德品德和恰当的行为习惯，可以激励师生产生教学的动力，提高教育教学的质量。

（3）益智功能

学校是知识最丰富、最集中的地方，在良好、有序的教学环境中，教学资源可以得到高效利用，教学信息可以实现顺畅流转。教学的有效性促进了学生智力的发展，提高了其智力活动的效率。信息的流转可以使有效信息得到传递，不良信息得以屏蔽，使学生的智力发展得到持续不断的良性刺激，进而形成对客观事物的正确认识。

（4）美育功能

在和谐美好的教学环境中，处处蕴藏着丰富的审美内涵，校园的自然美、教室的装饰美、教学中的创造美，以及师生的仪表美、情感美、语言美等，都能激发教师和学生的美感，培育他们审美的情趣，提高他们对美的感受力、鉴赏力，进而形成正确的审美观。

（5）整合功能

当今时代，信息技术发展迅速，信息和技术成为教学环境的重要组成部分，学校通过对信息和技术的有效整合，对教师和学生产生积极的促进作用。一方面，教学内容不断丰富和深化，知识和技能不再拘泥于书本，师生通过现代技术、多媒体、计算机、网络等现代化教学环境，跨国界、跨区域、跨学校实现知识学习和知识互通，获得大量最新的、更深刻的、更精细的知识。另一方面，在多媒体手段和网络信息技术的发展下，学生能够通过局域网环境，通过在线的方式学习网络课程，开展远程教学和虚拟教学，使师生在校园环境中突破时间和空间的限制，充分利用信息技术资源辅助教学，实现教学的最优化。

综上所述，教学环境既与外部环境形成密切联系，又在系统内部形成良性运转，共同影响师生身心的健康发展，促进教学活动的有序展开。

（三）教学环境的设计

教学环境是由多种因素共同组成的复杂的生态系统，教学环境的优劣对教学活动的进程有重要的影响，甚至在某种程度上决定了教学活动的成效。因此，为了充分发挥教学环境的积极功能，我们应根据一定的原则，对教学环境进行合理的设计与规划，构建适合教学活动有序推进，促进教师和学生持续进步的有机环境系统，实现教学质量的不断提升。

1.教学环境的设计原则

教学环境的设计原则是教学环境设计过程中的基本遵循、指导思想，结合教学环境的内涵和功能，教学环境设计一般遵循以下原则。

（1）整体性原则

教学环境是由多个要素统一构成的有机整体，只有树立大局意识、全局观点，对各构成要素进行统一协调和规划，才能发挥教学环境的最优效益。因此，在设计教学环境时，既要重视教学物质环境的设计，又要营造良好的校风、班风；既要改进教师教学方式，又要革新师生关系；既要调整教学结构，又要优化教学内容，从整体出发，使各类教学环境因素有机统一起来，共同促进师生身心健康发展，提高学校教学质量。

（2）教育性原则

教学环境既是培养人的场所，又对个体的精神世界产生潜移默化的影响，学校的规划、教学设施的装饰、教师的布置都对学生的精神品质产生潜在的影响。因此，教学环境细微之处的设计更要慎之又慎，要充分考虑学校的历史文化传承，以及学校教育所传递出的育人理念，将教学环境的装点统一于教育教学思想中，让学生在点滴中感受教育的启迪，感受先哲的鼓舞，感受知识的力量，激励学生不断向上、向好发展。

（3）针对性原则

环境影响人的同时，人也在不断地改变环境。教育教学具有针对性，不同年龄、不同阶段的学生要接受不同的学校教育，不同的学校教育有不同的教育目标，教学环境要随着教学的目标来规划和调整，围绕教育目的，突出教学环境的不同特性，形成有针对性的环境条件，促进学生的身心发展。

（4）校本性原则

每个学校受其环境、地域、类型、历史、文化的影响，都表现出自己的特点和优势，对教学环境进行设计时要立足学校的实际情况，充分利用校本资源，对校本资源进行优化、整合，充分发挥校本资源的最大优势，注意扬长避短，突出优势，推动教学环境的改善，进而促进教学质量的提升。

（5）主体性原则

学生是教学的主体，教学环境的设计与改善离不开学生的参与和支持，如教学设施的维护、校风班风的建设、课堂纪律的保持等，都与学生密切相关。因此，在教学环境设计时，要充分考虑学生的主体作用，调动学生的积极性、主动性，培养学生对环境的责任感，提高学生管理环境、控制环境的能力，以形成良好的教学环境，进而通过环境反作用于个体，使个体在和谐的氛围中产生学习的不懈动力。

2. 教学环境的设计策略

教学环境的设计是为了构建人与社会的和谐统一、学生学习与教师发展共同推进的理想状态，因此，教学环境的设计与优化应当遵循以下策略。

（1）以学生为中心

首先，要构建以学生为中心的教学空间。教学环境是使学生产生直观感受的基本要素，教学环境的设计在无形中将教育教学信息传递给学生。因此，一是要对教学空间进行合理的规划，构建以学生为中心的教学空间，满足学生多元化的需求；二是在桌椅的摆放中也要突出学生的中心地位，根据学生中心或师生平等的思想调整桌椅的摆放位置；三是设置环境装饰要考虑学生需求，如装饰一些名人名言，对学生产生激励，启迪学生的人生，充分尊重学生。

其次，采用切合学生特征的教学用具。教师会根据教学需要有选择地使用各种教具，这些教具也是教学环境的重要组成部分，因此在选择教具时，一是选择有助于学生理解知识的教具。教师通过使用相应的教具能够促进知识更加清晰地呈现或表达，特别是一些相对抽象复杂的知识尤其需要借助教具来变现，教具的使用能够吸引学生的注意力，更加有利于学生对知识的理解；二是选择符合学生认知特征的教具。不同年龄的学生有不同的认知特点，对不同教具的使用也会产生不同的体验，因此，选择符合学生认知特点的教学用具，最终使教具能够真正为学生学习服务。

最后，构建尊重学生的师生关系。以往课堂的师生关系以教师为主导，由于教师具有权威性，学生很容易产生畏惧心理，进而不能在课堂教学中充分发挥自己的主观能动性。因此，要构建以学生为中心的平等和谐的师生关系，厘清教学关系的本质，突破传统观念的束缚，认清教学为学生学习服务，信任学生、尊重学生，肯定学生在教学中的主体地位，根据学生的个性特点，选择合适的教学方式、交流方式，鼓励学生在平等友好的师生关系中获得长久的进步。

（2）整体协调

教学环境的构成要素多种多样，既有物质层面的，又有精神层面的，在教学环境设计的过程中，设计者要具有全局观念，既要考虑各个要素的特点和功能，又要从整体的角度对教学环境中的各要素进行统筹规划。例如，把校园绿化和校舍建筑统一起来，把室内装饰和室外布置协调一致，把校风建设和班风管理全面把控，把师生关系和校内人际关系有机调和，使教学环境中的各要素通过优化组合，发挥各自的最大效益，向着有利于促进学生身心发展和提高教学质量的方向发展。

第二节　教学设计及应用

一、教学设计概述

（一）教学设计的概念与功能

1.教学设计的概念

（1）设计

第一，设计的超前性和预测性。设计是在进行活动之前，事先对活动所做出的一种安排或策划。也就是说，设计在前，活动在后。设计必须在活动之前完成，具有一定的超前性。例如，搞一个工程项目，必须在施工之前完成一个工程方案设计，事实上是对解决新问题的一种构想，它虽然考虑了影响解决新问题的各种因素，但设计还没有实施，无法落实解决新问题的方法，只是设想或预测相关问题的解决方法。

第二，设计的差距性和不确定性。设计是在某种理念和需要指导下所形成的一种实施方案，与实践活动还有一定的差距。因此，实施设计的过程，实质上就是不断调整和缩小实施方案与现实活动之间差距的过程。由于设计者对问题的理解、条件的分析、所采取的解决问题的方法等具有较大的动态性，而设计的结果则是在这种动态变化中产生的。因此，设计的结果具有较大的不确定性。

第三，设计的创造性和想象性。在日常生活中，有许多富有创意的设计令人颔首赞叹，而一般的设计却使人难以留下印象。虽然设计的各种条件可能大致相同，但却可以产生不同创意的作品，设计包含着设计者的创造性；设计也具有丰富的想象性。设计方案带有设计者的主观想象成分，设计者提出不但富有创造性的设计方案，而且带有充分想象性的设计方案，才是设计所追求的理想境界。

（2）教学设计

设计在建筑业、工业和军事等许多领域里得到广泛应用，设计被引入到教学领域后，就引起了人们的极大兴趣和普遍关注。

教学活动具有明确的目的、丰富的内容、复杂的对象、不同的形式、多样的方法、灵活的传媒、固定的时间、繁重的任务以及影响教学活动的各种多变的因素。教学活动要在诸多因素影响下，取得令人满意的绩效，优质高速地达到预定目标和完成预期任务，更需要对其进行全面细致的安排和精心巧妙的设计。因此，教学设计是指在进行教学活动之前，根据教学目的的要求，运用系统方法，对参与教学活动的诸多要素所进行的一种分析和策划的过程。简言之，教学设计是对教什么和如何教的一种操作方案。教学设计具有以下特点：

第一，教学设计强调运用系统方法。教学设计把教学过程视为一个由诸要素构成的系统，因此需要用系统思想和方法对参与教学过程的各个要素及其相互关系做出分析、判断和操作。这里的系统方法是指教学设计从"教什么"入手，对学习需要、学习内容、学习者进行分析；然后从"怎么教"入手，确定具体的教学目标，制定行之有效的教学策略，选用恰当经济实用的媒体，具体直观地表达教学过程各要素之间的关系，对教学绩效做出评价，根据反馈信息调控教学设计各个环节，以确保教学和学习获得成功。

第二，教学设计以学习者为出发点。教学设计非常重视对学习者不同特征的分析，并以此作为教学设计的依据。它强调充分挖掘学习者的内部潜能，调动他们学习的主动性和积极性，突出学习者在学习过程中的主体地位，促使学习者内部学习过程的发生和有效进行。它注重学习者的个别差异，着重考虑的是对个体学习者的指导作用。这与传统教学的以学习者平均水平作为教学的起点具有明显的差异性。

第三，教学设计以教学理论和学习理论为其理论基础。教学设计依赖系统方法，可以保证过程设计的完整性、程序性和可操作性，但设计对象的科学性是系统方法无法解决的。保证设计对象的科学性，必须依据现代教学理论和学习理论。在理论的指导下，才能设计出科学的教学目标、教学程序、教学内容、教学策略和教学传媒体系，从而保证教学设计能获取优化的教学效果。

第四，教学设计是一个问题解决的过程。教学设计是以促进学习者学习为目的的，所以，它是以学习者所面临的学习问题为出发点，进而捕捉问题，确定问题的性质，分析研究解决问题的办法，最终达到解决教学问题的目的。从以上分析可以看出，教学设计不是以方法找问题，而是以问题找方法。这就增强了教学的针对性，提高了教学的有效性，缩短了教学时间，提高了教学效率，使教学活动形成优化运行的机制。

2.教学设计的功能

（1）突出学习者的主体地位

在教与学的双边活动中，学习者发挥着主体作用。因为，学习者是学习活动的主体，学习者是有意识的人，学习的内在动力源于学习者。所以，教学设计是在对学习者进行全方位的了解和分析，获取大量信息的基础上，才着手进行设计的。教学设计是以学习者的学为出发点，遵循了学习的内在规律性。教学设计者是站在学习者的立场上，进行教学目标的确定、教学策略的选择、教学媒体的应用、教学过程的描述。总之，教学设计是以学习者为中心，围绕着学习者在学习过程中遇到的学习问题而展开教学设计的。

（2）增强学习兴趣

教学设计设计了富有吸引力的教学活动，因为在教学设计中充分考虑了学习者的特点，运用了相应的教学策略，采取了有效的教学方法和教学形式，更好地解决了学习者的学习方法问题，灵活地应用了教学媒体。通过一系列措施，减轻了学习者过重的学习负担，使学习者乐学、会学、主动地学。在轻松愉快、巧妙安排、精心策划的教学活动中，无疑会增强学习者的学习兴趣，提高其学习的积极性。同时，有利于开发学习者的智力，挖掘他们的潜能，培养他们的创造意识和创造精神，并使其形成良好的个性品质。这里，教学设计者设计何种教学活动，才能激发并维持学习者的学习兴趣就显得十分重要了。

（3）提高教学效率和教学效果

教学设计的主要目的就是要设计出低耗高效的教学过程。在教学设计中，我们需要对学习需要、学习内容和学习者客观地进行分析。在分析的基础上，减少了许多不必要的内容和活动，然后清晰地阐明教学目标，科学地制定策略，经济地选用教学媒体，合理地拟定教学进度，正确地确定教学速度，准确地测定和分析教学结果，使教学活动在人员、时间、设备使用等方面取得最佳的效益。可以肯定地说，没有教学设计，就不可能有教学的最优化。教学设计是达到教学最优化理想境界必不可少的一步。

（4）强调目标、活动和评价的一致性

教学设计采用的是系统方法，它把教学设计本身看成是一个系统，而教学目标、教学活动和教学评价是其子系统。各子系统之间和子系统各要素之间相互配合、相互协调、共同发展，才能确保整个教学设计系统的优化运行。因此，教学设计十分重视并强调各子系统及各子系统要素之间的最佳配合。即，教学目标是教学活动的出发点和归宿，教学目标也是教学评价的依据。这样，才能使教学设计系统形成良性运行的机制，使教学达到最佳的境界。

（二）教学设计的系统观透视

1.教学设计系统观的特点

（1）融合性

系统观的教学设计一再强调，它并不完全反对或一概排斥教学设计领域中先后出现的各种理论观点，而是融合了各种理论观点，并将其灵活运用于教学设计中，科学地吸收了各种教学设计观的合理因素，并使之具体化。系统观的教学设计虽然兼容了各种教学设计观的长处，但它认为，应以系统论的思想和观点，作为制定教学设计的主导思想，在教学设计中起统领作用。

（2）分析性

系统观教学设计认为，教学设计的出发点是学习者。进行教学设计时，不仅要考虑到教学方面的要求，更要考虑到学习者原来具有的准备状态，以求教学设计从学习者的实际出发。为此，分析学习者原有的知识状况和发展水平，现实的发展水平和潜在的能力，分析现实的教学环境和教学条件是十分重要的。不仅如此，教学设计还要对学习需要、学习内容等方面进行分析。在全面分析的基础上，才能着手进行教学设计，才能保证教学设计的合理性和科学性。

（3）选择性

系统观的教学设计特别强调选择性，它努力探讨教学过程所有因素以及它们之间的相互关系，为课程决策（课程、内容等）和教学决策（组织、策略、方法、媒体等）提供尽可能多的选择。在具体的教学设计中，系统观的教学设计对教学模式、教学策略、教学媒体的选择极为重视。这是系统观教学设计与传统的教学之间的显著差异之所在。

（4）工具性

系统观的教学设计是从问题入手进行设计的。因此它的功效之一，就是竭力使教学设计成为发现教学问题和解决教学问题的工具或指南。教学设计者力求使使用者对问题及处理办法一目了然，并且易于核查。一旦在操作过程中出现问题，也能找到解决问题的办法和可能解决问题的途径。这就大大方便了教师，克服了教学的盲目性和随意性，减少了教学过程中的曲折，避免了教学的失误，赢得了教学时间，提高了教学速度。

（5）具体性

一般意义上的教学任务过于笼统，往往从整体上进行强调，没有把教学任务具体化，并落实到教学过程中的各个环节上，不便于操作。而系统观的教学设计则要求把教学任务分解为具体的目标，并用准确无误的、具有可操作性的项目来表示，同时要求把这些项目落实到教学过程的各个环节上。这样，师生都能明确地、具体地掌握这些已经过分解的教学任务，便于及时检查教学任务和学习任务的完成情况，并准确找出缺陷所在，以便及时加以补救。

（6）参照性

系统观的教学设计主张，评定教学效果时，要做出科学的、客观的测量，必须依据教学过程前后的变化和学习者的学习成就，不能靠猜测和估计。特别是在评定过程中，不能只看测量结果，必须参照教学过程的初始状态，必须参照学习者的初始水平。切忌只看结果，忽视起点的偏见。通过测量，如果教学效果未达到预期目标，不能只从教与学上查找原因，更不能责怪学习者，要从教学设计的流程中查找症结所在，并及时调整相关环节。

2. 系统设计教学与传统教学的比较

人们经过长期的教学实践活动探索逐渐悟出，减少和克服教学活动的盲目性和随意性，增强和提高教学活动的有效性和可控性，必须在实施教学活动之前，对其进行全面周密的策划和精心巧妙的设计。教学设计，特别是系统观教学设计的提出，正是人们对教学活动规律性的科学认识和理性思考的结果。它是规范教学活动并使其逐步达到最优化的最佳设计方案。

（1）教学总目标

传统的教学根据所开设的课程和使用的教材来确定教学总目标。教学总目标能否实现，则成为衡量教师能力和水平的标准；系统设计的教学，不仅根据所开设的课程和使用的教材来确定教学总目标，而且根据所隶属的更大系统的需求，根据学习者的学习能力和水平以及客观条件来制定教学总目标。

（2）学习者和具体教学目标

在传统的教学中，学习者在统一的大纲、课程、教材、时间、进度等方面的严格制约下，进行着统一的学习活动，被要求达到统一的标准。简言之，传统的教学就是"一刀切"。在传统教学过程中，学习者事先不知道教学目标，他们只能从教师的授课中和课本中间接地了解；而系统设计的教学，则是按学习者的不同状况和条件制定不同的教学目标，使用不同的教材，安排不同的时间和进度，开展不同的教学活动。其教学目标明确具体，并事先明确地告诉学习者，使师生双方都能做到心中有数。目标教学之所以受到广大师生们的青睐，是因为目标教学符合系统观教学设计的思想和要求。

（3）学习者的初始状态

传统的教学对学习者的初始状态关注不够。例如教师对学习者的学习能力、学习习惯、学习特点、学习方法、学习态度和认知结构等分析得不够深入。所有的学习者都是面对相同的教学目标和相同的教学活动及资料。而系统设计的教学，考虑了学习者的初始特征，特别是有关学习方面的特征，并据此安排不同的教学目标，开展不同的教学活动，提供不同的资料。显然，系统设计的教学照顾到了不同程度学习者的学习需要，使学习者能够获取学习上的成功，有效地贯彻了因材施教的教学原则。

（4）教材的选择

传统的教学使用的是指定教材，一般地区的学校和教师无权选择教材，不管教材是否符合学习者的实际情况。而系统设计的教学是按照教学目标的要求和学习者的实际挑选教材，甚至自编教材。随着我国课程和教材的进一步改革和发展，将会给学校和教师更大的自主权。

（5）教学内容的顺序

传统的教学是按照教学内容的逻辑顺序依次递进，没有考虑到必要的条件。例如，学习者的可接受性问题等。系统设计的教学，不仅按照教学内容的逻辑顺序逐步展开，而且根据学习理论的原则和必要的条件来安排教学内容的顺序。这样的安排，既符合可接受原则的要求，又符合学习者的实际情况，便于学习者掌握教学内容。系统设计的教学，在设计中不仅考虑到了教的顺序，而且考虑到了学的顺序。

（6）教学方法

传统的教学在教学方法的采用上受到了教师偏爱的影响，由教师感到能否驾轻就熟而决定采用何种教学方法；而系统设计的教学则依据学习理论和教学模式的研究结论，由教学目标和内容所决定，同时考虑了学习者的学法，教法与学法相互呼应。因此在系统教学设计指导下，必须科学地确定教学目标，深入分析教学内容，慎重选择教学方法。

（7）教学媒体的选择

传统的教学，教师根据自己的喜好和可行性选择教学媒体，其效果如何，初次使用时是不清楚的；系统设计的教学，主要是依据教学目标和学习者的特点进行选择。选择何种教学媒体还要基于理论研究的结果和实践的证明。如果没有实践证明，教师在采用前一定要证明其效果如何，而后决定取舍。那种认为某种教学媒体是教学成功的"万应灵药"的看法是站不住脚的。

（8）教学时间

传统的教学在时间上是固定的，随着时间的流程，学习者完成固定的学习任务，但学习者的掌握程度却参差不齐；系统设计的教学，学习者所花费的时间要因人而异，因为学习者掌握学习内容所消耗的时间不同。例如，相同的学习内容，有的学习者需要20分钟就能掌握，有的则需要更长的时间才能掌握，但却要达到相同或相近的水平。系统设计的教学，由于给予学习者足以掌握学习内容的时间，因而能使绝大多数学习者掌握教学目标所规定的内容。

（9）掌握程度

传统的教学是少数学习者掌握大多数目标，使少数学习者能够获得成功。那么大多数学习者只能掌握少数目标，使大多数学习者无法获得成功；系统设计的教学是大多数学习者掌握大多数目标，大多数学习者能够获得成功。显然，传统的教学在掌握程度上具有不确定性，而系统设计的教学，详细分析了学习者的状态，采取了有效的教学策略，选用了适当的教学媒体，准确地找到了导致差距的原因，并相应地采取了措施，因而能获得大面积丰收。

（10）效果预测

传统的教学，教学效果一般按常态曲线分布，但很少能达到高水平。其原因在于，传统的教学强调所有的学习者在同一时间内，使用同一教材，按照同一进度去学习同一内容，这难以照顾到不同程度学习者的学习需要。教学要求上的一刀切必然导致教学方法的单一化和固定化；系统设计的教学效果虽按常态分布，但大多数学习者能够达到较高水平。系统设计的教学考虑到了学习者的个别差异，有效地采取了一系列教学措施，甚至是补救措施，因而能保证取得预期的教学效果。

（11）测试评价

传统的教学在测评上没有严密的安排，常常参照"常模"做出估计和评定。测评的目的是为了定分数、划等级、决定升留级和升学；系统设计的教学在测评上则是有步骤、有计划地进行，按照教学目标和学习者的起始状态，做出科学的测试和评定。其目的主要是从中获取反馈信息，检查学习者的进步状况，确定学习者的掌握程度，诊断其困难所在，检查原设计方案的合理性和可行性，以便发现问题，修正教学。

（12）失效与对策

在传统的教学中，教学效果低效或无效，是学习者方面的原因造成的，责任不在教师。一旦低效或无效，没有及时的替代物和应急措施。例如，无法改变教学目标。系统设计的教学认为，教学效果低效或无效，应该从教学设计和操作方面查找原因，从教学上查找问题，研究如何改进教学。教学效果一旦低效或无效，事先有替代物和应急措施。例如，为需要帮助的学习者事先预备几套方案。这样，减少了教学过程中的失误。

（13）教师的作用

在传统教学中，教师往往从主观愿望出发，忽视学习者的主观能动性，把学习者视为被动接受知识的容器，教师充当授课讲述的角色；在系统设计的教学中，教师不仅充当信息传递者的角色，而且同时发挥着指导者、管理者、咨询者、促进者的作用，对学习者进行全方位的指导、多方面的管理和随时的咨询，全面促进学习者身心的健康发展。

二、教学目标的设计

（一）教学目标设计概述

1. 教学目标的概念

教学是人类所从事的一种特殊的培养人的社会实践活动，这种活动有其明确的目的性。也就是说，通过教学活动，要达到一个预期的目标。因此，在教学设计时，必须明确，通过有目的的教学活动，期望达到的教学目标是什么，即期望学习者通过学习，在起点能力基础上，获得什么样的终点能力。确定教学目标要以教学总目标为依据，制定出符合学习内容和学习者实际的具体确切的执行目标。教学总目标体现在课程标准和教科书中，教学设计者要根据课程标准的要求，学习者的实际情况，科学准确地制定教学目标。

教学目标是指教学活动预期所要达到的最终结果。实际上，教学目标是人们对教学活动结果的一种主观上的愿望，是对完成教学活动后，学习者应达到的行为状态的详细具体的描述。它表达了学习者通过学习后的一种学习结果。教学目标的表述应是明确的、具体的，可以观察和测量的。因此，应使用明确的语言表述教学目标。如表述不清，将影响教学策略、教学媒体的安排和采用，将影响教学质量和学习者的学习水平。

2. 教学目标设计的意义

（1）有利于实现教学总目标

只有确定科学准确的教学目标，才能保证教学总目标的实现，才能指导教师低耗高效地开展教学活动，保证学习者所学习的内容达到预期的结果，促进学习者身心的全面发展。通过教学目标的设计，把课程目标、单元目标、课时目标都做具体化的处理，才能使教师集体对课程有一个清晰的统一认识，防止教师对课程标准和教材做任意的解释，以保证课程的方向性和稳定性。通过精心设计的教学目标，可以准确地检查课程内容的覆盖范围，促进学习者身心的全面发展。

（2）有利于教师的教学

教学目标是指引教师进行教学活动的指南，对教师的教学发挥着调控功能。它可以帮助教师迅速地理清教学的思路，建立一种特定的思维方式来思考问题，即如何才能达到教学目标。它可以节约教师的大量时间，更合理地组织教学内容。教学目标也为教师选择理想的教学策略、教学媒体提供了具体的科学依据。教学目标的编写，需要教师认真钻研课程标准和教科书，查阅大量资料，因此可以拓宽教师的知识领域，提高教师的教学水平。具体明确的教学目标，将有效地调控课堂教学活动，促使教学达到预期的教学目标，大幅度地提高教学效率和教学效果。

（3）有利于学习者的学习

教学目标是学习者进行学习活动的指南，对于学习者来说，学习活动的第一步就是明确目标，目标明确与否决定着学习者的学习态度和学习效果。学习者明确了教学目标，做到了心中有数，可以使教学目标内化成学习者自己的学习目标，使其产生强烈的参与感，更好地制定自己的学习进程。学习者明确了教学目标，学习就有了方向性，同时减少了盲目性，使学习过程顺利进行，从而增强学习者的自信心和发挥学习的积极性、主动性，对学习产生强烈的责任感，迅速提高学习者的学习水平和学习效果。

（4）有利于教学评价

教学评价是对学习者达成的教学目标程度的检验，而教学目标则是进行科学的测试、做出客观评价的基础，即教学评价必须以教学目标为依据。无论是进行诊断性评价，还是进行形成性评价，在拟测验题时都要以教学目标为依据。通过教学目标的设计，学习者明确了要学习的内容和应该达到的水平，这样便于学习者评价自己的学习，找出与教学目标的差距，使其产生强烈的责任感，增强学习者的自我调控能力。

3.教学目标的体系

为了把教学目标落实到具体的教学活动中，教学设计要求把教学目标具体化。这样做有利于把抽象的规定分解为具体的教学目标，防止把传授知识作为教学的唯一目标的倾向。可以控制教学活动达到的结果与规定的目标背道而驰的情况，可以对教师的教和学习者的学在达成度上做出质与量的规定性，使教师有根据地开展教学活动，也便于对教学做出可靠的检查和评价。教学目标一般是以系统的形式存在的，不同层次和水平的教学目标构成了一个完整的教学目标体系。因此，教学目标是由一系列有递进关系的目标所构成的一个目标体系。教学总目标是指，对各级各类学校具有普遍指导意义的共同性目标；学校据此确定学校的教学目标。学校教学目标是指各级各类学校根据各自的具体任务和特点所制定的目标，它是教学总目标的具体化；课程目标是指各门学科的教学目标，即各门学科的教学所要达到的最终结果，它是学校教学目标的具体化；单元目标是指一门学科中，根据教学内容所划分的若干个单元的教学目标，即对单元教学的具体要求，不同学科可划分为不同的单元，它是课程目标的具体化；课时目标是指一节课的教学目标，即一节课所达到的结果，一节课可划分为若干个教学目标，也有一个教学目标需要几节课才能完成，它是单元教学目标的具体化。

如何处理学习内容的分析与教学目标的设计两项工作的关系呢？从理论上讲，是先确定教学目标，然后分析学习内容。但在深入编写具体教学目标时，教学设计者和教师则会感到有一定的困难，因为他们对具体的学习内容胸中无数。因此，实际经验是，先确定课程和单元目标，然后分析学习内容，最后编写具体的教学目标，同时对内容做进一步的调整。

（二）教学目标的分类

1.认知领域的目标分类

在以学习知识和开发智力为主要任务的认知领域，布鲁姆等人把目标分成六级，由低级向高级发展。它们分别是：知道、领会、应用、分析、综合、评价。

2.动作技能领域的目标分类

这类目标主要涉及骨骼和肌肉的使用、发展和协调。它们分别是：知觉、准备、反应、自动化、复杂的外显反应、适应、创新。

三、教学设计的应用

（一）教学设计的应用层面

依据系统论的观点，教学是一个嵌套的系统，即具有层次性。但在具体划分层次时，又有不同的理解，如：两层次——宏观设计层次和微观设计层次；三层次——教学系统设计层次、教学过程设计层次和教学产品设计层次；四层次——学程、单元、课、事项。从实践来说，三个层面的划分更清晰：系统设计，如远程教育系统，培训系统，教学计划，数字化校园，教育网站；过程设计，主要是课程，课堂教学，网络教学；教学媒体产品设计，如教育电视节目，计算机多媒体课件，网络课程。但这种层面的划分只是利于分析问题，使问题的分解层层深入和细化。在实际中，不论是哪一个层面，都是一个小系统，都要用系统的方法去设计。

（二）教学设计应用模式的基本要素

模式，是教学设计理论的精心简化形式。实际应用的模式多种多样，随着发展，需要各种模式。如：e-Learning 是一种利用因特网等信息技术开展教育研究学习的教育形态。由于定位不一样，可以面向学生，提供各种的教学策略，如真实情境学习；也可以面向教师，从网络教学的设计到资源的提供，这些并非现有的教学设计模式都可以适用。需要研究新的模式。

但不管什么模式，其中最基本的因素都是分析、策略和评价三大要素。

①分析（教学前端分析技术）：包括教学问题分析、学习需要和发展分析、学习者分析、教学内容分析（学习任务的设计）、教学目标阐明等；

②教学策略技术：包括教学方法的选择、教学模式的设计、教学组织形式的确定、学习环境的设计、教学技能的选择、媒体选择和利用、教学过程与活动设计等；

③评价：试行和形成性评价。

没有一种模式是万能的，针对不同的教学情景，有各种各样的模式，它们的不同点主要在于教学策略技术的使用。

第三节 教学策略及其应用

对教学策略的分类多种多样，有人根据教学理论方面的探讨，把教学策略分成：教学目标的决策；教学模式的选择性策略；课堂教学的指导性策略。也有人根据教学过程的流程，把教学策略分成：教学前的准备策略；教学中的实施策略；教学后的评价策略。在这里，我们从课堂教学角度出发，从微观上探讨课堂教学策略的几个问题。

一、提问的策略

（一）问题的水平

1. 低水平的问题

在认知领域的教学目标中，最低水平的目标是"知道"，引发出的就是对"知识"的回忆。如："空气是由哪几种气体组成的？"当提出的问题只是要求学生回忆有关的事实、名称、事件等信息时，这类问题就是低水平的，这类问题也是必要的。

2. 高水平的问题

高水平的问题要求学生对信息有一定程度的加工。在认知领域中，领会、运用、分析、综合、评价被认为是高水平的。即任何问题，只要是对学生的要求，超出了回忆知识的范畴，都认为是高水平的问题。提出高水平的问题，有助于学生摆脱死记硬背的学习方式，促使学生对学过的知识的加工，有利于发展学生的思维能力。如让学生读完一篇文章，向学生提出"文章反映出作者处于什么样的时代背景？"

（二）提问的技巧

1. 转移

转移是指教师的提问不能由相对固定的少数学生回答，而应努力使全班学生回答问题的次数大致相同。转移的目的是建立一种积极的教学模型，促进师生之间产生有效的相互作用。此外，教师用一个可以有多种答案的问题，可以了解不同学生的反应。

2. 启发

对待回答不出问题的学生的正确做法是启发。教师要为其提供线索，补充说明，使其打开思路，帮助其正确地回答问题。如转移到其他学生，其效果远不如启发这个学生。启发是优秀教师在教学中使用的一种重要技能，这种方法有助于促进学生的学习。

3. 追问

学生的回答正确但却不充分，这时教师要给学生补充另外的信息，以便学生得出更完整的答案，这个过程称为"追问"。

4. 等待

等待是指教师提问后到教师采用转移或启发技巧，向另外的学生提问的这段时间。教师给学生更多的思考时间，学生回答问题的质量会有所提高。等待可以促进学生认真地思考问题，促进对信息的加工，培养学生良好的学习品质。

教师应根据课堂教学中的学生反应，根据教学目标的要求，恰当地运用提问的策略。高水平的问题有利于提高学生思维的深度和批判性思维的发展，要保证高水平问题的适当比例，此外，还要创设一个有利于学生积极思考的课堂气氛。

二、讨论的策略

（一）小组讨论的意义及原则

1. 小组讨论的意义

①能有效地激发学生的学习兴趣；

②可以探讨新观点或解决问题的新方法；

③给学生提供了资料、观点、信息的新来源，同时给学生提供评价信息、观点、资料的机会；

④可以使学生有机会自我表现，证实自己的能力；

⑤通过小组讨论，学生的组织能力、交往能力、研究能力、表达能力得到锻炼，创新精神得到提高；

⑥给学生和教师提供一个了解和学习他人观点的机会。

总之，小组讨论的重要意义，在于它能有效地促进学生之间的相互作用，使所有学生都卷入学习。作为教学策略，它适用于任何年龄的学生。

2. 小组讨论的基本原则

①建立和谐师生关系的原则；

②促进学生相互作用的原则；

③有利于小组发展的原则。

（二）小组讨论的类型

1. 学习小组讨论

学习小组讨论是以帮助学习困难学生克服学习困难，实现学习进步为目的的讨论。一般以五人左右为宜。首先，要选择一个小组长，让其发挥这样的作用：向有困难的学生提问，了解学习困难的原因；向有困难的学生讲授相关学习内容，或进行学习方法上的帮助；鼓励学习有困难的学生提问，并帮助他们找到答案。小组长在讨论中也能获益。其次，在进行小组讨论中，教师要进行必要的指导。

2. 活动小组讨论

这是与特定任务或具体活动相联系的讨论，其目的是为完成既定的学习任务和开展有关的活动。活动小组讨论一般围绕任务或活动展开。将任务分配给各小组的每个成员，确定其地位、角色，明确责任，确定时间，讨论如何完成任务。通过讨论，使每个成员都对活动有所贡献。

3. 专题讨论

这是针对某一主题或有争议的问题展开的讨论，具有较浓厚的学术研究色彩。专题讨论可分两种：有争议的问题的讨论；针对需要解决的问题的讨论。对有争议性的问题进行讨论，其主题应事先确定。对需要解决的问题讨论，可以使学生对有关的学术问题有更深刻的理解，同时培养学生发现的态度和发展学生发现的技能。

讨论的过程是：

①确定问题；②提出假设；③限定期限；④探究、选择；⑤发现支持性依据；⑥给出结论。

（三）小组讨论中教师的行为

①研究目标。②建立小组。③指导学生展开讨论：A. 确定讨论的内容；B. 确定讨论的形式；C. 指导讨论；D. 创设良好的讨论环境。④评价讨论。

三、探究的策略

（一）探究的作用

1. 给教师提供一个教学生解决问题的途径

学生在课堂学习过程中，是可以学习如何解决问题的，并把这种解决问题的模式运用于实际的生活中。

2.为学生提供实践和锻炼的机会

学生在探究过程中，需要收集信息，分析有关的资料，与此相关的能力将有所提高，并可应用于今后的学习和生活中。

3.有助于教师改变传统的以教师讲授为主的教学形式

以教师讲授为主的教学形式，易于使学生处于一种被动学习的状态。"探究"的每一阶段，学生都被积极卷入，探究的过程是学生主动学习的过程，而学生在积极、主动的状态下，会学得更多更好。探究性学习、研究性学习、发现性学习，这正是我们所提倡的。

（二）探究的过程

课堂教学的探究是以问题为中心展开的研究活动。学生根据提出的问题收集、评价、整理、加工资料，提出假设并尝试性地解决问题。

（三）探究策略的应用

1.探究教学的设计

（1）确定问题

教师要考虑：是以教学生学习内容为主，还是教学生学习技能为主，还是同时教有关的内容和教探究的技能。

（2）收集资料

收集资料的能力是从事研究工作必须具备的能力。如资料已准备好，这就不是问题了，但是好多时候，教师必须确定必要的资料。

2.探究计划的实施

首先是提出问题，因为问题决定着教学活动的方向。学生对问题思考了一段时间后，教师应鼓励学生提出解决问题的设想。然后是收集有关资料。收集资料的方式有：课堂上收集，课外收集；以小组活动的形式收集，以个人活动的形式收集。收集资料的同时应分析资料的价值。

3.探究教学中的评价

探究活动完成后，教师要对探究的结果和探究的过程进行评价。

（四）影响探究策略运用的因素

"探究"教学策略，对发展学生的探究态度、探究能力，培养学生的创造精神有特殊的价值。

1.教学目标

如果是"知道""领会"水平的目标，可能选择讲授或其他的教学方法，其效率会更高；如果是"运用""分析""综合"等高水平的认知目标，或以培养学生的高级思维能力为主的目标，"探究"策略是一个好的选择。

2.教学内容

有些学习内容不需要或不适合采用"探究"策略。如学科中的概念、事实、术语等。比较浅显的知识不用探究，学生也能很好地理解和掌握，也没有必要采用该策略。有的学习内容，如果是由学生探究获得可能被学生很好地理解与掌握，那么，最好选择探究模式。

3.教学对象

年龄小、认知水平低的学生从事探究活动可能会遇到困难，甚至难以探究，或只能进行简单的探究；年龄大、认知水平高、思维能力强的学生，他们具备探究的能力，或需要培养他们的探究能力，那么，对选择的学生应尽可能多地采用探究策略。

4.教学条件

教学条件是指从事探究活动的时间和教学设备。探究需要花费很多的时间，而教学要考虑效率，因此，要考虑时间因素。同时，还需要考虑教学设备能否满足学生探究的需要，如能否获取有关资料、仪器设备等。

总之，在应用探究策略时，教师要综合地考虑各种因素，以便使探究活动获得成功，又能获得较高的教学效率。

四、教学策略的设计

（一）教学顺序的确定

教学顺序是指学习内容各组成部分的排列次序，是对"先教什么""后教什么"做出科学的安排。这里主要探讨课时教学目标所要求的学习内容的安排问题。先就理智技能、言语信息、运动技能、态度、网络等教学顺序分别讨论。

1.理智技能的教学顺序

关于理智技能的教学顺序，主要有三种教学理论作指导。一是加涅的从简单到复杂的教学顺序安排；二是布鲁纳的发现法；三是奥苏贝尔的"先行组织者"理论。

美国教育心理学家加涅（Gagné）把理智技能按照从简单到复杂的顺序分为辨别、概念、规则、问题解决。他认为理智技能的教学顺序是从最简单的技能开始，进而过渡到学习复杂的技能。

美国教育心理学家布鲁纳（Bruner）发现学习的教学顺序是：创设问题情境，使学习者在情境中产生矛盾，提出要解决的问题；学习者利用所提供的材料，对问题提出解答的假设；从理论和实践上检验假设，不同观点可争论；对争论做出总结，得出结论。

美国认知教育心理学家奥苏贝尔（Ausubel）按照他的"先行组织者"的思想，教学顺序的起点是呈现一般的、有较大包容性的、最清晰和最稳定的引导性材料，这种引导性材料就是组织者。由于这些组织者一般是在呈现教学内容本身之前介绍的，目的在于帮助确立意义学习的心向，因此又被称之为先前组织者。

2. 言语信息的教学顺序

首先，提供先行组织者。其次，用逻辑顺序或根据有意义的上下文组织言语信息。

3. 运动技能的教学顺序

运动技能的教学顺序包括三个递进的阶段：①认知阶段。认知的内容包括知识和动作两个方面。应先使学习者了解某种技能的有关知识和动作两个方面。应先使学习者了解某种技能的有关知识、性质、作用；动作的难度、要领、注意事项、动作进程等，包括讲解和示范两个环节。②分解阶段。把全套动作分解成若干局部孤立动作呈现给学习者，以便逐个动作的学习。分解后的动作就简单了，也容易掌握。③定位阶段。将全套动作按顺序呈现给学习者，全套动作的各个分解动作联为一体，自动地依次展现。学习者经过一定程度的练习，直至达到自动化的境界。这时，学习者形成了熟练的技巧，全套动作一气呵成，十分娴熟，做起动作来得心应手，并逐步适应环境的变化，形成应变能力。

4. 态度的教学顺序

让学习者观察一个他所信赖和尊敬的榜样人物表现出的特定的态度，以后，榜样人物的行为又受到一定的奖励，这比直接的说服更有效。这种观点为设计德育教材的教学顺序提供了三点重要启示：让学习者了解并相信榜样人物；由榜样人物来示范符合教学目标的个人行为；显示或介绍榜样人物受到奖励的结果。这仅是一种顺序设计方法，对不同年龄阶段的学习者应采取不同的方法。

5. 网络的教学顺序

随着信息技术向教育领域的扩展，计算机多媒体和计算机网络在教育过程中的应用越来越普遍。根据国家教育信息化的历程和经验，网络教育是学校教育信息化发展的趋势，教育网的出现和发展则是这一趋势的必然产物。网络技术具有超文本、无疆界、大容量、非线性、多界面、交互性的优势和特点。加上多媒体、超媒体（用超文本方式组织起来的多媒体信息）技术的应用，网络为教育提供了一个新的发展空间，也对传统的教学理念提出了挑战。同时，教学设计也面临新的课题。

（二）教学活动的安排

1. 引起注意

这是用以唤起和控制学习者注意的活动，保证学习者接受刺激和引起学习的发生。常用的方式有：突然改变刺激；激活学习兴趣；用手势、表情等体态语引起注意；利用与上课内容有关的媒体。

2. 告诉学习者目标

教学开始时，应明确告诉学习者学习目标，并使其了解当目标达到后，将学会什么，从而激发学习者对学习的期望。这不仅能激发学习动机，而且能起到"先行组织者"的作用。

3. 刺激对先前学习的回忆

在学习新内容前，指出所需先决知识和技能，以此刺激回忆起学过的有关知识和技能。还应使学习者充分利用原有的认知结构中合适的观念来同化新知识。

4. 呈现刺激材料

呈现刺激材料应具有鲜明的特征，以促进选择性知觉的内部过程。教材呈现要注意：一是顺序的安排；二是每次呈现教材的分量。决定分量要考虑学习的类型、知识准备和年龄。

5. 提供学习指导

旨在促进语义编码的内部过程，语义编码是为信息的长期储存和准备的加工过程，应从外部或通过教师、教材为学习者提供指导，学习指导的程度随学习目标的性质而定。

6. 诱导行为

目的是促进学习者做出反应的活动。即在教学过程中，使学习者对呈现的信息以各种方式做出积极的反应。通过情感、思维、行为的参与，更好地理解信息。

7. 提供反馈

在学习者做出反应、表现出行为之后，应及时让学习者知道学习的结果。通过反馈信息，学习者能肯定自己的理解与行为正确与否，以便及时改正。

8. 评定行为

评定行为的目的是促进回忆和巩固学习成果，即促进检索与强化的过程。测试是评定行为的重要方式，与评定行为有关的测试可分为三种：插入测试（教学过程中插入的小测验）、自我检查、后测（完成一个单元的学习后进行的测试，也可称为单元测试）。

9. 增强记忆与促进迁移

这些活动是促进检索和归纳的内部过程，使学习者牢固地掌握所学内容，培养其应用所学知识与技能解决新问题的能力，要提供有意义的结构和安排各种练习机会。

（三）教学组织形式的选用

1. 讲解的形式

这是一种以教师说明、解释为主来达到教学目标的形式。它能把教学涉及的新信息、新内容较快地向较多的学生传输。但这是一种单项的教学形式，学生不能经常及时地对教学各环节做出反应，教师也不能及时获得学生的反馈信息。

2. 提问的形式

这种形式是以教师提出适当的问题为主。它使教师能及时了解学生的种种情况。它要求教师预先准备好一览表和简明扼要的讲解，还要娴熟地按学生反应做出必要的说明和进一步的提问。但这一形式受学生个别差异的影响，会降低学习的效果，如学生群体稍大就难以兼顾全体，问题深了，学困生无法适应，问题浅了又会使多数学生感到趣味索然。

3. 小组的形式

教学时，将班级分成若干个小组，让学生在小群体内通过交谈来学习，因而又叫作蜂音学习。这种形式使小组每个成员都参与学习活动，会提高每个人的学习积极性，而且还可发展成员之间的人际关系，每组 5 ~ 6 人，每次谈话约 6 分钟为宜。

4. 讨论的形式

讨论式教学按有关论题来呈现教材、组织讨论、得出结论，从而使学生掌握知识内容。在人文和社会科学的教学中，这一形式能使学生彼此启迪、深化认识，但它不适宜于低年级或心理水平尚低，以及缺乏有关知识背景的学生，也不适宜于某些学科（数学、语音等）基础内容的教学。

五、不同情况下具体教学策略的运用

（一）对个别学生需要特殊关注的行为管理的教学策略

1.帮助所有学生获得归属感

在学期或学年伊始，有针对性地开展一些活动，帮助所有学生感觉自己属于这个集体。

2.根据学生学习风格中的强项来教学

请记住，如果学生不能按照你教学的方式来学习，你有两种选择：一是等待学生最终适应你的教学方式；二是你可以按照他们的学习方式来教学。

经常教育学生只要能够从错误中学习，那犯错误也是无可厚非的事情。

3.确保教师的行为的一贯与公平

①避免过度使用消极或敌视的目光接触，确保你经常向每个学生传达了积极的面部表情。

②预期可能出现的问题情景，采用头脑风暴法收集可行的办法，并与学生一起应对下次出现的相同情景。

③创设保留学生面子的"台阶"。

你可以从学生最不可能拒绝的请求开始，然后逐步达到目的。对于经常牢骚满腹的学生，你可以耐心倾听他们的抱怨！

4.设置丰富且有学习价值的课程

我们不能随心所欲"安排"学生按照我们的意愿来做任何事情，我们唯一能够做的就是尽量利用各种可行的机会来吸引他们参与学习。

（二）对学生群体的高强度积极学习教学策略

1.帮助学生具有现实世界的学习经验

教师应该帮助学生寻求、确定学生可以胜任的学习领域，并以此作为继续学习的基础。

2.让学生成为实践者

学生是学习活动的践行者，他们的学习不应该仅仅停留在知识的获得阶段，更应该体现在知识的应用领域。

3.引导学生学习重要的技能

即使是实践领域，学生也应该主要获得技巧性的主要的知识，而不是细枝末节的

知识。

4. 使学生的情感需求得到满足

学生在学习过程中必须要体会到学习的快乐，获得学习的满足感，否则，学习将无法继续。

第四章 教育教学管理

第一节 教育教学管理概述

一、现代教学管理的含义

教学管理包括宏观和微观两个层面。宏观层面的教学管理是指教育行政机关对各级、各类学校及其他教育机构教学的组织、管理和指导。微观层面的教学管理主要是指学校内部的教学管理。

从现代教学管理实践来看，教学管理通常是由教学内容管理、教学组织管理和教学过程管理三个基本部分构成的。教学内容管理主要包括课程体制、教科书制度以及课程的设置与安排；教学组织管理主要是指教学管理组织系统的构成、教学人事管理和教学组织形式的选择；教学过程管理一般包括教学目标的设置，教学环境的管理，教学方法、手段的提倡或推行，教学效果评定，等等。

二、现代教学管理的意义

（一）管理是学校教学正常运行的基础

现代学校的教学活动是建立在一系列教学管理活动基础之上的。教学场所的安排、教学设施的提供、教学人员的组织、学生班级的编制以及课表的编排，均是教学工作不可缺少的条件，也是教学管理的内容。没有教学管理这一基础，就会影响正常的教学秩序，使教学工作遭到破坏。

（二）有助于带动其他各项工作的开展

教学工作在学校各项工作中处于中心地位。教学工作组织协调得好，不仅有助于建立稳定、正常的教学秩序，而且有助于带动其他各项工作。如果学校工作中心经常转移，教学管理时紧时松、时抓时放，学校就会处于紊乱无序的状态，教学上不去，其他工作也难以搞好。

（三）教学管理能够促进教师不断发展提高

教师专业素质和教学水平的发展提高，有赖于教学工作中的锻炼和提高。在学校中，教师的主要活动是教学，科学、合理的教学管理能保证教师在教学活动中获得有益的锻炼，加速其专业素质、教学水平的发展和提高。

（四）教学管理是教学质量提高的有效途径

首先，教学质量的高低，固然与教师水平高低有关，但它主要取决于教师的专业素质和教学技能技巧。只有加强教学管理，促进教师专业素质和教学技能技巧的发展提高，才能更有效地提高教学质量；其次，学校教学质量的好坏固然与教师的个体素质有关，但更重要的是与整个教师集体所发挥的能量大小有关。每个教师的能量只有在合理的组合之下，才能得以充分发挥，而教学人员的排列组合正是教学管理的内容之一；再次，通过教学管理手段推广成功的教学经验和科学的教学方法，可以促使教学质量的提高。

（五）教学管理直接影响着学生的质量和育人目标的实现

教学过程不是单向的知识传授过程，而是在教师指导下学生德、智、体、美、劳诸方面全面发展的过程。良好的教学管理，有助于引导教师全面认识教学工作，正确处理教与学的关系，从而保证育人目标的实现，等等。

正是因为教学管理工作不仅是一种组织性、协调性的工作，也是一项具有思想领导，在教学领域进行改革和创新性的工作，对学校工作有如上所述的重要意义，所以学校领导一定要重视对教学工作的管理，把它作为学校管理工作的中心，要与时俱进、不断加强和完善教学管理工作。

三、现代教学管理的依据

现代教学管理在学校管理中处于中心地位，但我们应该如何管理教学呢？一般认为：应以教育规律、教学过程特点、教学原则等为依据来进行教学管理。

（一）按照教育规律管理教学

教育规律为教育本质所决定，与教育本质、教育目的、教育过程密切相关。教育规律一般来说有如下几条。

1. 教育与社会协同发展的规律

有了人类社会，就有了教育，教育是人类社会特有的现象。社会学习化，教育社会化，教育广泛影响社会，渗透到各个领域、各个角落。而教育社会化又从各个不同的意义上更充分地显示出来，教育的时空观都在发生变化。从空间的角度看，有家庭教育、学校教育、社会教育，教育技术及远程教育又将这三者融通起来了。从时间的角度看，对于一个人来说，向前推移到学前教育乃至婴儿教育，向后则延伸到高等教育之后的继续教育，形成了终身教育概念。与社会发展形成越来越紧密的联系，这是教育发展的一个基本规律。

2. 教育与经济协同发展的规律

教育的发展对经济具有依赖性，没有一定的经济发展水平，教育的发展是困难的。但经济的发展对教育也具有依赖性。劳动者素质是经济发展的基本要素，而劳动者素质如何则主要取决于教育状况。依照此规律，教学管理就要面向经济建设，面向现代化。在具体教学管理工作中，不能"有多少钱办多少事"或是"等钱办事"，而要积极开展教学管理工作，合理、有效地使用资金，在资金短缺的情况下亦可在管理过程中逐步解决有关经费欠缺的问题。

3. 本国教育与国际教育协同发展的规律

加入世界贸易组织，经济融入世界体系，作为与经济发展密切相关的教育也随之更加国际化，教育的国际合作与交流已成为教育发展必不可少的因素。我国教育进入世界教育领域，开展国际合作与交流，是时代的要求，是客观发展的规律要求。在当今时代，要提高教学水平，要进入世界先进行列，不放眼世界是不可能的。因此，教学管理要有世界眼光，要积极面向世界。

4. 学生身心协同发展的规律

学生的身心发展实际上是指学生的身体、心理等诸方面都得到发展，也就是指在德、智、体、美、劳等方面都得到发展。只有学生在诸方面都得到发展时，学生综合素质水平才能得到提高。学生的这种水平不是几个方面发展的简单相加，而是几个方面发展的综合效应，几个方面是相互促进、相得益彰的，这是客观的规律。此规律要求教学管理一方面要适应学生身心发展的水平，另一方面要促进学生身心发展，尤其是要促进学生身心协同发展，既要注重德育、智育、体育，也要注重美育，还要注重学生心理健康教育等；既要传授给学生知识，提高他们的智能，又要教学生如何做人，形成优秀的品德、良好的心理素质和健康的体魄。

5. 办学条件协调发展的规律

学校发展的根本衡量指标是能培养更多、更好的人才，这种发展却是各种办学条件协调发展的结果。学校办学的主要条件有：师资、图书资料、教学设备（包括仪器、校舍等）。办学诸条件需要协调发展，有了素质优良的教师队伍而无相应的物质条件不行，有了一定的教学设备却无相应的师资条件也不行。按照此规律管理教学，就要将教师队伍建设、教学设备改善等列入教学管理活动中，加强这些方面的工作。

（二）依据教学过程特点来管理教学

教学过程是教师有目的、有计划地引导学生掌握文化科学基础知识和基本技能，发展认识能力和创新能力，增强体质，增强生存能力，形成良好道德品质的过程。教学过程有其自身的特点，管理教学要依据这些特点来进行。

1.教学是教师引导学生学习

前人在实践中总结出来的已知知识和已知理论。首先，教师的活动主要是传授知识。传授知识是教师活动的基本部分或基础部分，教师有育人的活动，包括教学生如何做人的活动，但这是离不开知识传授的，教师在传授知识的活动过程中肩负着教学生做人的使命；教师有组织学生的活动，但这种组织活动的基本目的是为传授知识活动能够顺利展开服务的。其次，学生学习知识具有间接性。已知知识和已知理论就是教学的内容，即课程、教材。教学内容是从人类已获得的、逐渐积累起来的文化科学知识总库中精选出来的，它反映着时代的要求，是随着时代发展变化而变化的。学生一方面所习得的都是他人和前人的知识，另一方面这些知识仅靠直观、直感是很难习得的，有大量看不见、听不着、摸不到的东西，还有借助实物、图像甚至先进的仪器设备也看不见、听不着、摸不到而只能靠理性思维才能把握的知识。间接性既依靠这种思维能力实现，同时又对发展这种能力起作用。再次，教师和学生之间的影响是双向的，但不是"对称的"。教师影响学生，学生也影响教师，但教师对学生的影响与学生对教师的影响在性质上有差别。前者是有目的、有组织进行的，显性和隐性的影响形式都有。而学生对教师的影响主要是无意展开的，更大程度上取决于教师自身的体验。

2.教学与教育紧密联系

教学过程对学生来说，既是认知发展过程，包括意志和情感发展过程，也是受教育的过程。除教师的教育外，知识本身也有教育因素，学生通过知识学习，不仅获得了知识和技能，而且在情感、意志、品德等方面也随着发生变化。学生品德优良、意志坚定，获取知识的主动性就更强；学生文化科学知识不断充实，也能促进学生认识能力等不断提高。所以，教学管理要充分考虑育人工作，教师要为人师表，学校要努力塑造好的教风、学风、校风，给学生提供健康成长的环境条件，切实做到教育教学并重。

（三）以教学原则为依据管理教学

教学原则是根据人们对教育规律和教学过程规律的认识提出来的，是教学经验的高度概括和总结,是根据教学目的、教育方针提出的教学工作的基本要求,是解决教学内容、教学方法、教学组织诸问题必须遵循的原则。由于对教育与教学目的的认识存在差异、对教学规律的看法不同而制定的教学原则也有不同,因而有各种不同的教学原则体系,但教学原则体系对教学管理仍有特别意义。教学管理不宜总是以教育方针、教育目的去指导教学和进行管理,总要具体化一些。同时,教学管理又不宜于直接指导教学方法,何况不同学科、不同年级的教学方法各异。教学原则正好可两者兼顾,它既体现教育方针、教育目的、教学规律,又可以指导教学方法及教学各环节的实施。所以,管理教学应依据教学原则进行。在当今时代,在具体教学管理活动中,尤其要注重以下教学原则:

1. 因材施教原则

就是从学生的实际出发,根据不同教育对象,采取不同的方法进行教育。学生的个别差异是客观存在的,无论是传授知识还是进行思想政治教育,无论是课堂教学还是课外活动,都应该贯彻这条原则。要做到因材施教,必须要了解学生,了解学生的兴趣爱好、性格特点、知识水平、身心发展状况等,根据这些情况,有针对性地进行教育教学工作。

2. 循序渐进原则

就是要按照知识本身的科学体系和学生身心发展的规律进行教学。科学知识有一定的系统性,这种系统性就是"序",学生身心发展也有一定的"序"。遵循这个"序"进行教学,这样教的知识必然是"可接受的",这样学的知识也必然是"巩固"的,这应该既是教师教的原则,也应该是学生学的原则。

3. 知识传授与发展智力相协调的原则

就是既要重视知识的传授,又要重视在传授知识过程中发展学生智力;既要引导学生学习,又要引导学生学会学习,两者有机结合,协调发展,不可偏废,这是重要的原则。教学中传授知识和发展智力是对立统一的关系。在教学组织得合理的条件下,两者是统一的、互相促进的。智力是在掌握知识的过程中发展的,不学习知识就不可能发展智力。反过来,智力获得良好的发展可以使学生学习知识加快、加深,并能够灵活运用。但是,传授知识和发展智力并不完全是一回事,有同样知识或知识水平大体相同的学生,彼此的智力和学习能力可能不一样。在教学组织不合理的条件下,学习知识和发展智力两者之间会发生割裂甚至对立的现象。所以,要在掌握两者内在联系的基础上,有目的、有计划地把传授知识和发展智力统一起来。

4. 思维训练与操作训练相协调的原则

思维能力与操作能力是两种性质不同的能力。简单地说,就是动脑能力和动手能力,或者说是想和做。这一原则所强调的就是重视这两方面，而且重视这两方面的协调发展。在人的智力中，思维力被认为是核心成分。但是，实行也很重要，而且实行对思维的发展也有一定的作用，实行能力很差也影响思维发展。思维力的外显也需要实行，其作用的发挥离不开实行。思维可使人聪明，实行也可使人聪明，两者协调起来，和谐发展，不仅知识可以学得更好，而且人会变得更聪明起来。贯彻这条原则，就要正确处理动脑和动手的关系，就要把教学和生活、间接经验和直接经验、观点和材料结合起来。结合理论知识的系统学习，恰当地联系具体实际，使学生了解所学理论知识的实际意义，帮助他们获得必要的直接经验和事实材料，以便更好地掌握书本知识和间接经验，同时。还要创造多种多样的活动形式，使学生把知识运用于实践，如练习、实验、实习、参加一定的劳动和社会活动，学会读、写、算及其他一些学习的和生活的基本技能，学会独立地、创造性地运用知识。

5. 教师的主导作用与学生主体作用相协调的原则

学校教师与学生之间的关系，应当建立在一种相互理解、相互沟通的基础上，不仅在认知层面上沟通，而且在感情层面上沟通。在教学过程中，教师与学生都在发挥作用，一般情况下，教师发挥主导作用，学生发挥主体作用。教师的主导作用关键在一个"导"字，辅导、引导、向导、教导、指导等。但主导绝不是主演。教师应尽量让学生当主角，尽量让学生去"自己完成"，也就是尽量让学生发挥主体作用。学生是心理活动的主体，在这种活动的有效展开过程中，越放手让其处于主动地位，效果就越好。教师的引导是必要的，但代替又是徒劳的。教师也是自己心理活动的主体，其主体作用的发挥也是重要的，但是，教学的主要目的、落脚点，在于学生主体作用的发挥，在于培养他们，在于使他们和谐发展；教师主体作用发挥得如何，又主要根据学生主体作用发挥得如何来评判。教师的主导作用越是充分发挥，就越能保证学生主体作用的发挥，学生的主动性、积极性、创造性就会充分展现出来；学生越是充分发挥主体作用，就越能体现教师的主导作用。学生主体作用的发挥与教师主导作用的发挥，应该是协调的、和谐的。教学管理既要关注学生主体作用的发挥，又要关注教师主导作用的发挥，还要特别关注这两种作用的协调与和谐。

第二节　教学常规管理

教学常规管理的目的，就是使教学工作规范化、程序化、制度化，使教学工作不折不扣、保质保量地顺利进行，最终完成教学任务。教学常规管理是学校教学管理工作最基本最平常的内容之一。实施教学常规管理要求教学管理人员首先要向教师和学生明确提出教学常规的步骤、环节及基本要求，要求教师的教学和学生的学习程序化、规范化，符合教学常规。其次要组织好检查评估与质量控制工作，以保证教学常规工作的质量。教学常规管理和教学质量管理相结合，是完成教学管理过程，实现教学管理目标的基本方法。

一、教学秩序与教学常规管理

教学是有计划、有组织的教师教与学生学的过程，是学校的中心任务，是教育学生的基本渠道。教学常规管理历来是学校管理的重要内容，也是学校领导者的基本活动。教学常规管理不仅是学校教学工作正常进行的基础和保证，而且在教师成长、教育改革等诸多方面均发挥着十分重要的作用。学校的教学管理工作是否能和谐顺利地进行，集中表现为能否建立起正常的教学秩序。建立正常的教学秩序，是教学工作得以正常进行的保证，是提高教学质量的重要条件。

（一）教学秩序的含义

良好的教学秩序应该是一个稳定、协调、有活力而又系统的教学秩序，这是因为学校工作是一个多序列、多层次、多因素的动态过程。教学就是教师创造条件把人类已知的科学真理传授给学生，并引导学生把知识转化为能力的一种特殊的认识过程。这个过程涉及各个年级学生的年龄特征、各个年级的课程设置、教材体系编排等，涉及教学内容、教学目的、教学任务和教学方法等不同层次的要求，还涉及教师、教材、学生、环境和家庭等各种因素的组合。如何合理地组成一个高效率的教学过程，建立起一个稳定协调的有活力的教学秩序，这是学校领导者要优先考虑的问题，是学校管理者的主要工作任务之一。

稳定的教学秩序就是学校在一定的时期，按一定的标准，招收一定数量质量的学生，开设一定数量的课程，使用一定质量的教材，学生经过一定年限的学习，达到一定的成绩标准毕业离校，这是一个年复一年、周而复始地运转的过程。为了保持教学过程的正常运转，就需要按照教学规律，根据学校特点，制定各种规章制度，使教学工作有章可循，照章办事，人员各尽其职，互相支持和配合，这些就是学校秩序的稳定因素。有了稳定的教学秩序，才能达到稳定地提高教学质量的目的。

协调的教学秩序就是在上述各种因素之间，既有各自的客观标准，又有严格的相互制约的关系，课程的多少、教材的深浅繁简与学习年限的长短、入学程度的高低、教师教学能力的强弱，都应该相互协调吻合。如有一处脱节，就会引起紊乱，教学中的各种正常比例关系就会失调。

有活力的教学秩序就是要改进课堂教学，把老师为主体的讲堂变为以学生为主体的学堂以及两者有机的结合，课堂教学与课外活动互相补充、互相推进，以扩大学生的科学知识视野，发展能力，增长才干，丰富精神生活和增强体质。这种师生与课内外的有机结合，能够陶冶学生的情操和开拓他们的思维，使其形成爱科学、学科学、用科学的直接兴趣，从而生动活泼、主动地学习。这就是教学秩序中的活力。

稳定、协调、有活力的教学秩序，会使教学过程的运转不断地向最优的程度发展，促使各项教学任务的全面完成。学生的德、智、体、美、劳全面发展是学校教育的根本教育目标，保证学生在德、智、体、美、劳几方面都得到发展，是学校管理工作的全局。教学计划是这个全局的一个主要组成部分。而教学计划对个别学科来说，又是一个全局，恰当地处理好这两个全局和它们内部的关系，是建立健全教学秩序的关键。学校除了教学工作外，还有团、队、政治课教师和班主任系统的思想教育工作以及体育教师和校医室为主体的体育卫生保健工作和行政管理以及总务、生活等项工作等，学校的各项工作都要围绕教学这个中心，制定相应的工作制度，为建立正常稳定的教学秩序而创造良好的条件。

（二）教学秩序的意义

正常的教学秩序不仅对学校的教学常规管理具有举足轻重的作用，而且对整个学校工作均具有十分重要的意义。

1. 正常的教学秩序是全面提高教学质量的保证

衡量教学质量的高低不仅要看智育任务完成的情况，而且要看德育、体育、美育等任务完成的情况。在智育任务当中，不仅要强调基础知识和基本技能的教学，还要通过课堂教学和课外活动发展学生的能力。真正高质量的教学，必须做到上述几个方面的有机结合，统筹兼顾，而要保证学生德、智、体、美、劳诸方面全面和谐的发展，就必须建立正常稳定的教学秩序。只有这样才能把学生从过重的课业负担和频繁考试的束缚中解放出来，让他们学得生动活泼有兴趣，让他们在掌握知识的同时，增长思考力、实践能力、自学能力和创造能力，让他们在长知识的同时，长身体、长才干，并养成高尚的道德品质和良好的行为习惯。

2. 正常的教学秩序有助于克服教学管理混乱现象

近年来，涌现出一批坚持全面育人、减轻学生过重的课业负担、提高教学质量的先进学校。这些学校，能够端正教育思想、加强科学管理、提高教师素质、改革课堂教学，建立了正常稳定的教学秩序，取得了十分可喜的成绩。但另一方面，仍有相当数量的学校，任意改变教学计划，随意增减课时，考试频繁，作业繁多，课外活动名存实亡，学生在校时间过长。有些教师甚至扶优逐劣，歧视后进学生，教学秩序比较混乱。所以，教学常规管理的首要任务就是要坚决克服这种混乱现象，努力建立正常稳定的教学秩序。

二、教学常规管理的内容和实务

教务行政管理是教务处的日常工作，是学校管理工作的一项重要任务。教务处是学校教学管理的中心，是校长领导教学的职能部门，是学校一个服务性的基层管理部门。一位有几十年教务行政工作经历的校长深有体会地说："不要以为这只是事务性工作，教务工作搞好了，教师的积极性就会调动起来，教学秩序就会安定，校风也会淳朴，教学质量也会提高。教务工作是学校工作的核心要务，切勿等闲视之。"教务处的主要工作是对学校教学进行管理，负责学校的一切与教学有关的事务。教务工作管理要讲科学性，教务管理者就必须了解教务工作内容，了解其中的主次关系和层次关系，以便更好地安排工作和组织下属去完成工作任务。

（一）常规性的教务工作内容

教务工作是随着教学工作有规律、有节奏地开展的。一般而言，教务管理的常规性工作分为四个不同的时期。常规性，是指教务工作中时时需要做的工作，是必须完成的。常规性工作是教务处的最基本的工作内容，这些工作质量的好坏，直接影响着整个教务工作的成效。归纳起来，常规性教务工作内容包括以下方面：

1. 学期初的常规性工作

开学前后，教务工作的重点是做好开学开课的一切准备工作，保证如期开学上课，迅速地恢复正常的教学秩序。学期初的常规性工作很多，如招生、编班、编排好"三表"或"四表"——课程表、作息时间表、日程表（校历）和各项活动总表（月、周计划表），这是教务工作的首要任务。它是保证学校管理工作正常运转的总调度表和总运行图，是教育教学思想的体现，是教学秩序的反映。做好编班工作意义重大，按什么原则编班，这也是教学思想的体现。开学初，教务处要协助教师制订全年、学期的教学计划，布置和管理学校教学环境，创造良好的教学气氛，供应教科书、作业本，准备图书、仪器等。在学生报到入学时，要按日做好学生的入学和流动情况的统计，分析原因，做好思想工作，争取少流动。在入学报到手续基本办完以后，要组织全校师生上好"第一课"。除了一年级新生接触的是新环境外，其他各年级的课务也涉及教师的调整问题，为此，应要求教师要努力上好第一节课，给学生留下良好的"第一印象"，产生"亲其师而信其道"的效果。一个好的开始，就是成功了一半，教务管理者一定要抓住这个机会，充分调动师生的工作和学习的积极性，尽快地将师生的优势兴奋中心转移到教学上来，或促使他们把主要精力集中到教和学上来。

2. 学期中的常规性工作

开学后至期中考试前，教务工作的重点在于抓好各科教学计划、学生活动计划的制订与落实，编造全校学生名册，修订有关的规章制度，检查教学进度，检查教学质量，召开教师会议，听取教师的意见和反映，推进教学工作全面走上正轨，并组织期中复习和考试，形成教学上的第一个高潮。这个阶段，教务处还要协助各科教师组织各科课外学科小组活动，全面落实"课外教学"的活动计划。期中考试后，教务工作的重点是抓好期中考试总结，配合校长对教学工作进行全面检查评估。在这个基础上，教务处要搞好重点学科的教学质量分析，有针对性地提出改进教学的措施。与此同时，还要开展教务工作本身的检查；细致地做出期末结束工作的安排，形成教学上的第二个高潮；预订下一学期的课本，做好教学上的物质准备；组织全校性的教研活动和教学观摩以及交流经验。学期中的工作大都属于常规性工作，只要按照教学计划的日程安排按部就班地做，是能够收到实效的。

3. 学期末的常规性工作

学期末，教务工作的重点是组织期末考试，搞好评分，为全校的质量分析和学生的升留级提供素材和数据，组织班主任填写学生的平时成绩和操行评定通知书；记录和公布各年级、各班学生的出勤情况；组织好工作总结，积累评选优秀教师和"三好学生"材料；检查学生手册，印发通知书或毕业证书，全面做好结束工作。同时，要组织指导教师做好学期结束的各项工作，包括教师自身的教学总结、教研组工作总结、教务处自身的工作总结，教师教学业务的考核与评比、教务处自身工作的考核与评比（含教师和学生对教务工作的评价），假期工作的安排，下学期教学工作计划的预定，下学期工作的总体安排，等等。学期末的这些工作既是本学期工作的结束，又是假期工作和下学期工作的前奏，它是整个学校教学工作过程中的一环或一节，既承上又启下，因此，一定要把它做好，不能重开端而轻结尾，不能因为是学期结束了，船到码头车靠站，存有松懈马虎潦草收场意识，以致贻误工作。

（二）常规性的教务工作制度

学校教务工作制度，是师生员工的行为规范，是国家、民族、社会的优良习俗传统和我国社会主义道德观念、行为规范、价值标准等在学校日常工作、学习和生活中的具体体现。教务工作制度是为实现学校教育目标和管理目标而设置的。规章制度是学校的法规，一经制定，就成为学校全体师生员工共同遵守的行为准则，具有指令性、约束性和实践性。在反复实践的过程中，将使学校形成一种井然有序的管理秩序，一种良好的领导作风、教师的教风和学生的学风，使之成为推动学校教务工作正常运转的强大力量。

1.教务工作制度的内容

教务工作制度的内容分为国家教育主管部门颁发的和学校自身制定的两大类。国家制定或颁发的政策法规，严格来讲，不属于学校的规章制度，这里从略。学校制定的教务规章制度，是指学校根据上级发布的规定、条例、指示和培养目标的要求，制定的各种常规制度和实施细则，如考核制度、奖惩制度、会议制度、备课、听课制度、作业批改制度、升留级制度等等。

（1）岗位责任制度

岗位责任制度的内容很多，但这里谈的是教务工作的岗位责任制度，而且是从学校教务管理的整体思维考虑的。教务工作是一种复杂的中层管理活动，要使其井然有序地运转，就要使各教研组、图书馆、实验室以及全体教师岗位明、职责清。为此，与教务工作有关的各科室，必须依据自己的岗位和职责，定出明确而又切实可行的岗位责任制。制定的岗位责任制，必须体现国家和政府的方针、政策、法规及其具体要求，要符合教育规律，要从实际出发，要充分反映部门实际及其工作职责的特点。在文字表述上，要明确具体，条理清楚，纲中有目，能量化的尽量用数据表述，如教师的基本工作量应该是多少，学生每天的作业量应该是多少，校长每周应该听多少节课，等等，都应在调查研究的基础上，定出最佳量。但在实际教务工作中，有的情况是很难量化的，这就需要采取定性和定量相结合的方法，既利于执行，又便于检查。制度应该明晰清楚，又要科学、便于执行操作，否则就失去了制度的价值和意义，但是不能陷入数据主义，搞烦琐哲学或数字游戏。

（2）教学管理制度

教学管理制度包括教师的教学工作制度、学生的学习制度、教师和学生的考勤和考绩制度等几个方面。

①教师的教学工作制度。教学工作是以课堂讲授为基本形式，包括学习教学大纲、钻研课程和教材、制定教学工作计划、设计教案、上课、实验、布置和批改作业、指导复习、课外辅导、成绩考查、试卷分析、教学总结以及结合课堂教学开展的课外活动，结合学生参加工厂、农村的劳动进行生产知识和劳动技术教育和教学工作总结等。这一系列工作构成了既有主有从又紧密联系、相辅相成的活动过程。对于这一系列活动过程，需要有很好的制度约束和管理，否则七腔八调，不成规矩，教学工作就很难走上正路。每一所学校都应加强这方面制度的建设，这是学校教务常规管理的基础建设。

②学生的学习生活制度。教学工作又是一个在教师的启迪、诱导下，学生独立地、主动地吸取知识，掌握技能，发展智力，树立远大理想，锻炼意志的过程。在对教师的教学工作做出规范的同时，必须对学生的学习活动也做出相应的规范。学生的学习，以课堂学习为基本形式，包括预习、听课、练习、复习、实验、参观、访问、课外活动等，其中，课堂学习是最基本的环节，课外学习则是重要的补充。教务管理者要强调课内重基础，课外重特色，面向全体学生，全面提高教育质量。学生毕竟是受教育者，是成长中的学习者，需要引导，因此，学生的学习制度的制定和组织监督执行意义特别重大，因为学校的一切工作，最终都是为了学生的学习，为了培养学生的学习能力和素质。

③教师的考勤考绩制度。考勤，是指对教师在一学期或一学年里的工作量和请假（婚、丧、病、事假等）、旷工以及实际从事教学工作时间的考核、统计工作。教务管理者应当根据上级教育主管部门的有关规定和本校的具体实际，充分体现和反映学校领导的教育管理思想，对教师的考勤考绩做出恰当明确的规定。

对教师的考勤情况，应及时核实登记，定期公布，并存档备查。考绩，是对教师的教育和教学思想的正误、教学态度的好坏、教学质量的高低、取得成绩的大小等诸方面，进行客观全面系统的考核与评定。教务管理者对教师的教育教学工作进行考查时，必须坚持实事求是的原则，采取定性与定量相结合的方法，力求做出客观而公正的评价。

④学生的考勤考绩制度。

A. 考勤是对学生完成学时的考核。它包括学生实际上课的时数和请假、迟到、早退、旷课，迟交、缺交作业以及是否参加学校规定的活动等方面的考核、登记、统计工作。国家教育主管部门对此有明确的规定，教务管理者要责成学生干部或值日生，逐日核实，记入班级日志，定期（一周或一月）按人分别统计，向班主任报告。班主任要在审核后记入学生手册，通知学生家长，并向教导处报告。教导主任必须每月做一次分析，按规定表彰出勤好的学生，教育处置严重缺勤或旷课的学生，并记入学生手册，通知学生家长。

B. 考绩是对学生德、智、体、美、劳各方面的发展，是否符合培养目标的考核和评定。考绩的方法最基本的有观察、竞赛和考试等。观察是对学生在课内外、校内外的学习、思想、言行的具体表现，有计划地进行系统而周密的观察，及时记载，定期进行综合分析和评估。竞赛，是一种目的明确、要求具体、有严密的组织形式、有严格的评定优劣的尺度，具有激励性、对抗性较强的年级之间、班级之间、学生之间的评比活动。竞赛组织得好，有助于发展学生的兴趣、爱好与特长，有助于发现、选拔和培养人才，有助于激励学生生动、活泼、主动地学习，有助于培养学生的竞争意识。竞赛必须服从、服务于教学，围绕并结合教学进行组织和安排，要坚持少而精的原则。

C. 考试是依据各科教学大纲和教科书，定期进行全校命题考试，用以检查教师的教学工作和学生的学习质量，取得对加强教学工作的具体指导的依据。考试方式有答卷、答辩、实习、实验等。教务管理者要严格把握住命题、考试、评阅试卷、评定成绩、成绩统计、试卷分析、制定改进教学的措施等几个基本的环节。规定要简明，要求要严格，务求考试结果能够真实地反映教和学两个方面的情况。考试次数切忌过多，以免加重学生的负担。全校性考试以期中、期末各一次为宜；单元测验以随堂进行为宜。考试的目的，要有利于学生生动、活泼、主动地学习。学期或学年终结时，班主任应对学生的勤、绩做出评定，记入学生手册，通知学生家长，填入学生学籍表，一式两份，报教务处按班分人立卷一份，在学生转出、毕业后升学或就业时，装入学生档案，寄送学生新去单位的教务处或组织劳动人事部门，另一份存学校档案室备查。

（3）生活管理制度

生活管理制度是对师生员工日常的起居饮食等方面的行为规范。它对于培养师生员工的起居饮食、工作学习、待人接物、言行举止等方面形成良好的行为习惯具有重大的意义。生活管理制度包括：作息制度、宿舍制度、膳食制度、饮用水制度、清洁卫生制度、爱护公物制度、绿化美化校园制度、学生在校外和公共场所的行为规范等。

（4）奖励惩罚制度

奖和罚都是一种教育手段，目的是使师生员工的思想行为符合规范，有利于促进学校的精神文明建设。奖励，是对师生员工的成绩卓著、贡献多、影响大、堪称先进和楷模的行为的一种精神或物质的鼓励。惩罚，是对师生员工违反校纪、情节后果轻微的，尚未受到刑事处分的行为的一种行政处分或纪律制裁。论功行赏，论过施罚，是学校奖罚制度的一条基本原则。奖和罚都是对事不对人，任何人只要为国家的教育事业兢兢业业工作，做出成绩，做出贡献，就要给予表扬和奖励，不能因其有缺点或犯过错误而不奖，肯定其正确的行为，教育、帮助其改正缺点错误，有利于办好学校，有利于个人的进步。反之，任何人违反纪律、制度，都要论过施罚，不能因其有功而不罚，功过要分别对待。奖惩制度的实施，就是要促使师生员工学习先进，促使优秀师生员工戒骄戒躁，再接再厉，做出更大的贡献。

对教师奖励的种类繁多，主要有合理建议奖、出勤奖、优秀教师奖、科研奖、精神文明建设奖等。奖励方式有晋级、提薪、记功、记大功，给予精神或物质奖励、报请政府或教育主管部门授予先进、模范称号等。对教师的处罚种类有警告、严重警告、记过、记大过、留任察看、开除公职等。对学生奖励方式有跳级、推荐升学、评为三好学生、报请政府或教育主管部门授予三好学生标兵等。对学生的处罚种类有警告、严重警告、留校察看、勒令退学和开除学籍等。一般奖罚要经校务委员会讨论决定，由校长批准执行，报上级教育主管部门备案。大奖大罚、重奖重罚，须经校务委员会讨论决定，由校长报上级教育主管部门审核批准后执行。

2. 教务工作制度的执行

首先，规章制度的意义在于实行，最终使教职员工养成一种习惯。教务规章制度的贯彻执行贵在坚持，正如马克思所说"一步实际运动比一打纲领更重要"，教务管理者要严格管理、严格要求，要使教务工作制度成为全校师生的自觉要求，成为其精神生活的重要组成部分，进而达到随心所欲而不逾矩的境界。除了对师生员工进行经常性的思想教育以外，还必须激发其自觉精神，使之成为一种内在的动力。特别是在新生入学时，教务处应安排一定时间进行基本常规制度的教育，讲解和贯彻常规要突出重点，要循序渐进，在一段时间内贯彻执行常规要有所侧重。制度常规的颁布要逐步进行，不可贪多求全，一经颁布，就要坚决执行，务必有一个良好的开端，务求有切实的行动。

其次，应强化训练，持之以恒。培养习惯和加强督促检查，是不可缺少的外部条件；领导带头，教师示范，则是一种无声的命令，是教务工作制度得以贯彻执行的关键。教务工作制度既然是在民主讨论的基础上制定的，是大家所认同的，大家就应毫不含糊地坚决执行。训练要本着先易后难的原则，从一点一滴小事做起，基础打牢了，根深才能叶茂。在训练中不要怕反复，要反复练，反复抓。事物的发展，总是波浪式前进、螺旋式上升的，教务工作制度的贯彻执行也是如此。执行中的反复是前进中的反复，不是简单的重复，更不是后退。凡是经过努力能够做到的，就一定要做到，绝不能半途而废。

再次，加强检查，依靠群众监督。在贯彻规章制度的过程中，有时认识和行为并不同步，因此，除了教务处安排必要的检查外，还必须依靠群众的监督，形成强有力的舆论，造成遵守制度光荣、违反制度可耻的风气。此外，应建立严格的表彰惩罚制度，奖励是对自觉遵守规章制度者给予好的评价，使先进思想行为得到肯定；惩罚是对错误思想和不良行为的谴责和否定，它们是执行制度的保证，是制度的制度。总之，奖惩制度一经制定，就必须贯彻落实，使执行规章制度的过程成为教育学校成员的过程。

（三）常规性的教务工作方法

教务工作是学校进行教学管理的基础性工作，对教学起着组织调度、监督、积累教学管理资料、创造教学条件和稳定教学秩序的作用，因此，教务管理工作的基本方式及其使用，不仅影响着教务工作的质量，而且对学校教学工作也有直接的影响。归纳起来，教务工作管理经常使用的方式方法有以下几种：

1. 会议

这是学校管理者进行调查、沟通信息、获得反馈、形成决策，部署、检查工作、协调关系、总结经验教训等的有效方法。开展教务管理工作，需要召开一定的会议，但是会议要少而精，应保证学校教学人员有更多的时间用于教育教学工作，应使学生有充裕的时间用于学习。

（1）会议的要求

首先，应严格控制会议的次数和时间。其次，每次会议前要做好充分的准备，明确会议的中心议题，根据中心议题，确定发言的内容，不开无准备的会，要提高会议的效率，对提交会议讨论的问题要经过充分讨论，做出决议，并指定专人贯彻执行。不开议而不决、决而不行的会。会议的主持人要充分发扬民主，对有争议的问题，启发大家畅所欲言，不忙于下结论、发表意见，最忌讳先让大家说一通，最后还是会议主持人搬出自己预先准备的一套，等等。

（2）会议形式

①教务会议。这种会议一般由教导主任主持召开。其内容主要有：讨论学校教学计划的执行情况，研究教学中出现的问题、难题的解决措施，总结近期教务工作情况，布置下一步的教务工作等。

②教研组会议。这种会议由教研组组长主持，定期召开。会议主要内容有：讨论教学工作中遇到的问题及其具体解决措施，让教师相互了解教学进度情况，对教师工作做定期检查总结，确定下次会议的内容。教研组会议是教学研讨会议，主要是围绕教学工作的具体内容进行，它不同于教务会议。教导主任有时需要参加教研组会议，一是检查教研组活动情况；二是听取教研组的工作汇报。

③班主任会议。这种会议由教务人员召集。会议主要内容：布置学校近期的学生管理措施，听取班主任的工作汇报，检查班主任的工作情况，通报一些事件，总结工作，安排下一阶段的工作。班主任会议规模可大可小，可分年级召开。

④教师会议。这种会议的形式很多，由教导处召开的教师会议，主要是向全体教师通报本校的教学情况，传达一些新的教学规章制度的制定和执行情况，介绍一些好的教学经验，同时，也听取教师对教学工作管理的意见，并在下次会议上做一些修正或解释，沟通教师与教务处的联系。

⑤班级会议、班干部会、家长会等。这些会议由教师主持召开，教导处可派人参加，也可不参加，但要求主持会议的教师将会议内容及收集到的情况向教导处汇报，以便及时而具体地了解和掌握班级学生的思想学习情况以及家长对学校的反映。

⑥教学经验交流会。这种会议可采取做报告的形式，也可采取座谈的形式；可以是校内教师之间的交流，也可同外校教师交流；可以定期交流，也可以不定期交流。会议形式不拘，由教导处负责组织或召集，并整理交流材料。

2.观摩课

教导处组织观摩课是推广先进教学经验的一种有效方法，同时也是检查教学质量，对教学理论和方法进行研究和探讨的一种形式。组织观摩课，首先要有明确的目的，把成熟经验推广到整个教学工作中去，使整个教学工作得到促进与提高。对观摩课的教学形式和内容，教导处要提出具体意见，课后，要组织好讨论，让听课教师发表自己的体会和看法。这样既可达到推广先进经验的目的，又可了解广大教师的态度和思想，有利于做好下一步的工作。介绍和推广观摩课的经验，可采用大会和座谈会等形式，对介绍和推广的经验，一定要有情况分析、目的要求、措施办法、工作效果、经验和教训等方面的内容，真正做到以事实服人，绝不可用行政命令强行推广。同时，要做好思想工作，在师生中造成虚心学习、互相帮助、团结友爱的气氛。在推广经验时，要强调求同存异，不强求一律。尽管观摩课的经验具有普遍意义，但事物总是有共性也有个性的。观摩课的某些经验对某个教研组、某个班是适合的，但对另一个教研组、另一个班就不一定适合。因此，各个教研组、各个班，在学习观摩课的经验时，要从各自的实际情况出发，不可生搬硬套。

（四）常规性的教务工作管理

教务工作是一项细致的、复杂的管理工作，是教学管理的重要组成部分。它既服务于教学又指挥教学，对办好学校，保证正常的教学秩序，提高教学质量所起的重要作用是其他工作不能替代的。教务管理的基本要求是：根据学校工作的特点，积极主动地为教学提供最佳服务，保证教学工作的顺利进行；教务工作的组织实施，应符合教育科学的要求，对提高教学质量、促使学生的全面发展，能起到积极的配合作用；应根据教学工作的规律，抓好常规性的工作和有关的专门工作，实现教务管理的科学化、制度化。

1.教务计划管理

教务工作管理，首先要实行计划管理，因为计划管理是明确教学工作方向，保证教学工作协调有序地运行，保证教学任务顺利完成，保证培养目标实现的基础。学校教学工作是一项复杂的系统工程，对教学工作实施计划管理，必须建立教学工作的计划体系。教务管理者在学校工作计划的指导下，要制定出教务处的教学工作计划，再组织各学科教研组、备课组、各任课教师制订出各自的教学工作计划，做到目标统一，相互协调，配合一致。在这基础上组成学校教学工作计划体系，对全校教学实行计划管理。教学工作计划是分层次成体系的，不同层次的计划具有各自的特点。按时间跨度，教学计划可分为长期规划、学年计划、学期计划。

（1）教务处教学工作计划

教务处教学工作计划要在学校整体工作计划的指导下进行研制。学校总体的教学工作计划，是学校整体工作计划的主要组成部分，这个计划应当由校长亲自主持，教导处主任协助制订。教务处教学工作计划主要包括：改善和加强教学工作领导的措施；加强师资队伍建设、提高师资水平的措施；开展教学研究、促进教学改革的措施；改进课堂教学、提高教学工作质量的措施；完善管理制度、稳定教学秩序的措施；加强学生学习指导、改进学习方法、提高学生学习积极性的措施；加强课外学习活动的措施；加强实验室的建设，改善教学工作的设备和条件，充实现代化教学手段，做好物质保证及服务工作的措施等。

（2）教研组教学工作计划

指导教研组制订教研组工作计划是学校教务管理的一项重要任务。教研组工作计划，应以加强本组教师队伍建设、开展教学研究、改进教学工作、提高教学质量为中心，由教研组长负责，在全组教师集体研究的基础上制订，经主管校长和教导主任批准后执行。教研组工作计划内容包括：本组前一阶段教学工作基本情况的分析；教研组本学期开展教学研究、改进教学工作、提高教学质量以及加强本组教师队伍建设的基本目标和任务要求；教研组各项具体工作任务、措施与安排。该计划的主要项目如下：组织教师的业务学习，包括组织教师学习教育方针、教育科学理论、有关本学科教研的先进经验等；组织本组教师的教学工作，包括组织教师研究教学大纲，明确本学科的教学目的任务，组织教师制订教学计划和备课活动，检查本学科教学工作情况，总结教学工作并研究改进教学工作的措施等；开展教学研究活动，包括研究课题的确定，研究力量的组织，研究成果的总结交流以及观摩课的组织，教学心得体会活动的组织和安排等；教师业务进修与培养提高工作；学生工作，包括学生的学习指导，学生对本学科教学意见的征求和研究，学生课外活动的组织和指导等；有关本学科教学的各种资料的收集、整理、研究和保管工作等。

（3）教师教学工作计划

指导教师制订好教师教学工作计划是学校教学工作计划管理的基础，学校教学工作计划管理要落实于教师教学工作计划中，教务管理者必须重视这一工作。教师教学工作计划主要内容如下：前一学期学生学习课程的基本情况的分析，包括掌握基础知识、基本技能、能力发展水平、学习态度和学习方法等；本学期本课程教材内容的分析，包括基础知识、基本技能方面的内容，思想教育与能力培养方面的内容，教材的重点、难点，教材体系结构及各部分教材之间的相互关系等；本学期本课程的教学目的、任务和教学要求；本学期改进教学、提高教学质量的具体措施；教学进度安排，应标明章节、课题、所需课时、时间安排以及实验、实习、参观等教学活动的内容和时间等；本学期教师个人进行教学研究的课题以及业务进修提高的计划。此外，担负学生课外活动小组指导任务的教师，还应当拟订课外小组活动计划。

2. 教务组织管理

在学校教学计划制订以后，教务处就要担负起教务组织管理工作，诸如排课、调课、代课和补课，检查教学进度，检查教学质量，听取教师的意见和反映，召开教师会议，组织班主任填写学生的平时成绩和操行评定通知书，组织教师或学生的教学或学习经验交流，记录和公布各年级、各班学生的缺勤情况，组织好教学工作，积累评选优秀教师和"三好"学生材料。组织实施是教务常规工作的基本内容，组织管理是教务常规管理的基本职能。一般学校都十分注重教务组织管理，这里要特别强调教务组织工作中的统计管理。

加强教务统计管理，有利于掌握学校基本情况和发展动态，及时采取有效的管理措施。教务统计的主要内容有：学生基本情况统计、考勤统计、各科成绩统计、学习负担情况的统计、教学计划完成情况的统计和升留级学生人数的统计等。统计报表包括：建立学生一般概貌报表，包括全校学生人数、男女生人数、户籍、来源、民族、团员人数等内容，建立教职员工一般概貌报表，包括教职员工的总人数及比例数、男女教师人数、文化程度、各专业人数、教龄、年龄结构的分布、退休教师的人数、兼职教师的人数、政治面貌等内容，学生的迟到、旷课、早退人数报表，学生考试成绩统计报表，教师出勤情况报表等。

3. 教务档案管理

教务档案是教学工作的信息库，它对了解学校发展的历史和现状，对掌握教师教学和学生学习的情况，考核教师工作质量，进行教育科学研究以及学校领导制定发展规划、做出管理决策等，都具有重要作用。建立与健全教务、教学档案资料的管理制度，是办好学校的一项基本建设。档案资料是学校教学活动的真实记录，是学校教学历史的重要记载。加强教务、教学档案资料工作，对加强学校的领导工作，提高管理水平，改进教育教学，具有重要意义。教务、教学档案资料，除包括学生学籍档案外，还包括以下各项：上级教育行政部门下达的文件、请示报告、计划、总结、试题、试卷、统计报表、规章制度、教师业务档案。教师业务档案的建立，是加强教师工作管理和考核工作成绩的措施，为教师的正确使用、培养、奖惩、评级提供依据。教师业务档案的内容包括：教师学历、业务简历、文化业务进修成绩、来校的时间、各学期担任课程工作量、考勤情况、教学工作计划、总结、所教学科学生成绩、试卷分析、教师本人编写的教学参考资料、报刊上发表的文章、观摩教学的教案和评课记录、教师考评记录等。

教学档案管理包括：国家教育行政部门颁发的教学计划、教学大纲、全国统编教材、教学参考资料以及省市自治区组织编写的一些地方性教材和教学书、资料等，历年的资料均要保存，以便查询；教师的教学工作计划和总结，教研组组织的教学交流报告，工作计划和总结；教师自己准备和编写的教学参考资料、复印资料、有代表性的教案以及教师的各项教学科研成果等；试题的题库和每次考试的分析报告；学生、家长及社会各界对学校教学的反映；学校与外校进行教学经验交流所获得的资料；学校进行教育改革的实验班和对比班的计划、实施过程、检查分析和结果总结资料；先进教学经验和方法的宣传、推广情况、效果报告。教学档案要有专人管理，分类编号，装订成册，长期保存。

4. 教务信息管理

现代社会是信息社会，封闭的管理方式不能适应社会发展的需要。多获取信息、不断更新知识，是管理者必须具备的现代意识和素质。管理中的决策、计划，都需要一定的信息作为基础。来自教学工作中的各种数据、图表等信息对管理工作有着重要的参考价值，教务人员要认真做好收集、处理、掌握这些信息的工作。教学工作中的计划、规划、指令、指示、规定、决定等，都应在充分把握信息的基础上做出。一些教育教学管理的新成果、新方法，需要教务人员主动去收集、学习。不论校内校外的，如果管理者不掌握、不采用，新的信息就不能被转化为教育教学成果。

为做好教务管理工作，管理者应深入教学活动，直接获取反馈信息，因为信息经多层传递，会出现减少、增多、变形等失真现象，而且由于主观因素的参与，信息反馈者向管理者汇报的情况往往会有片面性和个人好恶色彩。为避免反馈信息失真，管理者应深入教学第一线亲自兼课、听课、评课，参加教研活动和班级活动，从而获得生动、丰富的第一手资料。应建立畅通的信息反馈渠道，如建立常规性的容纳各种层次人员的会议汇报制度，及时了解教学中的情况、问题和动态，及时征求各方面的合理化建议；应建立一个高效的反馈信息的分析系统，返回的各种信息，往往繁多复杂，良莠并存，必须对其进行"去粗取精，去伪存真，由此及彼，由表及里"的分析工作，然后才能将有价值的信息提取出来，作为进一步决策的依据。

5. 学籍管理

学籍管理，是指根据有关规定对学生的入学资料、在校学习情况及毕业资格进行考核、记载、控制和处理的活动，是教务管理的重要任务。学籍管理包括学生名册、学籍卡片管理、学生档案管理以及入学、转学、退学、休学、毕业、肄业等项事务的管理。学籍管理是一项政策性很强的工作，要严格执行教育行政部门的有关政策法规，做到学生入学、转学、退学、休学、奖惩、升留级、毕业的各种手续齐全，坚决抵制插班复读、乱转学、弄虚作假等不正之风。学籍管理既是一项十分严肃的工作，是教务工作的主要内容之一，也是教务工作常规。教务行政人员应该认真负责，严格执行国家和上级教育行政部门的有关规定，严格把关，严格履行学籍管理的各项基本工作规程，杜绝各种歪风邪气和作弊舞弊行为，把这项工作做好。

学校应设专人负责管理。学籍工作的内容主要是建立学生学籍档案。学生从入学到毕业，应有关于他的全面情况的系统记载，如学生每学期的操行评语，学生在校内外、课内外活动中的表现，平时测验和考试成绩等，应全面详细记载，以利于更好地考察了解教育学生，同时也为高一级学校选拔合格新生，为用人单位选用劳动后备力量提供参考。学生学籍档案包括学籍登记表、学生体质健康记录、毕业生登记表等。每学期结束时，应将学生学习成绩、操行评语、出勤情况、奖惩情况等逐一登记在学籍表上，学生因故休学、退学、转学、复学，应及时注明，严格管理。

三、课程改革与教学方法管理

（一）根据教学方法的多样性进行管理

教学法，在教育学教科书里，一般介绍有八九种之多。但在教学实践中所使用的教学法则不限哪几种、几十种，没有固定的数量。所以，教学方法不是单一地对教学起作用的，而是由多种教学方法构成的教学方法群对教学发挥作用的。除了一般的教学法外，各学科教学都有教学法，比如数学教学法、语文教学法，等等。就是某一门学科的教学法也可分出许许多多的教学方法，比如外语教学法中的听、说、读、写教学法。即便是阅读教学，还可以分出精读、泛读、快速阅读，等等。总之，各门学科都存在着大量的教学方法。

教学方法的多样性受多种因素的制约，如教学任务、教学内容、教师特点、学生特点、教学条件，这些因素的结合，就会形成复杂多样的教学方法。

教学方法的多样性，要求学校领导者在进行教学方法的管理时，首先要求教师学习和掌握多种多样的教学方法；其次要指导教师根据实际教学的需要，运用多种方法进行教学。还要热情支持和鼓励教师进行教学改革和实验，创造新的教学方法。当然，对教学方法的使用应持慎重的态度，要求教师对各种教学法进行认真分析和筛选，结合教学实际加以利用。还要要求教师绝不能孤立地、单独地运用某一教学法进行教学。

（二）根据教学方法的综合性进行管理

在一节课的教学中，只采用一种教学方法的情况是很少的，经常是对大量的教学方法进行综合使用。例如，物理课的教学中，教师准备了滑轮的实物模型来说明力学的原理。这可以说是用演示法进行教学，但在实际的教学进程中，却常常是先利用复习检查法，提问学生，了解并指导上一节课的学习内容；讲新课时，又常常是提出问题，引发学生学习疑问，然后根据课题要求演示教具，演示中教师必须要有一些启发引导，让学生观察些什么现象，思考些什么问题；最后教师在提问和学生回答的基础上，简明扼要地讲清力学原理，指导学生读书，做笔记，然后布置作业练习。在这一系列的活动中运用了多种教学方法，有演示法、检查复习法、指导观察法、讲解法、读书指导法、作业指导法。

教学方法的使用之所以有综合性，一是因为教学内容是复杂的。尽管每节课的主题可能是一个，但围绕一个主题还有多个具体的问题，所以应根据教学内容采取多种教学方法。二是学生的学习是一个过程，分不同的阶段，在不同的阶段应采取不同的教学方法。三是某一种教学方法对某一节的某部分教学内容起作用，但不是对所有的教学内容都起作用。因此，在教学过程中，各种教学方法是相互结合、相互联系、相互补充的。

根据教学方法的综合性特点，在管理中要指导教师综合运用各种教学方法，使各种教学方法有机结合起来，既可以"一法为主，多法相助"，也可以"多法并用，相互补充"。如果教师一节课只用一种方法，就会使学生倦于听课。

（三）根据教学方法的艺术性进行管理

对于教学法，要认识其"教育有法，教无定法"的特点，正确处理"有法"和"无法"的关系。"教学有法"是指任何一种教学，都要运用一定的教学方法。"教无定法"是指在教学中并不固守某种教学方法，对教学方法不能公式化，而是根据教学的需要灵活运用。"教学有法"讲的是教学方法的科学性，"教无定法"讲的是教学方法的艺术性。所以，我们在教学过程中，既要注意教学方法的科学性，又要讲究教学方法的艺术性。

教学方法的艺术性是指我们在使用教学方法时，不能按照固定的程序使用，要根据条件和需要，善于将教学方法创造性地运用于教学实践中。对于教学方法如何使用，什么时候使用，主要取决于教学的实际情况。

教学活动是师生的双边活动，是师生双方主观能动性的充分显现。随着教学活动的进程，学生的心理活动、学习表现会出现新的变化。不同的学生对同样的学习内容表现不同，就是同一学生会因学习内容的变化而有不同的表现。比如，运用讲授法进行教学时发现学生没有兴趣，就应运用其他方法激发学生的求知欲；学生听课疲倦时，可以运用幽默的方法，启发学生的情趣，消除学生的疲劳。

根据教学方法的这一特点，在教学方法管理中，强调教师熟练掌握各种教学方法，要求他们灵活地、创造性地将教学方法运用于不同的教学情景中。只有灵活、巧妙地运用各种教学方法，才能产生良好的教学效果，才能发挥出教学方法的作用。

第三节　课堂教学管理

课堂教学管理理论是探讨课堂教学管理必不可少的重要环节，它是课堂教学管理研究中最基础的部分。恰当、有效而丰富的课堂教学管理理论对课堂教学管理研究的开展，以及课堂教学实践活动的推进都具有重要的指导与启示意义。如果说课堂教学管理研究是一栋庞大的建筑，那么课堂教学管理理论则是整栋建筑的基础，它将决定着整栋建筑地面部分的构架和格局。

一、课堂教学管理的本质

课堂教学管理的本质问题是探讨课堂教学管理的首要问题，即回答课堂教学管理是什么的问题，只有在清楚地知道课堂教学管理是什么的基础上，关于课堂教学管理的其他研究才不至于迷失方向。从"课堂教学管理"的构成来看，可以有三种解析方式：一是课堂、教学、管理。二是课堂教学、管理。三是课堂、教学管理。三种不同的解析方式代表的是三种不同的研究思路。第一种解析方式是课堂、教学、管理三者处于并列的位置上，孰重孰轻分不清楚，重点不突出。第二种解析方式指课堂教学是名词短语，管理是动词，因此其意思为对课堂教学的管理。第三种解析方式指课堂是对教学管理的范围的界定，即指对课堂内的教学进行管理。主要取第二种，即把课堂教学管理解读为对课堂教学所进行的管理，其目的在于提升课堂教学的效率，促进学生的身心健康发展。

这里主要从课堂教学、管理两个大的维度来展开进行分析。

（一）课堂教学

从课堂教学来看，课堂教学由"课堂"和"教学"两词构成。课堂是什么，目前尚无较为统一的固定解释。例如，从社会学的视角来看，课堂是一个微型的社会，这是美国著名教育家杜威（Dewey）的观点。从空间的角度看，课堂即教室，是学生进行读、写、算的场所。从环境的角度看，课堂指教学活动所发生的环境。从"课堂"本身的构成来看，课指的是课程、课业、教或学的任务，堂指场所或从事某一活动的空间。由于课业是老师和学生共同的任务，因此可认为课堂包括教师和学生、课业、课业进行的时空。在此基础上可以把课堂的基本要素归为三大要素，即人——教师和学生，事——课业，物——物理时空及布置。三个基本要素共同组合在一起并且相互之间发生关系，从而构成一个较为封闭的、规范的组织体。在该组织体中，既有指向教学目标的课业活动发生，也有非课业活动发生；既有规范的预定的活动发生，也有非规范的不可预见的事情发生，因此课堂也是一个复杂的、多变的、多元的组织体。正因为如此，课堂研究才有必要。接下来探讨的是教学是什么。教学由教和学构成，教是对教师行为的描述，学侧重于对学生行为的描述，因此教学可理解为教师和学生及二者之间所发生的事件的状态。从过程的角度来看，教学过程可解读为"一种特殊的认识过程和实践过程，也就是教师教学生认识和实践的过程，其实质是一种特殊交往过程"。课堂是一个组织体，其中有各种活动发生，而教学活动是课堂活动中最重要、最核心的活动。鉴于此，这里把课堂教学界定为发生在课堂这一组织体之中的教师和学生之间的特殊交往活动。

（二）管理

何谓"管理"，《现代汉语词典》提供了三种解释：一是"负责某项工作使顺利进行"；二是"保管和料理"；三是"照管并约束（人或动物）"。三种解释都含有管理主体通过开展一系列的活动来实现一定的目的的意思。

从词源的角度来看，无论是中文还是英文，管理都是一种单向的活动，指权力主体为实现一定的目标对被管理对象或者客体所实施的行为活动，其方式主要有控制、约束、引诱等。然而，随着社会的发展，关于"管理"的内涵也在不断发展之中，管理越来越从最初的带有强烈的权力和控制色彩的含义逐步向强调充分调动被管理者参与管理的积极性、主动性转变，即从他律向自律的转变。例如，组织管理理论从强调对人进行机械控制的理性系统组织理论向强调人际关系的自然系统理论的转变，再向强调开放系统的理论的转变，最后实现三种管理理论之间的融合。尽管这是经济学或社会学领域的一种演变思潮，但是它的每一次变革都引起了教育管理领域的震动。尽管管理的思维在演变，但是管理仍保持着其基本要素，即管理主体、管理对象、管理目的、管理手段。在这四个要素中，变化只是在手段上的变化。因此这里把管理界定为管理主体运用调控、激励、引导等手段，把管理对象进行有效组合与整理，从而提高效率、达到目的的过程。

就课堂教学与管理的关系来看，管理的对象是课堂教学。而现实中管理与课堂教学之间的关系是难以厘清的。鉴于课堂教学与管理之间难分难解的关系，我们把课堂教学管理界定为：为了提高课堂教学效率，促进学生身心健康发展，教育者采用一定的手段组织课堂中可获取的教学资源的过程。简而言之，课堂教学管理即组织资源的过程，其组织的目的在于提高课堂教学效率，资源主要指的是课堂中可获取的那些资源，人、物以外，还包括时空资源。

二、课堂教学管理的特性

课堂教学管理作为管理学的实践领域，不仅具有管理学的特性，同时具有课堂教学的特性，两者相结合，从而构成课堂教学管理与其他管理学实践领域不同的特性。

（一）系统性

系统的英文词为 system，意为部分组成的整体。系统是相互联系相互作用的诸元素的综合体。系统内的各元素之间相互发生作用，发挥出比系统内任何单一元素更大的功能，从而达成系统的目标。从系统论的视角来看，课堂教学管理本身具备一般系统所具备的特性。首先，课堂教学管理具有目的性，管理的过程就是为提高教学效率，更好地达成课堂教学目的。其次，课堂教学管理本身具有结构性，这主要表现在两个方面：一是课堂教学管理的对象之间是相互联系，不可分割的，例如目的、话语、环境等；二是课堂教学管理本身是一个结构系统，它是由管理目标、手段、对象程序等所构成的。正因为如此，课堂教学管理研究要具备系统思维，要从整体的视角去探讨其中的部分，既强调部分与整体的关系，同时也要关注部分与部分之间的关系，这样课堂教学管理才能为提升课堂教学效率服务。

（二）合作性

合作通常是对相关主体之间关系状态的一种描述，它是一种资源融合的过程，指的是各相关主体之间为达成一定的目的，在思维及行为上相互配合以增强力量，共同完成预定的任务的一种行为。合作通常包括两个或多个主体，这里的合作主体通常指的是人，因为只有人才具备合作的意识，也只有人才具有合作的可能。课堂教学是一项育人的活动，以控制为主的管理方式根本起不到教育的效果，因此课堂教学中应摒弃控制的管理观，把学生放在合作者的层面上进行管理。尽管教师在管理过程中始终处于主导地位，但这并不影响教学过程中学生作为教师合作者的地位。课堂教学管理的合作性主要表现在三个方面：首先，课堂教学管理具备合作的基本前提，即教师与学生，并且教师和学生都具有共同的目的，即提升教学效率。其次，课堂教学管理不同于一般的人对物的管理，它是人对人的管理，因此必须要管理主体之间密切合作，否则管理就难以促进课堂教学管理目标的达成。第三，从人性本身来看，人是社会的动物，人类的延续与发展正是依靠人与人之间的合作来完成，否则人类或许本身就不存在了。

（三）自律性

自律，简单的解释即在没有他人监督的情境中自己对自己进行约束和管理，它是自我意识在思维和行为领域的一种表现形式。自律本身具有三个最基本的特征：一是自律主体，只有有意识的主体才能对自己的思维和行为进行管理，所以自律的主体通常是人。二是自律的目的，任何人的思维和行为都具有其有意识或无意识的目的，否则自律便成为不可能。三是自律的功利性，即所有的自律都是功利的，如获取物质资源、满足精神需要、寻求自保等。我们谈及课堂教学管理具有自律性，也是基于上述三个方面的分析。首先，课堂教学管理中的自律主体有两种，即教师和学生。尽管学生在身心发展上都不成熟，自我约束的意识与能力有待提升，但师生都是有意识的主体，进行自我约束和自我管理是可能的。只是学生需要教师引导，逐渐发展，最终实现自律能力的提升。其次，课堂教学管理中自律的目的，无论是教师的自律还是学生的自律，其目的指向表现为两个方面，即近期来看是提升课堂教学效率，长期来看在于促进师生的共同发展，实现教学相长。第三，从课堂教学管理行为的自身来看，本身就具有功利性。从教师行为来看，其自律的目的在于更好地与学生合作，完成教育教学任务，提升课堂教学效率。从学生的行为来看，其自律的目的在于提升自己的学识水平，形成自己的能力。但是由于学生是未成年的个体，其思维和行为都处于发展期，其自律意识与能力相对较差，这就需要教师在课堂教学管理中注重学生自律能力的培养。

（四）创新性

人都有好奇的本性，对新鲜事物与行为都乐于去发现与评价，正因为如此，人才能在与他人或自然的接触之中发现新的事物，创造新的东西。总体来看，好奇心与创新性是人性中极其相关的本性。教育作为一项专门培养人的活动，从本质上而言，除培养基本的生活知识和技能以外，培养学生的好奇心与创造力也是教育本身不可回避的最基本的问题。课堂教学作为教育领域最前线，自然成为培养学生好奇心与创造能力的重点领域。联系到课堂教学管理之上，其创新性主要表现为：一是教师作为课堂教学管理的组织者，基于人的好奇心与创造性，根据具体的情况寻求新的有效的管理方式是必然的。二是从学生的角度来看，长期的、稳定化的管理模式容易使其产生疲劳感，不易激发其活力。

（五）灵活性

课堂教学管理的灵活性与创新性之间具有一定的相关性，灵活性与创新性在某种意义上是相通的。课堂教学管理灵活性的本意指课堂教学管理不能采取固定的、僵化的管理模式，而是应该针对管理的需要灵活处理，即不能以管理模式去论事，而是以事来论管理模式。课堂教学管理存在灵活性，其原因主要在于课堂教学管理的核心是人，人与物的本质区别在于人的思维是复杂的、多元的，因此教师在课堂教学中面对几十个未成年的学生，必然需要针对不同的学生、不同的情况采取不同的管理思路与方式。另外，课堂教学是培养人的活动，而并非生产物质产品的活动，物质产品的生产在生产模式尚未改进之前可以沿着固定的生产与管理模式进行生产，其生产效率可谓是立竿见影，而生产效率的提升可直接归因于管理效率的提升。课堂教学的效率在很多时候是难以及时衡量的，因为课堂教学管理的终极目的是提高教学效率，并促进学生的发展，而这在现实中难以在短时期内衡量出来。这正是需要探讨课堂教学管理的本质原因所在，也是研究课堂教学管理的价值之所在。

三、课堂教学管理的功能

（一）维持功能

课堂教学管理的维持功能主要指课堂教学管理能维持课堂教学正常、有序地进行。从课堂教学的基本构成来看，课堂教学主要由教师、学生以及教学媒介构成，这里的教学媒介包括教学环境、教学信息、教学语言、教学媒体等所有的除人以外的一切能对教学活动产生影响的东西。教学对人的作用正是通过这一系列的教育媒介才得以进行，否则教学就不得以存在。然而，它们对教师和学生的影响并非有序的、固定不变的。在教学活动开始之前，这些教育媒介只是堆积或散布于课堂教学空间与时间里的杂乱无序的材料，它们对学生个体以及教师的影响往往因人而异，是与师生个体的经验相关的。

（二）调控功能

调控指的是调节和控制，两者都是对管理者思维和行为的描述。就本身的含义来看，调节主要指从数量上或程度上进行调整，是对两种以上的具有相互影响的人、事物之间的关系的处理，以期达到一种平衡的状态。控制的意思指掌握住不使任意活动越出范围，是对事物发展的态势的把握，具有强制性的特征，而调节不具有强制性。课堂教学管理的调控功能主要是针对课堂教学管理的任务而言的。从任务来看，课堂教学管理主要是把有限的课堂教学资源有效地整合起来，以追求教学效率的最大化。由于课堂教学管理的终极目的在于学生，而学生是有思想的个体，因此在资源整合的过程中不可能按照某一固定模式按部就班地进行管理，否则这就不是课堂教学管理。

鉴于本身存在的特殊性，课堂教学管理要承担其调节和控制任务，即在管理过程中，根据学生学校的需求以及可获取的有限资源，采用合理的手段进行资源整合，以尽可能使每个学生得到最好的发展。而这个资源的整合与分配过程也就是管理者进行管理调控的过程。

（三）促进功能

课堂教学管理的促进功能可以从两个方面来进行分析：一是从经济学的角度来分析，

二是从教学目的达成的角度来分析。从经济学的角度来看，经济学追求的是效率至上的原则，课堂教学管理也不例外，效率至上是其主要的原则。课堂教学管理的效率指的是课堂教学结果与课堂教学整体投入之间的比例关系，其比值越大，则效率越高，反之亦然。从影响课堂教学效率的因素来看，包括教师自身素养、学生自身素养、教学媒介自身的教育性质以及课堂教学管理等因素。其中，师生素养与教学媒介属于最基本因素，其对课堂教学效率的影响在于其自身所附带的教育属性。课堂教学管理对课堂教学效率的影响在于课堂教学的管理水平，这是影响课堂教学效率的能力因素，它能直接服务于课堂教学效率的提升。从资源整合的角度来看，课堂教学资源整合的合理性程度越高，课堂教学效率将会有所提高。从教学目标达成的角度来分析，课堂教学管理的另一促进功能在于促成教学目标的达成，这是课堂教学管理功能中最主要的、终极的组成部分。课堂教学目的不仅仅包括课堂教学中直接能衡量的、能用文字表达出来的目标，同时也包括促进人的发展这一长远的目的，因此整个课堂教学活动的开展都是以其目的达成为导向的，课堂教学管理作为课堂教学中的重要组成部分，促进课堂教学目的的达成是其主要功能。

因为教育研究主要探讨的是如何促进学生的积极发展，所以上述三大功能都是从课堂教学管理的积极性上而言的。然而积极性与消极性是并存的，因此课堂教学管理事实上还存在着消极的功能，如阻碍教学目的的达成与学生的发展。从课堂教学管理的消极功能来看，它并非与生俱来、不可改变的，而是由于课堂教学管理不善而导致的，因此课堂教学管理研究者以及实施者需要不断去钻研课堂教学管理的本质与特性、课堂教学管理中出现的问题，从而避免其产生消极影响。

四、课堂教学管理的原则

（一）以人为本原则

以人为本指课堂教学管理必须以人的发展为出发点和终点，即人既是课堂教学管理的出发点，同时也是课堂教学管理的终极目的。从课堂教学管理的主体来看，课堂教学管理主要包括教师和学生。在教学相长的意义上，教师和学生都是课堂教学管理的目的，而学生在其中尤为重要，因此课堂教学管理的以人为本主要包括两层意思，即以教师为本和以学生为本，而以学生为本尤为重要，因为课堂教学的目的主要是为学生发展服务。那么如何保障课堂教学的以人为本原则呢？这主要从教师自身入手，教师与学生既是课堂教学的管理者，也是课堂教学管理的对象。教师既要管理学生，也要进行自我管理，学生通常是在教师的引导下进行自我管理。然而，就教师和学生在课堂教学管理中的重要性来看，教师是课堂教学管理的主导者，因此这里主要讨论教师如何在课堂教学中遵循以人为本的原则。课堂教学以人为本原则的落实主要从两个方面展开：一是教师观念的转变。观念是行为的先导，要在教学中落实以人为本的原则，教师必须树立以人为本的管理观，即把学生作为课堂教学的主体，作为课堂教学的目的，整个课堂教学管理以学生为出发点和归宿，只有具备了这样的以人为本的课堂教学管理观，课堂教学的人本管理才可能实现。二是以人为本管理观在课堂教学管理行为中的落实。由于人是具有鲜活生命的主体，因此课堂教学管理不可能像工厂生产管理一样进行。如果那样就泯灭了人的个性。正因为课堂教学管理不具有固定的路径和模式，这就需要管理者在管理过程中根据具体情况灵活处理。这个灵活处理的过程就是教师以人为本管理观落实的过程。如果教师不具备以人为本的管理观，在应对课堂管理中的复杂问题时，就容易违反人本原则，甚至影响学生的发展。

（二）差异性原则

课堂教学管理的差异性原则指的是课堂教学管理要根据具体情况具体分析，根据需要而采用合适的管理方法，以追求课堂教学效率的提升。课堂教学管理的差异性原则主要表现为两个方面：首先，从学生的角度来看，尽管学生身心发展程度上具有一定的趋同性，但个体之间存在着一定的差异，这主要表现在学识水平、智力发展水平等方面。正因为学生之间存在的差异，教师在课堂教学管理过程中不能"一刀切"，而应在追求基本统一的基础上，按照学生个体的差异进行差异性管理，以期最大限度地促进学生个体的发展。其次，从课堂教学管理的内容来看，包括目标管理、时空管理、环境管理等内容。课堂教学管理的实质就是把此类内容有效地组织起来，以追求课堂教学管理效率的最大化。然而就课堂与课堂之间的对比来看，由于目标的差异或学生之间的差异，各课堂管理内容的整合方式之间存在一定的差异，这就要求课堂教学管理者要根据具体情况在不同的课堂教学管理中采用不同的管理方式。差异性原则与以人为本原则之间的关系密切，以人为本即对学生个体之间差异性的认同，在对差异性认同的基础上，课堂教学管理之间的差异性原则就理所当然了。

（三）目的性原则

目的性原则指课堂教学管理的指向是目的的达成，目的是整个课堂教学管理过程的导向，即任何管理思维与行为都要指向目的的实现，否则课堂教学管理本身存在的价值和意义就值得商榷。从目的的角度来看，课堂教学管理的目的主要包括两个层次，即课堂教学管理本身的目的以及课堂教学管理以外的目的。课堂教学管理本身的目的，主要指教师通过调动学生参与到课堂教学管理之中的过程培养学生的自我管理能力，同时教师的管理水平也得到相应的提升。课堂教学管理以外的目的指超出课堂教学管理范围的目的，主要包括教学效率的提升、教学目的的达成等。从课堂教学管理以外目的的角度来看，课堂教学管理是课堂教学顺利开展的必要保障，其管理直接为课堂教学服务，服务于课堂教学目的的达成。总而言之，课堂教学管理承担着达成课堂教学目的的任务。因此，课堂教学管理必须遵循目的性原则，只有在此情况下，课堂教学管理才具有价值和意义。

（四）效率性原则

目的性原则只针对目的的达成而言，而如何保障目的或者如何更好地发挥课堂教学管理在课堂教学中的作用则属于课堂教学效率的问题。从稀缺经济学的角度而言，课堂教学资源是有限的，如何把有限资源有效地整合起来则属于课堂教学管理的主要任务，所以课堂教学管理要遵循效率原则。课堂教学管理的内容包括可见的物质资源与可感知的非物质资源等。可感知的非物质资源包括师生的管理能力、已有的学识水平、心理发展水平以及部分时空资源等。尽管在课堂时空中拥有如此多的资源，然而对于人的发展而言，这仍是有限的。不仅其中任何单一的资源都无法满足人成长与发展的需求，即使组合起来也仍与课堂教学目的达成所需的资源存在一定的差距。在此情况下，课堂教学管理必须根据目的达成的需求，把有限的资源有效地整合起来，以此为课堂教学效率提供最大化的保障。如果课堂教学管理不讲求效率，那么其本身就没有存在的必要。没有课堂教学管理的课堂教学就会形成类似原始社会自在教育的状态，这显然不适应现代社会发展的需要。在此意义上，课堂教学管理的效率原则是其最核心的内在原则。

第四节　教学质量管理

一、教学质量管理的基本概念

（一）质量和教学质量

质量就是产品或工作的优劣程度，即对产品或有关的各项工作，以某一特定标准通过衡量得知的符合程度。质量，可以分为产品质量和工作质量，而产品的质量取决于工作的质量。

什么是教学质量呢？一般来说，教学质量有狭义和广义之分。狭义的教学质量，指的是课堂教学的优劣程度。如一位数学教师，在教学过程中，按照教学大纲和教科书的要求进行教学，完成一定教学任务所取得的成绩，即教学优劣程度的一种反映。只要是按照教学大纲和教科书的要求来衡量教学优劣程度的，是按照教育部门的有关规定办事的，考试成绩都可以反映一定的教学质量。人们通常所说的教学质量，多指这种狭义的教学质量。如果单纯以此来衡量校长的办学成绩、教师的教学水平、学生的学习质量，就不够全面了。广义的教学质量，是指学校进行德育、智育、体育、美育、劳动技术教育的工作质量和学生的全面发展质量。衡量这种质量的高低，主要看是否全面贯彻党的教育方针，使学生身心得到全面的培养和发展，学生的品德、智力、体质是否在原有基础上有了较大的提高，学生毕业后劳动或升学是否适应社会发展和经济建设的要求。什么叫高质量？高质量就是为社会发展和经济建设服务得好，要有后劲，要有系统的文化科学知识，很好的自学能力，崇高的思想境界，高尚的道德品质和强健的体质。最后标准是看学生日后在社会上所起的作用，是否成为有理想、有道德、有文化、守纪律的一代新人。

因此，分析一个学校的教学质量，不仅要看考试成绩，而且要看教职员工和干部的工作质量和学习质量。

（二）教学质量管理含义

教学质量管理就是把形成教学质量的全过程和各环节管理起来，把有关人员组织起来，把影响教学质量的各种因素控制起来，以保证在形成教学质量的过程中不出差错，或少出差错，并且逐步提高教和学的质量。所以说，实行教学质量管理是提高教学质量的一项重要保证。

有些同学习惯于把考试当成教学质量管理的主要手段，这是由来已久的一种误解。教学质量不是考出来的，而是教出来的，学出来的。例如，学生参加学期考试时，这个学期的教学质量就已经形成了，发现问题也只能作为前车之鉴，弥补一点损失。教学过程的规律和青少年身心发展的规律告诉我们，如果平时放松了对教学工作的领导，放松了对教学质量形成过程中的科学管理而"亡羊补牢"、晚上补课、假期补课、加班加点，不仅加重师生负担，影响师生健康，也无益于教学质量的提高。诚然，教学质量的形成不同于产品质量的形成，考试也不同于产品的事后检验。现在，考试还要进行。但工作质量决定产品质量的原理，对生产、对教学，则是同样适用的。所以，教学质量管理的重点，应当放在平时的形成教学质量的全过程和各环节上，不应当放在考试上。

二、教学质量管理的内容及分类

（一）内容

①进行宣传教育，做好思想工作，充分发挥全校教职员工的聪明才智，提高他们的

质量意识，做到人人关心，个个参加，积极主动，认真负责。

②建立和健全教学质量管理体系，由校长负责，把形成教学质量的所有人员，都组织到教学质量管理体系中来，各就各位，各尽所能，各司其职，各负其责，使上下左右信息渠道畅通。

③每学期开学之前，都要在总结上个学期经验教训的基础上，采取上下结合的方法，提出新学期提高各科教学质量的要求或目标，并且制订相应的实施计划。

④要对各职能部门、各教研组、各班级的实施情况进行检查，对影响教学质量的各种因素进行控制。

⑤对形成教学质量的情况要心中有数，要用数据说话，不能停留在用生动的和突出的事例来说明问题的水平上。

⑥及时发现、总结、交流、推广先进经验，以发扬先进，带动一般，督促后进。

⑦在形成教学质量的过程中，会发生各种各样的矛盾，校长要负责协调各方面的关系，解决教学质量管理工作中的各种矛盾。

⑧每个学期，每个教师都要按照学校的要求进行质量分析；校长和教导主任每年至少要对一个班级的各科教学质量做典型分析，并且在总结经验教训的基础上，研究采取改进措施。

（二）分类

以上八项内容是比较复杂的，经验不多的校长和教导主任，往往难以全面掌握，指挥若定。根据教学质量管理的业务范围，再做如下分类：

1. 预防性质量管理

预防性质量管理主要指校长、教导主任、教研组长，通过抽样检查，及时了解教师备课、上课、批改、辅导的质量，及时了解学生预习、听课、复习、作业的质量，从中发现经验，及时总结推广，发现问题，及时研究解决。

这样管理可以防患于未然，也可以避免在升级或升学考试前再去"亡羊补牢"。由于实行预防性质量管理，即使从教学过程中发现一些缺点错误，也能及时研究解决。这样，就可以防止和减少教学中的倾向性问题发生。所以说，预防性质量管理是稳步提高教学质量的一种可靠的保证。

2. 阶段性质量管理

因为这是到了一定阶段所进行的质量检查和质量分析，所以又叫阶段性质量管理。比如，新生入学，有的学校进行摸底测验或编班测验，及时了解学生在上一个学段完成学习任务的情况，并及时进行补缺补漏，就属于这一种管理。每个学年对学生德智体的发展情况进行全面的分析评定，做出升留级的决定，并且总结这方面的经验教训，也属于这一种管理。对毕业班学生德智体的发展情况进行质量检查和质量分析，总结经验教训，也属于这一种管理。

3. 实验性质量管理

在教学质量管理过程中，许多工作都要经过科学研究和科学实验。证明是切实可行、行之有效的，才能逐步推广。这样，不仅能够提高自觉性，减少盲目性，学会按照客观规律办事，而且可以防止挫伤师生员工的积极性。

三、教学质量管理的原则

（一）坚持思想政治工作领先

学校领导是师生员工的带路人。一所学校能否按照党中央和国务院指引的方向前进，把学校建设成为社会主义精神文明基地，要看学校领导能否做好思想政治工作，能否对于来自校内外的不良影响采取有力措施加以防止和抵制。近些年来在教育质量管理过程中，出现了重视文化成绩，忽视学生德智体全面发展的倾向；重视知识传授，忽视发展能力的倾向。在一些学校还表现得比较严重，是否能够及时克服，也要看学校领导能否做好思想工作。有些学校领导口头上也讲思想政治工作领先，实际上却是物质刺激领先。这些学校的思想工作软弱涣散，管理混乱，已经导致了教学质量长期上不去的严重后果。

在实行教学质量管理的过程中，只有加强思想政治工作，才能保证坚持四项基本原则，才能保证党的路线、方针、政策贯彻到底，才能充分调动一切积极因素，从而保证全面完成党和国家交给学校的任务。由于教学质量管理工作是由人来做的，而且管理的主要对象是人。人的行动又是受思想支配的，这就决定了思想政治工作的领先地位。思想政治工作领先，一方面是为了把党的政策变为群众的自觉行动；另一方面是为了用先进的思想教育群众，带动广大群众沿着社会主义道路不断前进。

在教学质量管理工作中，应该明确思想政治工作的地位和作用，应该明确在新的历史时期加强思想政治工作的重要性，也应该明确，在学校里，思想政治工作不能离开以教学为中心的轨道而孤立地进行。这是因为，我们党的思想政治工作，首先是为了坚定、鼓励和激发人们改造客观世界的信念、热情、毅力和斗志。如果思想政治工作停留在只讲认识世界，不讲改造世界，不动员群众去实践这个改造，那么，它就是只讲空话了。因此，思想工作还要结合业务工作进行，结合日常管理活动进行。

（二）坚持教学为主

学校以教学为主，这是由学校本身的性质、任务决定的。教学是学校的根本任务，就像生产是工厂的根本任务一样，否则学校就不称其为学校了。学校的这种性质任务，决定了教学工作是学校工作的中心，是处理矛盾、全面安排工作的出发点和落脚点。以教学为主和把坚定正确的政治方向放在第一位是辩证统一、相辅相成的。长期的教育实践证明：学校把坚定正确的政治方向放在第一位，不仅不排斥学习科学文化，相反，政治觉悟越高，学习科学文化就应该越自觉、越刻苦。

当然，坚持以教学为主，并不是一件轻而易举的事情。必须端正办学指导思想，提高科学管理水平，改进工作作风和工作方法，才能切实做到。在一所学校内，各班级各学科发展不平衡的状态说明，要切实做到以教学为主，使全体学生德智体诸方面都得到发展，还要提高教师的思想水平、业务水平和教学法水平，充分发挥教师的主导作用和学生的学习积极性。这对不少学校来说，还是一项艰巨的任务。然而为了提高一代新人的素质，在实行教学质量管理的时候，就要努力完成这个任务。要切实做到以教学为主，还必须采取一系列相应的措施。

第五章 教师与学生

第一节 教师

一、教师职业的性质

（一）教师职业是一种专业性职业，教师是专业人员

教师是履行教育教学职责的专业人员，承担教书育人、培养社会建设者、提高民族素质的使命。从广义来看，教师与教育者是同一语；从狭义来看，教师专指学校的专职教师。

从教师的概念可以看出，教师是专业人员，教师所从事的职业是一种专业性职业。这种专业性指的是教师作为专业人员所表现出来的主要特征，是把教师的教育行为与教育活动视为其专业表现的领域，而不是指所教的学科专业。

教师作为专门职业有内部条件和外部条件两方面的要求。

1. 内部条件

①需要专门的技术和特殊的智力，职前必须接受专门教育和训练。

②提供专门的社会服务，具有较高的职业道德和社会责任感。

③拥有专业自主权和控制权，如对从业人员的聘用、解聘的专业权利不受专业外因素的控制和影响，专业工作者应获得本专业资格证书，专业内部有不同的职称来标志专业水平差异等。根据学术标准衡量，教师职业是一种专门性职业，它需要从业者掌握专门的知识和技能，获取相应的学历、学位和教师资格证书。国家对教师资格和教师教育机构有专门的认定制度和管理制度。

2. 外部条件

①专业的经济收入。一个职业的经济收入与它的专业化程度有密切关系，如果收入很低，就不可能高度专业化。

②专业的社会地位。教师职业的社会地位是通过教师职业在整个社会中所发挥的作用和所占有的资源来体现的，既表现在经济待遇方面，也表现在社会作用、政治地位等

方面。教师是人类文化、文明的传播者，在人类社会的发展中起着承上启下的作用；教师是社会物质财富和精神财富的创造者；教师承担培养人的重任，在学生发展中起引导作用。所以，教师职业的社会作用是不可替代的，教师职业应受到全社会的尊重。

和教师职业的专业性相联系的还有教师专业化、教师专业化发展等几个概念。教师发展要以专业化的思想为指导。教师专业化的基本含义包括以下几个方面：

①教师专业既包括学科专业性，也包括教育专业性，国家对教师任职既有规定的学历标准，也有必要的教育知识、教育能力和职业道德的要求；

②国家有教师教育的专门机构、专门的教育内容和措施；

③有对教师资格和教师教育机构的认定制度和管理制度；

④教师专业发展是一个持续不断的过程，教师专业化也是一个发展的概念，它既是一种状态，又是一个不断深化的过程。

（二）教师职业是以教书育人为职责的职业，教师是教育者

教书育人是教师的基本职责，是教师的天职。

首先，教书育人是国家赋予教师的基本职责，教师是履行教育教学的专业人员，承担教书育人、培养社会主义事业建设者和接班人、提高民族素质的使命。教师应当忠诚于人民的教育事业。

其次，教书育人是教师职业区别于其他职业的特殊性质。韩愈在《师说》中说："师者，传道、授业、解惑也。""传道"是指传授为人之道，"授业"是指传授文化知识，"解惑"是指解答做人或学习方面的疑难，概括起来就是教书育人。教师通过承担各门课程的教学，向学生传授系统的科学文化知识，引导学生树立科学的世界观、人生观，指导学生主动、有效地学习，营造良好的教学氛围，促进学生健康、快乐成长。所以，教师坚持教书育人，既是教师职业的特殊要求，也是学生成长过程、教学规律的客观要求。

最后，教书和育人是同一过程的两个方面，不能割裂开来。教学如果没有道德教育，就是一种没有目的的手段；道德教育如果没有教学，就是一种失去手段的目的。教书不仅是传授知识，更重要的是教人，教育后一代成为具有共产主义思想品质的人。它们的意思就是教育后一代先成人，后成才。在现实工作中，有的教师认为自己的任务是传授知识，育人是别人的事；还有的教师把教书育人混为一谈，混淆了各自确定的内涵，用教书代替育人，认为传授了知识就完成了教育任务，这些都是错误的。教书与育人存在相互联系、相互促进的辩证统一关系，是完整的教育过程的两个方面，并非彼此分离、互不相干的两个过程。教书是育人的手段，育人是教书的目的。

二、教师的职业角色

教师的地位、作用和专业特点是通过教师的职业角色反映出来的。教师在其职业行为中扮演多种角色，也是教师专业化的具体体现。教师职业的最大特点是教师职业角色的多样化，具体表现在以下几个方面：

（一）教学内容的学习者和研究者

成为一名成熟的专业人员，必须重视学习与吸收，把握新的形势和信息，通过不断学习和探索拓展专业水平，以适应新的角色。教师必须树立终身学习的理念，成为一个终身学习者。教师不仅要学习自己任教学科的知识，更要涉猎相关学科的广泛知识。教师只有了解世界、了解社会、了解科技发展状况，才能在教育教学中驾轻就熟，满足学生对教师角色的期待，造就具有丰富知识、多种技能、对未来世界充满探索精神的人才。在学习形式上，教师除了阅读教育理论书籍外，还可以在听课评课中学习，在研讨交流中学习，在思考现象中学习等。

（二）学生心灵的引导者、培育者

教育的目的是让学生成人、成才。要达到这个目的，教师要在了解学生的基础上走进学生的心灵。了解学生是非常困难的，因为要完全了解一个人（包括自己）可以说是不可能的，更何况要求教师要在了解的基础上走进学生的心灵，分担学生的痛苦与忧伤，分享学生的欢乐与幸福，促进学生身心的健康发展。教师在教育教学过程中的困惑是普遍存在的。在教育实践中，多数教师已形成思维定式，就是戴着应试主义的"眼镜"看学生。教师对学生的评价首先与学习成绩相关，其次与纪律、集体活动相关。学生是一个立体的、多面的、活生生的个体，他有多重角色，如果教师只是以学生角色评价他，而学生角色中又偏重于学习、活动、纪律的评价指标的话，那么学生一旦露出点"另一面"，教师就奇怪了、困惑了。另外，教师往往会犯"一厢情愿"的错误，总喜欢与自己心中拟想的学生交流。所以，当学生的一些现实表现与教师的心理意象发生冲突时，教师就主观地认为这个学生变（往往认为变"坏"）了，并一般会因此而愤怒。

要避免这种情况的发生，需要教师扮演好学生心灵培育者的角色，这要求教师有一颗博爱、负责、宽容、赏识的心，养成了解学生的职业习惯，掌握走进学生心灵的职业技能，能及时捕捉学生思想、言行发生的微妙变化。作为教师，要学好心理学课程，多学习，多积累，多训练，练就走进学生心灵的职业技能。

（三）教学活动的设计者、组织者和管理者

教师是教学工作的具体实施者，因而要精心进行教学设计。好的教学设计可以使教

学有序进行，是帮助教师进行课堂管理、调动学生的主动性、引导学生进行自我管理的有效途径，也是提高教学效果、提升教学质量的关键所在。

（四）课程的开发者

国家新课程改革设置了国家课程、地方课程和校本课程。在新课程改革的背景下，校本课程的开发成为一大亮点。在校本课程的开发中，教师是主力军，这使教师的角色发生了很大程度的变化——他们不仅要决定"怎么教"，而且在一定程度上要决定"教什么"，不仅要教教材，而且要编教材，教师由课程的实施者转变为课程的开发者。

（五）学生的朋友和学习的榜样

由于学生从入学开始便被教育要听老师的话，使得很多学生对教师都抱着一种敬畏的心理，再加上师生之间年龄、阅历、地位的差异，就更易使师生之间有隔阂，难以形成朋友关系。教师只有和学生交朋友，才能听到学生的心里话。作为教师，建立一定的威信是必要的，这有助于教学工作的顺利展开，但在某种程度上，学生更希望与教师有更深入的接触和更广泛的交流，相互之间能像朋友那样坦诚相待，在学习、生活、人生等多方面像朋友那样给予自己更多的指导和鼓励。同时，教师的言行举止、态度、个性、人品等既是学生效仿的榜样，又是学生是否把教师当成朋友的条件和标准。教师是否是学生的朋友、榜样，在一定程度上影响着教育效果，决定着教育的成败。

（六）知识的传授者

学生学习的是间接经验，学生在学习间接经验的过程中扮演的是接受者的角色，教师充当着传授者的角色。教师扮演知识传授者的角色由来已久，也是教师最原始、最基本的角色。教师的这一角色与其他角色密不可分，教师要先有学习者和研究者的角色，才能扮演好传授者的角色；教师要先成为学生心灵的培育者，成为学生的朋友和学习的榜样，学生才能"亲其师，信其道"；教师要先扮演好教学活动的设计者、组织者、管理者的角色，使教学具有吸引力，学生才能有效地接受教师传授的知识。

当然，知识的传授也有很多艺术，如怎样做到使学生成为学习主体，避免教师"一灌到底"；怎样做到不越俎代庖、喧宾夺主；怎样把握好教法、学生和知识之间的关系；怎样做到教学过程引人入胜；等等。师范生可以多看名师的课堂教学实录，如果有条件也可多参加课例研讨、多研究名师案例等。

三、教师的专业素质

教师的专业素质是教师在教育教学活动中表现出来的，决定其教育教学效果，对学生有直接而显著影响的各种品质的总和。各专家学者研究的角度不同，提出的观点也略有不同。

（一）先进、科学的教育理念概述

教育理念是指教师在对教育工作的本质深刻理解的基础上形成的关于教育的观念和信念。

1. 教育理念的特点

①教育理念具有时代性。教育理念是在特定的时空、特定的内外部条件下形成的，具有与时俱进的哲学内涵，随社会的变化而变化。

②教育理念具有前瞻性。教育理念设定奋斗目标和努力方向，体现出对学校未来发展状态的一种期待。前瞻性的教育理念将会成为学校教育行动的思想先导，为教育实践活动指引方向。

③教育理念具有导向性。教育理念以一种文化氛围、一种精神力量、一种价值期望、一种理性目标的形式陶冶学校的教师和学生。作为一种行为准则，它具有规范人、指导人的作用。它对学校的办学目标和发展方向有着强化说明的作用，全体教职员工坚定地信奉这种价值观，就会凝心聚力，达成组织的共识，分享组织的共同价值观，形成一种对学校未来充满信心的文化力量和精神力量。

④教育理念具有对实践反思、规范和指导的特性。教育理念是对教育实践的客观反映，教育实践是教育理念形成和存在的前提，教育理念在一定条件下又反过来对教育实践起指导作用。

教育理念表现在实践层面上，是办学思路。办学思路的表述，一般包括办学指导思想、办学方针、办学策略、办学措施、办学特色和办学目标。有了明确的办学思路，学校的教育理念才能变为现实，才能给学校带来生机和活力。

2. 先进、科学的教育理念

教师的教育理念反映的是教师对教育、学生、学习的价值判断和基本看法。教师教育理念的形成需要比较长的时间，形成之后会保持一段时间的相对稳定，对教师的教育教学行为和教师的成长、发展有非常重要的影响。一个教师在形成自己的教育理念时，要充分考虑国家的教育目的、方针、政策，即定位要准；要充分考虑学校的办学特色，即方向要明；要充分考虑学生的发展特点，即对象要清；要充分考虑自己的工作性质和风格，即责任感要强。

新时期教师要形成的先进、科学的教育理念主要包括以下几个方面：

（1）以人为本的理念

以人为本表现在教育上，就是以教师为本和以学生为本。以教师为本主要针对教育管理者来说，就是要相信教师，尊重教师，依靠教师，发展教师，为教师创造良好的工作环境，使教师心情愉快地、高效率地工作；以学生为本就是要相信学生，尊重学生，依靠学生，发展学生，尊重学生成长的规律和合理需要。

（2）有效教学的理念

有效教学是指通过一段时间的教学，教师帮助学生完成了学习任务，获得了预期的进步和发展，实现了教学目的。

检验教学是否有效的标准只有一个，那就是学生是否取得了预期的、应有的进步和发展。"预期的"是指学生所期望的、教师在教案中设计好的、符合课程标准和素质教育要求的目标和任务；"应有的"是指学生自己力所能及的、应该达到的进步和发展目标。每个学生的基础和能力水平不同，在同一节课中获得的进步和发展也不尽相同，只要他们取得了自己应有的进步和发展，那么就算是有效的教学，所以，有效教学也有不同的水平。

另外，学生的进步和发展应该能够通过常规手段检测到或被观察到。在实际教学中，不管教师教得多么卖力、多么认真、多么精彩、多么生动、多么辛苦，也不管学生是不愿意学，还是学不会，或是其他什么原因，只要学生没有取得预期的、应有的进步和发展，就是无效教学或低效教学。

有效教学需要教师努力提高教育教学技能。新的课程标准和教材对教师提出了许多新的要求。例如，课程开发的基本功、教学策划与设计的基本功、了解学生及与学生沟通的基本功、现代化教学技术运用的基本功、帮助学生积极进行意义构建的基本功等，教师对此要给予高度重视，并尽快按照新的要求提高相应的教育教学技能。有效教学还需要教师养成经常反思与总结的好习惯，做到天天反思、堂堂反思。实践证明，经常反思的教师，进步就快；不经常反思的教师，进步就慢；不会反思的或不进行反思的教师，就难以取得进步。另外，教师反思也是教师成长的途径和方法。

（3）少讲多学的理念

教师的真正本领不在于其是否会讲述知识，而在于其是否能激发学生的学习兴趣，唤起学生的求知欲望，让他们兴趣盎然地参与到教学过程中来。要让学生积极参与到教学中来，其中要求之一就是教师少讲。如5分钟能讲明白的绝不讲6分钟，学生自己能够研究明白的教师绝不要讲，从而使课堂真正成为学生主动学习、研究，亲身感悟和体验的地方，而不是学生欣赏教师讲演、被动静听和接受结论的场所。

"多学"有以下三方面的含义：

①学生的活动多，即学生自己动脑想，动口说、读，动手写、摸、做，动情感受、领悟、

体验的时间多，活动机会多，得到的锻炼也就多。

②学到的知识多，信息量大。

③学生的收益多，学习质量和学习水平高，学习效果就好，也就是学得更扎实、更有效，相关素质能够得到更好的培养和提高。

"少讲"是手段，"多学"是目的。只有教师"少讲"，才能使学生"多学"；只有达到"多学"目的的"少讲"，才是高水平的"少讲"。"讲"是为"学"服务的，究竟讲多少为好，完全取决于教学内容和学生已有的知识水平与学习习惯。我们不可能定一个统一的标准，要以保证学生"多学"为标准来确定所讲内容的多少与时间的长短。只要能保证学生"多学"，教师的讲解越少越好。

评价一堂课的标准不再是教师讲得怎样，也不是教师运用了哪些先进的教育技术，而是学生学得怎样，是不是达到了"多学"的目的，这一特点可以概括为"以学评教"。

"少讲多学"是素质培养的根本要求，也是课程改革在教学法上的新要求，有利于进一步激发教师开展教学创新活动。也只有如此，我国的素质教育才能真正地在课堂教学过程中得以贯彻落实，创新素质和创新人格才能得到有效的培养和提高。

（二）合理的知识结构

1.一般文化知识

一般文化知识是指广博的、深厚的文化基础知识，包括社会科学、自然科学、人文科学的知识和理论。教师只有具有广博的文化基础知识，才能满足学生多方面探索和学习的需要，同时帮助教师自己融会贯通地理解、讲授所教学科的知识。

2.专业知识

专业知识是指教师专精的学科知识，包括所教学科的概念、原理、规律、研究的方法、知识架构及学科前沿的知识等。教师应该精通所教学科的全部知识内容，这是教学的基础和保证。

3.教育科学知识和实践性知识

教育科学知识是指帮助教师认识教育对象、教育教学活动和展开教育研究的专门知识，包括教育学、心理学、各学科教学法、教育政策法规、教育研究、教育评价、班级管理等方面的知识，是体现教师工作独特性、科学性和艺术性的知识。

实践性知识是指教师在教育教学实践中体验、感悟、创造出来的带有个人色彩的实效性知识。这种知识有别于理论知识，具有不可传授性，对教师的实践活动有重要指导价值，专家型教师和刚参加工作的教师的区别之一就在于实践性知识的有无和多少。

当前教师知识结构的状况不尽如人意，要改变这种状况，需要多方配合并做长期的努力，要从师范生培养模式到课程设置、教学模式、学习方式等方面进行整体改革。

（三）复合型的专业能力

教师的专业能力是指教师要完成教育教学任务所表现出来的专业能力。教师工作是复杂的，所以，需要教师拥有复合型的专业能力，包括以下几个方面：

1. 教学能力

教学能力包括教学设计能力（对课程目标的解读能力、教材的分析与重组能力、学情分析能力等）、教学实施能力和教学评价能力。

2. 语言表达能力

语言表达能力指口头语言、书面语言、体态语言要适应教学需要和学生特点，具有逻辑性和艺术性。

3. 课程设计能力

课程设计能力包括内容选择、教学方法选择和教学形式确定的能力。

4. 班级管理能力

班级管理能力包括班级的组织与管理、班集体建设、班级活动的设计与开展、班级骨干的培养、个别学生的教育的能力。

5. 教育研究能力

教育研究能力包括研究教材、研究教法和研究学生的能力。

6. 人际交往能力

人际交往能力包括教师与领导、与其他教师、与学生、与学生家长、与其他人员的交往能力。

7. 教育机制

教育机制是指在教育教学实践中形成的处理各种问题的智慧。

8. 创新能力

创新能力包括创新教育思想、教学内容、教学方法和教学模式的能力，是提升教师专业能力的追求与归宿。

（四）崇高的职业道德

教师是富有使命感的知识分子，教师必须知道什么是教师应该做的，什么是绝对不应该做的，应集中精力弥补什么，集中精力改变什么，这样才能获得一个教师的精神气质，实现教师专业服务的理想。

（五）强健的身体素质

教师工作不仅是复杂的创造性的脑力劳动，也是高强度的体力劳动，有人形容教师的工作是"两眼一睁，忙到熄灯"，强健的身体素质不仅是做好工作的保障，也可给学生以榜样示范的作用。

（六）健康的心理素质和人格魅力

在教师素质中，心理素质和人格魅力是核心。教师对学生的教育，就是心灵对心灵的感受，心灵对心灵的理解，心灵对心灵的耕耘，心灵对心灵的启示，因此，教师应具备特定的人格特点。

1. 积极的心态

衡量教学是否失败的办法其实很简单，就是看一看学生学习后是更加热爱学习还是厌恶学习。要让学生更加热爱学习，教师就要最大限度地激发他们乐于学习的热情。这种热情的激发一方面靠教师的教学水平，另一方面靠教师的人格熏陶和感染，以及积极的鼓励和赞美。一个拥有积极心态的教师会相信每个学生都是天才，相信每个学生都能成功，他会积极关注、关爱每个学生，真诚地赞美每个学生。

2. 自制力

自制力是教师的重要素质。教师具有良好的自制力，善于控制自己的情感、行为，约束自己的教态、教语，这既是教师不可缺少的心理品质，也是衡量其教育技能的重要尺度。在日常教学工作中，自制力的缺乏是多数教师需要注意的问题。学生说了几句教师不想听的话或者做了教师不愿看到的事，有的教师会立即针锋相对，对学生进行体罚或变相体罚；有的教师尽管没有体罚，却用一些尖酸刻薄的话讽刺学生，这是比体罚更加严重的事情，它对学生的伤害往往不是一时的，有时是终生的，会在学生的心里留下难以抹去的阴影。

3. 宽容的态度

宽容是教师必须具备的心理品质。社会心理学中把宽容理解为有权力责备处罚而不加以责备处罚，有权力报复而不加以报复的一种道德心理结构。宽容首先表现在能容忍学生对自己的不满。如果你想有所作为，就要准备承受责难。假如教师不相信这句话，不按这句话行事，那么他就永远也不可能成为一名出色的教师。

教师的宽容还表现在能容忍学生的缺点和错误。缺点是人人都有的，学生是在犯错误中成长的，教师要善于容忍学生犯错误，允许学生改正错误。教师对待学生要用"放大镜""反光镜"和"显微镜",用"放大镜"发掘学生的闪光点,用"反光镜"去除学生的缺点,用"显微镜"彰显学生的个性。

4.个性魅力

教师的个性魅力表现在:一是教师要有严肃认真、敬业爱生的教育精神,即身正;二是教师要有宽广厚实、多才多艺的学养才能,即学高;三是教师要有气质。教师育人,不仅要把知识传授给学生,更重要的是以自己的人格魅力去影响学生,使他们成为高尚的人、有智慧的人。因此,教师的气质很重要。教师的气质不仅应该是高雅的,而且应该是睿智的,并有亲和感,使学生见到老师,就愿意向老师学习,愿意把自己的心里话和老师交流,得到老师的帮助。

也就是说,高雅、睿智、亲和、自信应该是教师特有的气质。

而在现实中,有些教师确实缺乏或忽视人格在教育中的作用。有的教师除了采用点名、批评、考试等方式让学生听课、维持秩序外,根本无法把学生的注意力吸引到课堂上来。有的教师满足于教学设计、语言表达、教学手段的纯熟运用,把教书育人降低到纯技术水平。

有的教师只修文凭不修本领,只重职称不重德行,只图安逸不思进取,以文凭、职称等掩盖自己人格魅力的匮乏。这些都会严重挫伤学生求学上进的积极性,影响教师的"人类灵魂工程师"的形象。所以,当教师抱怨"如此学生怎么教"时,要更多地反思一下自己在用什么教学生,自己在怎样教学生。"没有教不好的学生,只有不会教的老师",对于这句话一直存在争议,但用于教师反思自己的教学,会发现它是有一定道理的。

四、教师专业发展的途径和方法

基础教育课程改革将教师的专业发展问题提到了前所未有的高度,教师的培训、学习显得比以往任何时候都更加重要。促进教师专业发展的途径和方法有很多种,如听专家报告、参加名师工作室培训、参加学术会议、参加课例研讨、开展课题研究、撰写文章、开展教学反思、研究名师案例、学会利用网络资源等。

(一)教师学习

知识经济时代、新课程改革背景、学生成长的现实都在要求、逼迫教师必须主动学习,终身学习。

首先,教师要向书本学习,博览群书,要过一种有阅读的生活。一个人的精神发展史实质上是一个人的阅读史,一个民族的精神境界在很大程度上取决于全民族的阅读水平。

其次，教师要向同事学习，向名师学习，向专家请教。教师要学习他人教书育人的经验和方法，结合自己的实际巧妙移植，可以少走弯路。同事之间相互学习，取长补短，可以形成共同成长的氛围；名师引领，少走弯路，前进速度自然加快。

最后，教师要向学生学习。学生也是教师学习的重要资源，教师要放下架子，虚心向学生请教，也给学生树立谦虚好学的好榜样，这对学生的成长起着不可估量的促进作用。

（二）教师研究

只教学不搞科研的教师，其教学是肤浅的；只搞科研不教学的教师，其科研是空洞的。

首先，教师要关注教学反思。所谓教学反思，是指教师回忆并思考、分析过去的教育教学经历，以得到某种启示，指导今后的教育教学实践。

教师在反思过程中，学习冲动被激发，教学智慧被激活，为教师的成长提供了有效途径。教师要在日常工作中随时总结出教学反思，且要简单明晰，如一件事成功了，自己是怎么做的，有什么经验，有什么感受；一件事没成功，失败的原因是什么，吸取什么教训，以后打算怎样做；遇到矛盾了，怎么解决的，效果如何，有什么感受。

其次，教师要多做教育科学研究。教育科学研究就是教育者借助一定的教育理论，以有价值的教育现象为研究对象，运用相应的科研方法，遵循一定的研究程序，有目的、有计划地探索教育规律的创造性的认知活动。

五、教师职业道德规范的要求

（一）爱国守法

热爱祖国既是每个公民也是每个教师的神圣职责和义务。建设社会主义法治国家，是我国现代化建设的重要目标。要实现这一目标，需要每个社会成员知法守法，用法律规范自己的行为，不做法律禁止的事情。

（二）爱岗敬业

没有责任就办不好教育，没有感情就做不好教育工作。教师应始终牢记自己的神圣职责，志存高远，把个人的成长进步同社会主义伟大事业、祖国的繁荣富强紧密联系在一起，并在深刻的社会变革和丰富的教育实践中履行自己的光荣职责。

（三）关爱学生

亲其师，信其道。没有爱，就没有教育。教师必须关心爱护全体学生，尊重学生的人格，平等公正地对待学生；对学生严慈相济，做学生的良师益友；保护学生的安全，关心学生的健康，维护学生的权益。

（四）教书育人

教师必须遵循教育规律，实施素质教育；循循善诱，诲人不倦，因材施教；培养学生的良好品行，激发学生的创新精神，促进学生的全面发展，不以分数作为评价学生的唯一标准。

（五）为人师表

教师要坚守高尚情操，知荣明耻，严于律己，以身作则，在各个方面率先垂范，做学生的榜样，以自己的人格魅力和学识魅力教育和影响学生。教师要关心集体，团结协作，尊重同事，尊重家长。教师要作风正派，廉洁奉公，不利用职务之便牟取私利。

（六）终身学习

终身学习是时代发展的要求，也是由教师职业特点所决定的。教师必须树立终身学习的理念，拓宽知识视野，更新知识结构，潜心钻研业务，勇于探索创新，不断提高专业素养和教育教学水平。

在知识经济时代，知识和技术更新的速度越来越快，每个人都会面临落伍的危险。在科学和技术发展速度如此之快的背景下，如果不经常学习，一个人的知识结构很快就会落后于实践的要求。所以，时代要求教师必须转变学习观念，确立"边学边干、边干边学、终身学习"的观念，紧跟当代知识和技术的发展步伐。

"没有时间"这是很多人没有做一些事情或者做不好事情的借口。学习需要的不是时间，而是努力和毅力，是要有想学和决心学的心态。想学，但做不到的时候，会有成堆的理由解释为什么没做到，每个理由都足以让做不到的结果成立；而决心学，则是没有退路的，就会想方设法地去学。教师必须过一种学习的生活，必须过有阅读的生活，必须过有情趣的生活；否则，便很难成为学生喜欢的老师，成为一名真正的教育者。

第二节 学生

教师必须转变教育观念，从教育过程中的领导者、操纵者转变为引导者、组织者、服务者。在当今新的课堂教学中，学生不再是配角，课堂不再是教师的舞台，而是学生为主体、师生互动、生生互动的平台。呼唤"新版教育"，呼唤学生主体地位的真正确立，呼唤学生生命活力在课堂教学中的自由舒展，我们必须把学习主动权还给学生，使学生充满求知欲。教师要在充分研究和了解学生的基础上，运用讨论法、研究法等鼓励学生相互探讨、争论、交流，相互启迪，产生共鸣。教师应根据不同的教学目标和内容以及学生的实际情况，帮助学生选择恰当的合作方式，使合作过程成为一个愉快、欢乐和充满智能的挑战。学生是课堂的主人，学生就会以主动的态度和自己的方式去探究知识，会以主人的身份与教师——他们的伙伴、朋友一起切磋、探究其中的问题。让每个学生在小组合作中动手、动脑是发展其创造力的有效方法，教师应以平等的身份参与学生间的交流活动，对学生出现的各种问题不轻易表态或下结论，对学生中出现的错误不压抑而是在群体交流与讨论中让学生自我发现，对于小组讨论的结果及思维过程应鼓励学生及时展现，不要怕出错，要敢于面对问题、挫折和失败，关键是通过交流和讨论发言后知道自己思维过程中的不足之处以及自己理解、认识问题的缺陷。这种良好的课堂习惯对学生而言，意味着心态的开放、主体地位的凸现、个性的彰显、创造性的解放，对教师而言，意味着与学生分享理解，是生命的活动，也只有这样，才能使学生达到高效学习。

一、以人为本的学生观

教师要引导学生成长，就必须树立以人为本的学生观。以人为本的学生观是指教育要以学生为本，以每一个学生为本，以每个学生的健康成长和终身幸福为本，具体来说就是一切为了学生，为了学生的一切，为了一切学生。

（一）以学生为本

学生的发展是教育的最高目的，教育的所有工作都必须围绕学生的发展展开。学生发展的最终结果是成为现代社会的合格公民，合格公民包括未来的社会公民、未来的社会职业者和未来的家庭成员。社会文明进步要求未来的公民、社会职业者和家庭成员越来越有个性，越来越有独立思考的能力、创造精神与创造能力、生存的能力、生活的能力、幸福的能力。这些能力要通过科学的教育才能培养。

（二）以每个学生的健康成长和终身幸福为本

教育要培养现代社会的合格公民，教育要为学生未来的生活做准备。教育是一个奠基工程，对于青少年的成长而言，教育要为他们一生的成长、发展和幸福奠定基础，不仅仅要让学生在上学期间得到发展，还要为他们一生的成长奠定基础，即一个好的教育应该增进人的幸福感，而且能享用终生。

教育的价值要回归以人为本，以学生为本，以学生的发展和终身幸福为本。人的成长幸福和快乐是重要的教育目的。随着教育的普及和扩大，学生在市场环境中的主体地位逐渐确立，需要更加尊重学生的权利、保护学生的权益、体现学生对教育的选择性。

二、学生的合法权益与相关的法律责任

（一）学生的合法权益

学生的权利一般是指学生在教育活动中享有的由教育法所赋予的权利，是国家对学生在教育活动过程中一些行为的许可和保障，受到法律的保护。我国宪法与法律规定少年儿童的合法权利有生存的权利、受教育的权利、受尊重的权利、安全的权利和人身自由的权利。

（二）学生权利的保护

1. 家庭保护

①父母或者其他监护人应当创造良好、和睦的家庭环境，依法履行对未成年学生的监护职责和抚养义务。

②父母或者其他监护人应当做好未成年学生的心理辅导工作，引导未成年学生进行有益身心健康的活动。预防和制止未成年学生吸烟、流浪、沉迷网络，以及赌博等行为。

③父母或者其他监护人在做出与未成年学生权益有关的决定时应告知其本人，并听取他们的意见。

④父母或者其他监护人因某些缘故不能履行对未成年学生监护职责的，应当委托有监护能力的其他成年人代为监护。

2. 学校保护

①学校应当尊重学生受教育的权利，关心、爱护学生，不得歧视品行有缺点、学习有困难的学生，不得违反法律和国家规定开除未成年学生。

②学校应当做好学生的心理辅导工作和青春期教育工作。

③学校的教职员工应当尊重未成年人的人格尊严，不得对学生实施体罚、变相体罚或者其他侮辱人格尊严的行为。

④学校应当做好学生的人身安全保护工作。

3. 社会保护

①全社会应当树立尊重、保护、教育未成年学生的良好风尚，关心、爱护未成年学生。

②各级人民政府应当保障学生受教育的权利，对家庭经济困难、残疾和流动人口中的未成年学生，要给予其接受教育的帮助。

③各类设施和场所如爱国主义教育基地、博物馆等，应当按照有关规定对未成年学生免费或者优惠开放。

④国家鼓励出版有利于未成年学生健康成长的作品，禁止任何组织、个人向未成年

学生出售、出租或以其他方式传播有可能危害未成年学生健康成长的图书、报刊、音像制品、电子出版物及网络信息等。

⑤任何组织或者个人不得招用未满16周岁的未成年人，国家另有规定的除外；任何组织或者个人不得披露未成年人的个人隐私，未成年人的信件、日记、电子邮件，任何组织或者个人不得隐匿、毁弃。

⑥国家依法保护未成年人的智力成果和荣誉权不受侵犯。

4.司法保护

①公安机关、人民检察院、人民法院及司法行政部门应当依法履行职责，在司法活动中保护未成年学生的合法权益。

②人民法院审理离婚案件，涉及未成年子女抚养问题的，应当听取有表达意愿能力的未成年子女的意见，根据保障子女权益的原则和双方具体情况依法处理。

③对违法的未成年人实行教育、感化、挽救的方针，坚持教育为主、惩罚为辅的原则。对违法的未成年人，应当依法从轻、减轻或者免除处罚。

（三）与学生相关的法律责任

1.他人侵害学生合法权益应承担的法律责任

①侵害学生合法权益，对其造成财产损失或者其他损失、损害的，应当依法赔偿或承担民事责任。

②学校的教职工对学生实施体罚或变相体罚，经教育屡教不改的，由其单位或上级机关给予行政处分；情节严重的，依法承担刑事责任。

③明知校舍有倒塌危险或其他教学设施有危害而不采取措施，依据情节轻重情况，追究直接人员或主管人员的行政、刑事责任。

2.我国侵权行为的归责原则体系

我国侵权行为的归责原则体系包括过错责任原则、无过错责任原则及公平责任原则。

（1）过错责任原则

过错责任原则是指行为人仅在有过错的情况下才承担民事责任，没有过错就不承担民事责任。因此，有无过错是确定学校承担民事责任的前提条件。

学校教师及相关人员在履行职责过程中有无故意或过失行为，是确定学校有无过错的依据。学校学生伤害事故基本分为两类：一类是责任事故，即违反规章制度或渎职造成的事故，如体罚或变相体罚学生造成的事故，学校发生此类事故无疑是要承担责任的；另一类是意外事故，即责任事故以外的事故，是不能避免的、不能克服的、不能预见的，它具有客观性，不能被人所把握和控制，对于此类学生伤害事故，学校将不承担民事责任。如果教师在履行职责的过程中，能够预见学生某些行为存在危险却没有及时纠正或引导，导致学生伤害事故发生的，将根据教师自身过错的大小由学校承担民事责任。

（2）无过错责任原则

无过错责任原则是指无论行为人主观上是否有过错，必须依照法律规定承担责任。无民事行为能力人、限制民事行为能力人造成他人损害的，由监护人承担民事责任。监护人尽了监护责任的，可以适当减轻他的民事责任。监护人对被监护人致他人损害承担的是无过错责任，即无论监护人是否有过错，监护人都要对被监护人所造成的侵权损害承担一定的法律责任，即使监护人尽了监护责任，即没有过错，也只能适当减轻其民事责任，而不能免除责任。

（3）公平责任原则

公平责任原则作为一种责任分配原则，其责任分配的依据既不是行为，也不是特定事故原因，而是一种抽象的价值理念——公平。一般来说，在法律规范的结构中，价值理念不具有直接的可操作性，把一种价值理念作为调整具体社会关系的操作工具是一种特殊的法律现象。

第三节　师生关系

一、师生关系的概念

师生关系是指教师与学生在教育、教学过程中为完成共同的教育任务而结成的一种特殊的社会关系，包括彼此所处的地位、所起的作用和相互对待的态度等。师生关系是学校教育环境中最普遍、最基本的人际关系，无论是教育教学活动的顺利进行，还是学生的健康成长，都离不开良好的师生关系。良好的师生关系不仅是完成教育教学任务的先决条件，而且是师生双方积极向上的心理基础；不仅是教育的结果，而且是教育的手段，在教育中起着非常重要的作用。

二、良好师生关系的特征

良好师生关系是教师和学生、学校、家庭的共同追求，也是教育规律的必然要求。要建立良好的师生关系，就要明确良好师生关系的特征。良好师生关系从其发生、发展的过程和结果来看具有以下几个特征：

（一）爱生尊师

爱生就是教师要爱护学生，尊重学生，这是教师与学生交流和沟通的基础，也是教师职业道德的基本要求。多数教材强调"尊师爱生"，从字面上理解，学生尊重教师在先，教师爱护学生在后。

尊师就是学生要尊重教师，尊重教师的劳动和人格，对教师有礼貌，虚心接受教师的教育。尊师也是学生良好素质的体现，是学生应该具有的一种美德。教师努力赢得学生的尊重、得到学生的尊重是教师最大的需要和满足。

（二）民主平等

学生是具有独立人格的人，在这点上其与教师是平等的，师生双方要互相尊重、理解和接纳。在教育教学过程中，教师要充分体现学生的主体地位，调动学生参与的积极性，善于听取学生的建议，培养学生善于表达自己思想和行为的能力，让教育教学过程成为师生共同合作、共同学习、共同成长的过程。

教师要与学生形成民主平等的师生关系，除需注意直接参与管理外，还应把管理的重点放在启发学生进行自我管理、引导学生相互管理上，与学生一起制订计划、做出决策、实施计划、共同监督检查与反馈，做到事事有人做、人人有事做，内容可以涵盖学生德、智、体、美、劳及学生在校生活的各个方面。教师还可以引导学生自主参与制定班规班法，既使学生的意志与愿望和管理潜能通过合理渠道得到充分的满足与发挥，又密切了师生关系；同时由于学生有为自己的目标负责的意识和倾向，因此班规对学生的行为产生了巨大的自我约束力量，可以取得良好的效果。

（三）教学相长

现代教育理论认为，教和学两方面互相影响和促进，共同得到提高。教学是教与学的交往、互动，是指师生双方相互交流、相互沟通、相互启发、相互补充。在这个过程中，教师与学生彼此进行情感交流，实现教学相长与共同发展。这是师生关系的最高层次，是学生思想、道德、知识、智慧、兴趣、人格的全面生成过程，也是教师专业尊严、专业能力、专业自我的全面生成过程。

三、建立良好师生关系的策略

良好师生关系的建立要靠师生双方的共同努力，教师在师生关系建立和发展中占有重要地位，起着主导作用。建立良好的师生关系，有以下几种策略：

（一）树立正确的教师观和学生观

教师是以教书育人为职责的专业人员，教师的全部职责在于以学生为本，引导学生积极、健康、快乐地发展，把他们培养成为合格公民。

（二）全面了解和研究学生

每个学生的家庭背景、成长环境、兴趣爱好和性格特征等不同，他们的智力水平和学习能力也是不同的。这就要求教师要多接触学生，多了解学生，多研究学生，在了解、研究的基础上才能因材施教，才能取得最佳教育成效。

当今社会发展和新课程改革要求"教师即研究者"。教师要有研究的心态，如从"现在的学生怎么都这样"（抱怨）转变为"现在的学生为什么会这样"（研究）。当前的师范教育最要紧的是教学生学会学习和学会研究。

（三）爱学生，尊重学生，公平对待学生

教育事业是充满爱心的事业，没有爱就没有教育，有了爱也并不等于有教育，因为教育需要智慧。教师对学生的爱是爱护学生，爱不完全等同于喜爱和喜欢，教师也是人，很难做到喜欢每个孩子，但是，教师必须做到爱护每个孩子，尊重每个孩子。教师最需要思考的是自己到底给学生带来了什么，自己是不是不经意间给学生带来了伤害。

教师以分数论英雄就是对学生的伤害。有这样一幅漫画：两个学生都拿着书趴在桌子上睡着了，教师对其中学习好的学生说"学习真刻苦，睡觉都看书"，而对另一个学习不好的同学说"真够懒的，看书就睡觉"。调查表明：学生最反感教师以分数论英雄，最反感老师对待学生不公平。教师公平对待学生也是学生家长的诉求。

教师尊重学生是教师职业道德的要求。在影响学生的内心世界时，不应挫伤他们心灵中最敏感的一个角落——人的自尊心。

（四）主动与学生沟通，善于与学生交往

教师和学生之间由于年龄、角色地位和思想观念的不同很容易产生代沟，师生间的代沟可以说是师生沟通的障碍，而这个障碍又是客观存在的，避免不了的。要减少代沟的影响，教师一方面要主动与学生沟通和交往，另一方面要掌握与学生沟通、交往的技巧。

1.懂得倾听

倾听是沟通的基础和前提。人的内心深处都有一种渴望被别人尊重的需要。倾听就体现了教师对学生的关注和尊重。教师倾听学生的心声，了解学生的难处，才能知道他们在想什么、做什么，有什么高兴的事或有什么烦恼的事，或者他们在学习中有什么成功的地方，有什么困惑等，才能对这些问题有比较清楚的认识，才可以对症下药、有的放矢。所以在了解学生的时候，就要学会倾听，要放下教师的架子，平易近人，和蔼可亲，这样学生才会感受到教师对他们的尊重和关怀，并愿意把自己的想法、愿望、要求、

困惑告诉教师，以求获得教师的关怀和尊重、宽容和理解、帮助和解释。这个时候所进行的交流就是心与心的交流。所以，倾听是沟通的前提，是实施有效教育的前提。

2. 懂得欣赏

欣赏是教师对学生态度的体现，是有效教育的重要途径之一，教师要在会倾听的基础上欣赏学生。教师欣赏学生，不仅包含对学生的理解和宽容，更重要的是把学生当作和自己一样平等的人；不仅欣赏优秀学生的优秀品质，而且欣赏学生的缺点和失误。教室是学生不断犯错误的地方，学生也是在不断犯错误中成长的。教师应允许学生犯错误，甚至是鼓励学生犯一些可爱的错误，因为这对于学生的个性发展和创新意识的培养有很大帮助。

3. 懂得赞美

赞美是欣赏的结果，是对倾听和欣赏的巩固。赞美分为直接赞美和间接赞美两种。直接赞美就是当面表扬学生，间接赞美是在学生背后或通过他人赞美学生。例如，"你今天的作业写得很清楚，你的作业越来越好"，这是直接赞美；"我听数学老师说，你在数学课上积极发言，而且作业也越写越清楚"，这是间接赞美。赞美之后，如果再加上一句"你是怎么做到的"，学生就会再次巩固做对的地方，而且会感觉很有成就感，使赞美的效果更加深一步。赞美之后，学生会感恩于教师对自己的肯定，会体验到成功的快乐，也会不自觉地向教师期望的方向不断进步。

4. 懂得沟通

师生沟通是师生之间信息交流以及情感、需要、态度等心理因素的传递与交流。只有沟通，教师才能了解学生。懂得沟通，做到有效沟通，教师才能真正了解学生，也才能做到因材施教，才能把教书育人落到实处，也才能获得应有的效果。在师生沟通中，除学会倾听外，还要把握好对谁说、说什么、什么时候说、怎么说。

（五）努力提高自我修养，健全人格

教师的修养水平、人格魅力是影响师生关系的核心因素。教师的师德修养、知识能力、教育态度和心理品质无不对学生产生深刻的影响。尤其是在科技信息发达的今天，学校、教师、课本不再是学生接受教育、接收信息的主要渠道，再加上学生年少，喜欢追新、追星、追潮，所以，教师要使师生关系和谐，就必须通过自己渊博的知识、严谨治学的态度、活泼开朗的性格、广泛的兴趣和爱好等吸引学生。为此，教师可通过以下策略提高自我修养：

1.通过提高职业荣誉感来提高自我修养

职业荣誉感就是每个职业人在自己职业范围内做好自己职责范围内的事情的职业责任感，以及工作做好之后在社会上受到尊敬，自己感到光荣的感觉。职业荣誉感淡化就是社会责任感和职业操守的淡化。强化职业荣誉感就是感受荣誉的同时感受社会责任和义务。教师的工作是教书育人，真正能激励教师产生职业荣誉感的是学生成才，得到学生的认可。只有提高教师的职业荣誉感，才能提高教师的责任意识，才能提高教师的自身修养。

2.自重、自省、自觉、自警和自励是教师自我修养、健全人格的好方法

教师的工作量、对师德的评价等是不能完全量化的，所以教师工作不能完全靠外力的监督，而要靠教师的责任感，靠自己修身立德，强化责任感。自重、自省、自觉、自警、自励是教师修身立德的好方法。

3.通过增强教师职业幸福感来提高自我修养

一个被幸福滋润、充满职业幸福感的教师能不断地自重、自省、自觉、自警和自励，努力做好教书育人的工作。教师的职业幸福感从何而来呢？

①教师的幸福感来自于学生的成长。学生崇拜教师，教师不值得炫耀；教师培养出的学生让自己崇拜，教师认为这才值得炫耀，才会感受到幸福。

②教师的幸福感来自于自我生命境界的提升。当教师不是目的，享受教师工作才是目的。教师在奉献中实现自己的生命价值，在创造性的劳作中实现自己的理想，在教学相长中提升自己的教学能力，这种提升、发展就是教师自身价值的肯定和生命意义的升华，是教师的莫大幸福。

③教师的幸福感来自于和谐关系的建立。和谐的人际关系给人带来安逸、幸福感，教师的幸福离不开良好的师生关系。教师的幸福来自于对美好师生情谊的深刻体验。在教育过程中，师生在幸福上是相互感染的。教师辛勤的劳动和坦诚之心一旦感染了学生，就会引起学生对教师由衷的敬爱。在幸福上，师生相互感应，不断激荡，达到一种和谐共享的融合境界。教师倾心育生，学生亦以真情相报，彼此共享教育的幸福空间。

4.通过培养情趣来提高自我修养

教师要有自己的人生情趣、有自己的人生精彩，自己过得幸福才能滋养学生、吸引学生。教师的情趣应该是高雅的，是健康、科学、文明、向上的，教师的情趣既要符合社会文明、道德和法律的要求，也要体现教师个人对美好生活的追求、乐观的生活态度和健康的心理状态。

总之，教师是从事教书育人工作的专业人员，教师必须按照教师专业发展的要求不

断提升专业素质，也只有提升了专业素质才能形成良好的师生关系；良好的师生关系形成以后，又会对教师的专业素质和学生的健康成长起到更大的促进作用，从而使教育走上良性发展

第六章 班级管理

第一节 班级管理与班主任工作

一、班级管理概述

（一）班级概述

1.班级的地位和作用

（1）班级是学校教育活动的基层组织

首先，班级是学校教学的基层组织。学校教育实际上是由教学活动及其他教学以外的教育活动构成的。教学活动是学校的中心工作，也是学校提高教育质量，实现全面育人目标的基本途径。而教学活动的实施主要是以班为单位来进行的。以班为单位进行教学，为教学的顺利进行提供有力的组织保证，对提高教学效率及保证教学质量具有重要的意义。

其次，班级也是其他教育活动的基层组织。这里所指的其他教育活动是指除教学以外的教育活动，如班会、校会、文体活动、劳动等。此类活动不受教学大纲限制，内容丰富多彩，形式灵活多样，符合学生的兴趣爱好，为学生所喜闻乐见，对开阔学生的视野，扩大学生的知识面，培养学生各方面的能力具有重要的作用。这类活动一般也是以班为单位来进行的。因为，一方面便于组织，使这些活动能有序地开展，另一方面也便于教师根据班级学生的具体情况，有针对性地进行指导，而且能在活动中利用班级的影响力，促使学生之间互相学习，取长补短，共同进步。

（2）班级是学生实现个体社会化的基本组织

教育的目的是培养人，促使学生身心健康发展。影响人身心发展的因素有很多，既有校内各种因素，包括教学活动、课外活动、校园环境、教师言行、同学交往等；也有校外的各种因素，包括社会环境、家庭环境、亲朋好友等。这些影响以不同的时间、空间和不同的方式影响着学生。但就学校而言，各种因素的影响最终都是通过班级的整合，形成一定的环境氛围和影响力，在学生的活动和交往中对学生产生作用，促使学生发生变化。班级在集体的教育、教学过程中，以集体目标为导向，借助课程、文化规范、交往和人际关系等载体，对学生传授社会经验、指导社会生活目标、教导社会规范、培养社会角色，使学生从一个自然有机体发展成为一个社会成员。同时，班级需要对学生提出团体的要求，学生在班级中通过教师与学生之间互相发挥范例的作用，解决团体要求与个人需求之间及同学之间存在的矛盾，履行团体要求的责任和义务，获得丰富的情感体验等，使学生个体获得全面而系统的发展。

2. 班级的结构

（1）班级的正式组织和非正式组织

班级是由不同个体组成的群体，它反映正式组织层面与个人属性层面的需求，在结构上存在正式组织与非正式组织。班级是由学生组成的正式组织，旨在实现班级的公共目标。这是一种制度化的人际关系。每个班级都有工作目标，都要建立根据班级分工的组织机构。如在班主任的指导下产生班级委员会，班委会若干人再进行明确分工还有班级团组织、少先队组织等。正式组织大多是预先决定好时间、场所和活动内容，要求班级每一位成员接受。但班级中不是所有的学生都有接受安排的准备，而且正式组织的要求总是强调实现更高的价值，通常需要自我抑制和努力。

非正式组织是源于班级的个人属性层面的人际关系，是学生在共同的学习与活动中基于成员间的需求能力特点的不同，并从个人的好感出发而自然形成的。作为个人属性的需求往往要求安逸。它没有定员编制，没有明确的组织形态，但它却是客观存在的。学生的这种非正式组织有三种类型：①亲社会型。这种群体的价值目标与班级正式群体的价值目标是一致的，是班级正式群体的补充。例如，学生们自发组织的学雷锋小队、环保小卫士活动小组、体育活动小组等。②自娱型。同学们由于情绪上的好感和消磨课余闲暇时间的需要而聚集在一起，他们的主要目的是好玩、有趣。这些小团体有时格调不高，甚至庸俗，但他们却感到了满足。③消极型。这种群体会自觉和不自觉地与班主任、班委会发生对立，如破坏纪律、发牢骚、不参加集体活动等。

正式群体与非正式群体往往是同时发生作用、交互影响的。两者相比，在形成特点上具有普遍性、自发性、随意性、选择性等特点。前者在学校人际关系系统中起主导作用，后者具有满足个体需要、维护心理健康、沟通信息、调节平衡等正式关系所不能替代的功能。在学校、班级的教育管理中，班级的正式和非正式组织是相互制约的，教师稍有不慎，就会陷入"管理主义"的泥潭，因为要实现班级的目标，教师往往视学生的个人属性需求为障碍，强制性地压抑学生的需求。因此，教师必须有坚定的信念和热情，不仅要使班级的正式组织对每个学生都有吸引力，都有满足感而且还要善于分析班级中的非正式群体，不强制性地压抑学生的需求，引导他们个体的需求情感和个性合理地在班级释放。一般可以通过组织变革创新、社会角色变换、加强交往、指导组织多样化活动、创设各种教育情境、开展自我管理、非正式群体正式化等方式，充分发挥正式群体的主导作用和引导各种非正式群体的健康发展，使学校的人际关系更趋丰富、协调。

（2）班级的角色结构

角色是由组织规定的权利、义务和行为规范构成，组织中的每一个成员都需通过角色学习充任一定的角色而参加群体活动、交往和生活，从而与整个社会联系起来。班级结构也是一种角色结构。班级的角色常常成对出现，成为对偶角色，比如教师与学生、集体与个体等。同时，角色的多重性是班级角色结构中的基本特点，如教师不仅要教书还要育人。每个学生在班级里都扮演了学习者、受教育者的角色，这是学生主导的角色。但是在班级里学生之间又充当各种角色，有的是班干部，有的是班级的一般成员；有的在学习上是落后的、不被看好的角色，而在文体活动中则可能是处于领导地位的角色；有的在班级正式群体中是被排斥的角色，而在非正式群体中则可能是被拥戴的角色；有的在班级组织成立的初期是不被重视的角色，而后来则可能成为处于班级核心地位的角色。学生的角色转换要求班主任和教师以全面、发展的眼光教育、引导、评价学生，发挥每一个学生在班级建设中的积极作用，调动一切积极因素，促进班级的健康发展。班主任或教师是班级的中心角色，由于时空、条件的变换，班主任或教师的中心角色也在变换。如在学生自行组织的活动中，班主任或教师可能是参谋，也可能是一般的参与者。在某些教学活动或课余文化体育活动中，班主任或教师则可能完全充当学生的角色。因此，班主任和教师一方面要强化角色意识，认真履行自己的角色职责和义务，同时还要善于转换角色，不以教育者自居，发扬教育民主，做到教学相长。

（3）班级的信息沟通结构

沟通是在个人或组织中运用语言、体态、表情来传递信息和情报的过程。信息沟通是班级的神经系统，没有信息沟通，班级就没有活力，就会僵化。班级信息包括知识信息和人的思想、态度、情感与行为等方面的信息。班级信息沟通的主体是单一性的，主要是在教师与学生之间进行，如教学过程的沟通与课堂教学之外的生活指导，师生之间与同学之间的沟通，语言与非语言的沟通等。但班级系统的开放性，又决定了其信息沟通的渠道是复杂的。班级要与学校沟通信息，班级之间要沟通信息，班级要与家庭沟通信息，还要与社会沟通信息。沟通渠道的复杂多样，必然带来信息的纷繁复杂。而且它对班级的影响可能是有益的，也可能是无益的。因此，班主任和教师应向学生提供正确健康的信息源，培养学生对信息的识别和判断能力。同时还应该充分利用各种信息渠道，广泛收集学生在学习、思想、生活等方面的信息，以实施有针对性的教育和管理。

（4）班级的规模

经济的发展和科学技术的进步，已使教育的发展从原来的注重数量、规模角度，转向注重质量和效益。创造性人才与个性化人才的培养成为当代学校的重要目标。但较大的班级规模却不利于照顾班级每一个成员的个性和创造性的培养。

随着教育开放化活动化趋势的增强，过大的班级规模就愈加凸显出其不适应性：其一，不适应现代化教育尊重个性、发展个性的趋势；其二，不适应现代化教育以学习者为中心的理念；其三，不适应现代教育开放的潮流。

（二）班级管理的内容

1. 班级制度管理

班级制度是班级成员为实现班级目标共同制定的，全体成员在班级活动中必须遵守的行为规范的总和，一般包括值日制度、奖励与惩罚制度、班委会的工作制度、课堂纪律等方面。班级制度是为各项班级活动的顺利进行服务的，是班级文化的制度性基础，是为学生的健康发展服务的。

班级制度的管理主要包括两个大的方面：班级制度的制定与执行。事实上，班级制度的制定和执行是分不开的，制度的执行过程就是制度的完善过程。班级制度制定与执行是良好班风形成的保障，也是班级教育生活正常进行的保障。

从制定的主体看，班级制度可以是由班主任教师根据自己的经验事先想好的，在一个适当的时候，比如第一次班会，向同学公布规则，其效率往往取决于教师经验的可靠程度，经验丰富的教师通过先制定规则，往往能防患于未然，避免一些问题的发生，但是这样的预定规则，获得学生的认同往往要经过一段时间。

另一种制度制定的方式是由班级成员制定，教师作为其中的一员参与制定，根据有利于教学，有利于学生发展，以公平、民主的原则通过充分的讨论，制定出学生认可的班级制度。这样的班级制度，制定过程可能会用一些时间，但制度一旦形成，常常得到所有成员的认可，也有利于制度的执行和监督。而且制度制定的过程本身就是学生民主参与管理班级的过程，有利于培养学生的管理意识与管理能力。

制度产生后，不会自动产生效果，制度的效果是在执行过程中产生的；而且，即使有好的制度，但是如果不注意执行和监督中的问题，也不能产生应有的作用，使制度形同虚设。所以制度的执行非常重要，在班级制度执行的过程中要注意以下几个问题：

①要严格执行各项规定，做到赏罚严明，保证制度的刚性；同时又要针对现实问题，特别是对待涉及惩罚的问题，需要师生共同分析问题产生的原因，必要时根据情况，争

取学生的同意后可以对制度做出权变，这是制度的弹性，只有能够把制度的刚性与弹性很好地结合，才能使制度发挥发展人的作用，惩罚的目的是改正与避免错误，而不是为了惩罚而惩罚，所以要尽量减少惩罚。

②在制度的执行过程中，一定要坚持公正的原则，不能有偏袒的现象；制度的弹性变动要由全体成员共同讨论通过，教师不能根据自己的喜好，与同学的个人关系及对不同同学的看法擅自变动相关的内容。

③作为教师，对班级制度与自己相关的部分，要认真遵守，做学生的表率。为学生树立履行各项规章制度的典范是班主任教师的责任。

2. 班级活动管理

教师对班级活动的管理，分为日常活动的管理和非日常活动的管理。

日常活动指学校日常生活中经常，甚至每天的例行活动，如教学、早操等，一般是全校要求所有班级都参加的活动；非日常活动特指班级自己主导组织的活动，这样的活动一般根据班级具体情况的需要，针对性很强，时间安排根据班级的具体情况决定，如大型的班会、春游、联欢会等。对于日常性的班级活动，一般属于班级制度规定的范围，如上课不迟到、不乱讲话、轮流值日等，所以对这类活动的管理主要体现在班级制度的执行中。

非日常活动，有一些，如野外活动，由于其复杂性及对学生影响的特殊性，需要从计划到实施、总结进行详细规划，而且要特别注意学生的积极参与，才会产生较好的教育效果。非日常活动管理往往既体现班主任教师的组织能力，同时又体现其教育智慧。

非日常活动的管理应该注意四个方面：一是活动的教育性与发展性，即所组织的活动必须以培养或发展学生，满足学生发展的需要为目的；二是活动的参与者应该是所有班级成员，在活动中给所有同学发展机会；三是活动中加强监护，注意安全保障；四是要注意活动的道德性问题，尊重学生，不伤害学生，在针对学生中的问题而进行的活动，如主题班会中，要特别注意这一问题。

3. 班级教学管理

教学是学校的中心工作，是实现教育目标的基本途径。作为学校教学管理的基层组织——班级，承担着实现学校教育目标的重要任务。班级教学管理的核心是教学质量管理。只有对班级教学管理进行有效的指挥、组织，才能保证教学活动有序进行。班级教学管理的内容包括：

①明确班级教学管理的目标和任务。教学活动应该使学生有共同的学习目标，并在学习活动中学会合作。在教学中，教学目标一般都由班主任和教师指定。这种共同的学

习目标，就意味着班主任和教师把制定的目标当作师生合作的目标，它不仅表示让学生理解今后该学习哪些内容，而且更重要的是让学生理解学习内容的价值，培养每一个学生的主体意识，让他们在生活和教学中认识到学习的目的，实际感受到自己的学习成果和发展。

②建立有效的班级教学秩序。教学是以课程内容为中介的师生双方教与学的共同活动，是学校工作的中心环节。因此，建立有效的班级教学秩序，是提高教育质量的重要环节，是班级日常管理的重要内容。班主任要注重以教学为中心，协调好其他教育活动，保证教学的中心地位；保持良好的课堂教学秩序，使教学活动得以优化；调动学生的积极性，使课堂教学与课外活动统一起来。

③指导学生学会学习。学习指导能够调动学生学习的积极性，帮助学生掌握正确的学习方法、克服学习上的困难、养成良好的学习习惯，使学生乐学好学，体验到成功的快乐。但在教学过程中，许多教师仅仅重视了知识的传授，而忽视了对学生学习方法的指导、学习兴趣的培养和良好学习习惯的养成教育。因此，应该大力提倡"教学生学"的理念，使班主任和教师都能意识到对学生进行的学习指导所具有的深远影响和重要意义。

④建立班级教学管理体系。班级教学管理体系主要包括三个方面：一是以班主任为核心的班级任课教师群体；二是以班长或学习委员、课代表为骨干的教学沟通系统；三是以学习小组长为中心的执行系统。

在教学管理中，班主任要调动全体教师的积极性，互相尊重、取长补短、相互协调，这样才能在班级教学管理过程中形成教育合力。任课教师要支持和协助班主任做好班级工作，结合课堂教学帮助学生制定和实现班级管理的目标和学生的个人目标，还可以协助班主任共同指导课外实践活动。

4. 班级文化管理

班级文化是班级的所有或部分成员共有的信念、价值观、态度的复合体，是班级群体的精神底色，决定着育人的方向和效果。班级文化通常是以班级的传统、舆论、风气、习惯等为表征的。班级文化管理中开展的教育教学活动，常常是根据班主任、教师和学生的具体情况而定的。每一位班主任或教师都会以自己独特的方式对待和要求班级的学生，而每一个学生在班级中的地位也是由其个性特征和具体的行为方式决定的，由此班级就形成了特定的文化时空，诸如班级的风气、传统等。作为班主任，既要用心塑造好班级成员的言行倾向、班级人际环境、班级风气等主题标识，又要精心设计好班级的墙报、黑板报、活动角及教室内外环境布置等物化反映。学生在学校里生活的质量取决于班级生活质量的高低，而班级的生活质量不仅仅是课程计划中规定的东西，更是由班级群体所创造出来的一种班级文化生活决定的。它是隐性的，学生生活其中就能逐渐形成一种班级共有的生活方式，在这种生活方式中，群体和个体都能得到发展与成长。

5. 班级管理理论

（1）整分合理论

整分合理论认为，要提高班级管理的效率，对如何完成整体工作必须有充分细致的了解，在此基础上，再将整体分解成一个个基本要素，进行明确的分工，使每项工作规范化，建立责任制，然后进行科学的组织综合，即整体把握、科学分解、组织综合。

①整体把握

班级是一个系统，具有整体性。班级的整体功能是由各部分或各要素在整合的基础上有序运作而产生的。对班级可以分部分进行考查，但部分是整体中的部分，它要受到整体的影响，离开整体孤立地分析学生或班级的某个方面，必然无法从整体上把握真实情况，做出正确的结论。因此，班级管理应从整体上着眼，将班级学生当成一个整体来认识，把握其整体的状况，发挥班级的整体功能，促进学生整体发展。

②科学分解

班级是由不同要素组合而成的系统，具有层次性。从组织上看，有班级、小组、个人等层次；从目标上看，有班级目标、小组目标、个人目标等层次，也有长远目标、中期目标、近期目标等层次。其他因素也基本上都存在一定的层次结构。班级管理除了从整体上把握外，还必须对各要素、各组成部分进行分析，实行合理分工、科学协作，才能保证班级目标的实现。

③组织综合

科学分解、合理分工后，往往会出现部分与部分间的不协调或脱节，如班级教学活动与课外活动的不协调等。因此，班级管理必须在科学分解的基础上加强组织综合，将各部分的工作综合到围绕班级整体目标正确运作的轨道上来，保证整体目标的实现。尽可能避免或减少各种因素在运作时的不协调，减少内耗，实现整体优化。

（2）全员参与理论

在班级管理中应认识到人是管理的核心要素，必须调动各方面人员的积极性，共同参与管理，才能使管理效果达到最优化。

①人是班级管理的核心要素

班级管理系统中的人，既包括学生，也包括以班主任为首的教师集体。人是构成班级的要素，也是推动班级发展的动力，离开了人，班级也就失去了存在的意义。因为班级首先是为培养人、发展人而存在的，班级的发展也是以人的发展为标志的，而班级中各要素之间的关系，如师生关系、学生与班级的关系等，无不需要有人的参与才能发挥作用。所以说，人是班级管理系统的核心要素，是班级管理系统发展的动力。因此，在班级管理中，只有注意调动班级全体人员的积极性和主动性，特别是学生的主动性和积极性，才能更好地促进班级系统的发展。

②学生是班级管理的主体

班级管理的目的是促进学生的全面发展，实现个体社会化。而作为教育和管理对象的学生是具有主观能动性的人，对教育和管理的影响具有自主选择性。班级教育管理影响只有通过学生自主地选择和内化才能发挥作用。而且，班级教育管理活动不可能仅靠班主任进行，需要整个教师集体及学生的参与，如果没有学生的积极参与，班级管理也就失去了应有的作用。所以，班主任要充分认识学生在管理中的主体地位和作用，尽可能尊重、信任、关心和重视每一个学生，创造条件让学生成为班级管理的主人，全身心地投入班级活动，自觉地接受管理、参与管理，发挥自己的聪明才智和创造力，使班级得到更好的发展，也使自己得到进一步的发展和完善。

（3）实践锻炼理论

班级学生各种能力的发展是在实践中逐步实现的，班级管理者必须根据教育目标的要求和学生身心发展的特点设计合适的实践活动，引导和激励学生积极参与实践活动，在活动中锻炼成长。

①实践锻炼是学生提高素质和发展能力的基础

实践是人们认识世界的途径，也是检验真理的标准，人们通过参与社会实践活动去认识社会、改造社会，同时，也在实践过程中认识自身、改造自身，促进自身发展。所以，离开人的实践活动，就谈不上人的发展。同理，学生是通过参与班级的各种活动，在活动中获得对社会、人生的认识，并掌握社会道德规范，形成符合社会道德规范要求的思想意识和行为习惯，实现个体社会化的。而且，学生可以在活动中将获得的各种认识内化为自己的个性心理品质，形成独特的个性特点，实现个体的个性化。因此，班级活动是学生实现社会化、个性化的基础，如果没有班级的具体活动，学生素质提高和能力发展就成了无源之水，无本之木。

②班级的学习活动和师生间的交往是学生实践锻炼的主要形式

班级实践活动的目的是促进学生的全面发展，但不是所有的实践活动都能促进学生的发展。在学校，学生的学习活动和交往活动是促进其发展的重要实践活动。班级学生的主导活动是学习，学习活动占据了学生大部分的时间和精力，学生正是通过班级的学习活动来增长知识、形成技能技巧、提高认识水平的。班级中的各种交往活动也是学生实践锻炼的一种主要形式，从某种意义上讲，班级的学习活动和其他课外活动实质上也是一种交往活动，是教师和学生、学生和学生之间为完成某项任务，达成一定目标而进行的交往活动。在交往活动中，学生互相学习、相互影响，学习掌握交往的规范要求、交往的技巧，形成良好的交往品质。基于以上认识，班级管理者应根据班级管理目标的要求及学生身心发展的特点，结合班级学生的实际，设计各种形式的实践活动，并组织学生参与，引导学生在活动中有意识地获得对自己有价值的知识，发展自己各方面的能力，提高思想道德水平，达到发展的目的。

（4）调节控制理论

①班级系统的发展和整体功能的实现需要实施有效的控制

所谓控制就是人们按照某种目的或愿望，在一定的环境中，通过一定的手段，给系统提供一定的条件，使其不断地消除不确定性，沿着目标指向运动和发展。任何系统的正常运行都离不开控制，没有有效的控制，就无法达到目标。班级管理活动同样需要控制。一方面，由于学生身心处于不断发展变化的过程中，在他们身上存在着许多不确定的因素，对他们的发展影响很大。另一方面，班级是由发展变化中的学生个体构成的，学生个体的许多不确定因素同样对班级产生一定影响，班级也同样处在不断变化的过程中，并且班级的外部环境也在不断地发生变化。所以，为了使班级、学生能够按照班级管理目标的要求去发展变化，就必须对各方面的信息及时进行分析处理、综合比较，做出适当的控制。教育管理的基本矛盾是管理资源的有限性同提高管理效益之间的矛盾，要解决这一矛盾，需要教育管理者创造性地思维和劳动。这种创造性的核心是"目标差"思想，它要求班级管理者不是把学校或上级的文件内容和要求作为自己管理行为的唯一依据和准则，而是首先明确自己所管班级的目标，以极大的创造性和热情去寻找和发掘班级的现状同目标之间的具体差距，以"目标差"作为确定和调节管理行为的依据。

②信息反馈是班级系统控制的保证

健全的管理机构及其职能的发挥是反馈控制有效性的保证。但是，在班级管理过程中，存在着各种各样的矛盾关系，有时仅靠正式渠道得到的反馈信息来实施控制并不能保证控制调节的有效性，促进矛盾的积极转化。因为，从正式渠道得到的反馈信息有可能不够全面或不够真实，妨碍了控制调节措施的落实。为此，必须拓宽信息沟通渠道，建立多方面的信息联系，如定期或不定期进行教师集体教育会诊，召开家长座谈会或进行家访，加强师生间非正式渠道的交往，增进彼此的情感交流，了解学生真实的内心世界等，收集更为真实的反馈信息，使反馈控制的措施更准确有效。同时，注意发挥学生自我调节反馈控制系统的作用，利用自我教育的力量，促进矛盾的转化，推动班级系统地发展。

（5）整体育人理论

整体育人理论认为，班级中学生都是完整的个体，具有独立的人格、个性，班级管理对学生的影响是综合统一表现在学生身上的，因此，班级管理应面向全体学生，促进学生全面和谐地发展。

①学生是完整的个体

学生是人，人是地球上最复杂、最奥妙的生命体，人的生命具有丰富的内涵，不仅有认知，还有情感、态度和信念。现代教育学提倡注重生命的教育就是让学生的认知、情感、意志、态度等都参与到学习中来，使学生在认识知识的同时感受和理解知识的内在意义，获得精神的丰富和完整生命的成长。因此，在班级管理中，要确立全面育人的观念，把学生当作一个整体来考查和培养，这样才能使学生的素质得到全面的提高。孤立地强调某个方面，而忽视其他方面，最终只能导致学生的片面发展。

②整合各种因素整体育人

进行整体育人就要把学校、家庭、社会等班级的外部影响因素及内部影响因素，如班风、舆论、班级人际关系、心理气氛等整合成一个合力系统，把对学生身心发展产生直接影响的教育内容整合成内容系统，同时，加强各教育管理阶段、各年级间的衔接，形成一个循序渐进的发展过程，从而形成全方位、全过程的育人整体，在班级管理目标指引下协同运作，把学生培养成全面和谐发展的人。

（三）班级管理模式

1. 常规管理

班级常规管理是指通过制定和执行规章制度去管理班级的经常性活动。

规章制度是学生在学习、工作、生活中必须遵守的行为准则，它具有管理、控制和教育的作用。通过规章制度的制定，使班级各项工作有章可循、有条不紊，以避免班级工作的盲目性和随意性；通过规章制度的贯彻，可以培养学生良好的行为习惯和优良的班风。

开展以班级规章制度为核心的常规管理，是班主任工作的重要内容之一。一般来说，班级的规章制度主要由三部分组成：

①教育行政部门统一规定的有关班集体与学生管理的制度，如学生守则、日常行为规范、体育锻炼标准等。

②学校根据教育目标、上级有关指示制定的学校常规制度，如考勤制度、奖惩制度、

课堂常规、作业要求等。

③班集体根据学校要求和班级实际情况讨论制定的班级规范，如班规、值日生制度、考勤制度等。

2.平行管理

班级平行管理是指班主任既通过对集体的管理去间接影响个人，又通过对个人的直接管理去影响集体，从而把对集体和个人的管理结合起来的管理方式。

班主任实施平行管理时，首先，要充分发挥班集体的教育功能，使班集体真正成为教育的力量；其次，要通过转化个别学生，促进班集体的管理与发展。总之，要实施对班集体与个别学生双管齐下、互相渗透的管理。

3.民主管理

班级民主管理是指班级成员在服从班集体的正确决定和承担责任的前提下，参与班级管理的一种管理方式。

班级民主管理的实质是在班级管理的全过程中，调动学生自我教育的力量，发挥每一个学生的主人翁精神，使学生积极主动地参与班级事务，让每个学生都成为班级的主人。

实施班级民主管理主要做好两方面的工作：①组织全体学生参加班级全程管理，即在班级管理的计划、实行、检查、总结的各个阶段都让学生参与进来，班主任与学生共同实施管理活动；②建立班级民主管理制度，如干部轮换制度、定期评议制度、值日生制度、值周生制度、定期召开民主教育活动制度等。

4.目标管理

班级目标管理是指班主任与学生共同确定班级总体目标，然后分解为小组目标和个人目标，使其与班级总体目标融为一体，形成目标体系，以此推进班级管理活动，实现班级目标的管理方法。

在班级中实施目标管理，就是要围绕全班成员共同确立班级的奋斗目标，将学生个体的发展与班级进步紧密地联系在一起，并在目标的指导下，实施学生的自我管理。

二、班集体建设与班主任工作

（一）班集体的特征

1.明确的发展目标

班集体的发展目标是由班集体成员共同制定的，共同的目标是班集体活动的导向，能够增强班级的凝聚力，使班级成员在认识和行动上保持高度的一致，学生在内心将自己与班级融为一体，班级的目标同时成为个人的奋斗目标，从而推动班集体和个体共同发展。

2. 有机的组织结构

班级是一个群体，更是一个有组织、结构化的群体。在上文班级中涉及班级的正式组织与非正式组织。这里所说的组织结构指正式的组织，典型的如班委会，还可以包括各种学习与发展小组等。班级的有效组织能增强学生的归属感与班级的凝聚力。

3. 共同的生活规则

班级生活只有在一定规则下运行才可能保持有序，因此共同的生活规则是班集体的又一重要特征。共同的生活规则指班级的各项规章制度，这在班级的制度中已经有过论述，这里不再重复。

4. 正确的舆论与良好的班风

正确的舆论是班集体成员意愿的反映，是在班级中占优势的、为多数学生赞同的言论和意见。它是以议论的方式肯定或者否定集体的动向或集体成员的言行。正确的舆论作为同伴间的一种压力，对学生的成长有重要教育作用；班风简言之就是班级的凝聚力、士气、组织结构等班级气氛，是班集体长期形成的言论、情绪和行动等方面的共同倾向，是学生思想、道德、人际关系、舆论力量等精神风貌的综合体现。良好的班风一旦形成，就会对班级成员有一种激励与推动作用，而且这种作用是一种隐性的、"润物细无声"的熏陶，容易被学生接受。

（二）班集体的教育功能

1. 班集体不仅是教育的对象，而且是教育的巨大力量

班主任的主要工作是培养班集体，因为班集体一旦形成，它便能成为教育的主体，具有巨大的教育能力。集体是一种很大的力量，在班集体中不用任何专门的办法，就可以发展关于集体的价值，关于集体尊严的概念。集体是培养全面发展个性的重要手段。班集体形成后能向其成员提出要求，指出努力方向，并通过集体的活动、纪律与舆论来培养成员的品德，它能紧密地配合班主任开展工作，成为班主任依靠的力量。班主任在班集体的培养过程中，也体现出集体教育与个别教育是紧密联系的。班主任在教育集体时，实际上也就是在教育学生个人，而他在做个别学生的教育时，也是为了更好地培养集体。因此班主任在抓好集体教育的同时，还要同时广泛接触学生个人，以班集体的力量去做好个别教育工作。

2. 班集体也是促进学生个性发展的一个重要因素

在班集体的各种活动中，一方面，每个学生通过自己的经历和感受，都会积累集体活动的经验，掌握丰富的道德规范，养成良好的思想品德，更加社会化；另一方面，每个学生都能在班集体活动中找到适合自己的活动和角色，不断发展自己的志趣和爱好更加个性化。优秀的班集体应该珍视学生的独特性和培养具有独立个性的学生，帮助他们通过集体活动中不同的途径和多样的形式来树立体验个体成功的积极心态，从而形成具备乐观向上精神、养成良好行为习惯、拥有稳定情绪。因此班集体建设与学生个性发展之间是相互作用、相互促进的互动关系，科学的班集体建设促进了学生个性和谐发展，学生个性的完善也促进了班集体的进步，发展是在同一个过程中实现的，二者是同一个过程中的两个方面。同时，学生个性只有在班集体环境中才能得到比较好的体现，也只有在班集体活动中才能形成和发展。没有班集体，个人的思维和举止没有集体的约束和促进，也失去了比较和参照的对象，学生个性发展就会受到影响。

3. 班集体还能培养学生的自我教育能力

自我教育能力是指学生自觉主动地把思想道德规范在内心加以理解和体验，并通过实践转化为自己比较稳定的自觉行为的能力。班集体毕竟是学生自己的集体，有它的组织机构，有学生参与制定的集体规则。学生在班集体中从事学习、锻炼、交往活动，也需要遵守一定的规则，依据一定的程序。在班集体的生活中，学生会逐渐形成个人在集体中活动既有"自由"，又要遵循规则的习惯。这无疑能有效锻炼和提高学生的自我教育能力。随着班集体活动的有序开展，学生的自我教育也将提高到自觉的程度。

（三）班集体形成的过程

班集体的形成也可以从以下几个方面进行：

1. 确定班集体的发展目标

班集体目标要依据班级的具体情况与相关的要求确定，从实现的时间与目标的难度可以分为短期目标、中期目标和长期目标。

短期目标是在很短的时间内完成的，一般不超过一个学期，是与学校的日常活动相结合，在各项全校活动中达到的目标，这样的目标见效快，对学生的情绪影响较大。因此，目标一定要与班级的实际情况相结合，不要过高过难。

中期目标是相对较长的目标，实现的期限大约在一个学年，要求学生要经过一段时间的持续努力才能达到，例如各方面发展在年级评比中的名次、各项重要比赛的成绩等。中期目标是以短期目标的实现为基础的。

　　长期目标是班级的最终发展目标，是班级所有活动的最终目的导向，其难度也最大。它是各种短期、中期目标基础上的一种质的飞跃。班级的最终目标是使所有班级成员都能得到最好的发展。实现自己这一阶段的发展目标，是教师与同学长期坚持不懈地努力的结果，这一目标也是与国家的发展目标相一致的。

　　2．建立班集体的核心队伍

　　班级是一个小社会，更是一个教育组织。在这个组织中，起教育作用的不只是教师，学生中的组织及班级的氛围都对学生有重要的教育作用。

　　班集体的核心队伍多指班委会。班委会成员是教师周围的班级活动的积极分子，他们是班级中的骨干，在学生中能起到带头作用，对班集体目标的实现有积极的推动作用。

　　班主任教师要根据自己班级的具体情况，选择适当的方法确定班级的核心队伍，同时要注意避免给班级的核心成员有特殊的政策与待遇，否则会造成同学中的人为分层，影响班级的团结与学生的发展。

　　3．建立班集体的正常秩序

　　班集体的正常秩序指班级的各项规章制度的确定，是维持和控制学生在校生活的基本条件，也是教师开展班级工作的重要保证。

　　4．组织形式多样的教育活动

　　班集体是在全体成员积极参与各项共同的教育活动中成长起来的，学生参与共同的教育活动的过程，是学生成长的过程，也是班级成员相互了解、展现才华以及班集体成长的过程。

　　5．形成正确的舆论和班风

　　正确的舆论与班风是一个班的集体价值导向的体现，对学生树立积极、正确的价值观与人格成长有重要的作用；班级的舆论与班风也是班级文化的一个重要组成部分，是班集体建设的重要内容。在班级舆论与班风的形成中，班主任教师起着关键作用。

　　正确的舆论与和谐的班风依赖于民主、和谐的师生关系。这就要求班主任教师首先要有正确的学生观，摆正班主任在班级中的位置。要认识到学生是班级的主体，班主任的作用在于积极主动地为学生的发展创造条件，以促进学生全面的发展。其次，班主任要了解、理解、亲近、信任、尊重和热爱学生，主动缩短与学生的距离，让学生感受到集体的温暖。再次，正确处理师生间的冲突。班主任是体现社会对学生要求的代表，在工作中难免会与正在成长中的学生发生各种冲突与矛盾，在这种情况下，要从爱护学生的角度出发，利用教育的机智，宽容地对待学生，化解矛盾。最后，班主任要把自己当作班级的一员，从平等的态度帮助学生，在工作中，对事不对人，以赢得学生的理解与信任，从而引导班集体形成正确的班级舆论与积极向上的班风。

总之，班集体建设是一个逐步增进学生间的相互信任与友谊，增强班集体的团结与凝聚力的过程，贯穿在班级的所有活动中。良好的班集体，是学生健康成长的有利环境。

（四）班主任的角色职能

1. 班主任是班级的组织者和指导者

班级是学校教育教学的基层组织，学校教育、教学的各项活动都要落实到班级工作中。班主任就是全面负责班级各项工作的教育工作者，他只有按照一定的目的、任务，结合本班实际，组织全班学生积极配合，才能顺利完成各项任务。班主任在管理和教育班级学生的过程中，通过了解学生的学习和生活情况，可以及时发现实际问题并帮助学生解决各种困难，指导他们沿着正确的方向健康成长。

2. 班主任是学校对学生进行管理的骨干力量

学校对学生的日常管理是通过班主任来实现的。学校对教育、教学的管理工作和日常的生活要求，共青团、少先队和学生会组织的各项活动，还有学校组织学生参加社会公益活动、生产劳动、举行运动会等，各项工作的组织和活动的开展都是以班为单位进行的，要使各项活动得以顺利进行，就离不开班主任直接或间接的指导和管理。

3. 班主任是任课教师与学生集体的协调者

学校的教学工作是以班为单位进行的，一个班级中会有几门学科的任课教师同时指导和教育学生。他们在教学时，一般是以教师个体形式进行的，但教学劳动成果不是单个教师所能创造的，而是教师集体长期共同劳动的结晶。各任课教师必须相互配合、交流学生情况，这样才能产生最大的教育合力。要使各任课教师协调一致，就必须依靠班主任的力量，协调各任课教师之间的相互关系，调整各项教育、教学措施，增强教育的整体效应。

在学校教育系统中，除了校级领导、教务、后勤等机构外，还有共青团、少先队、学生会和社团组织、课外活动组织，它们也会对学生产生影响，而班主任在各种教育因素中起着重要的纽带作用。如果没有班主任正确的引导和组织，将会影响到学生集体活动的顺利展开。

4. 班主任是学校、家庭和社会各种教育力量的协调者

学生接受教育的环境除了学校以外，还有家庭和社会。学校、家庭、社会三方面的教育中，学校教育在学生发展过程中起主导作用。而学校教育主导作用的发挥又要依靠

班主任去沟通与家庭、社会的联系，运用家庭访问、定期召开家长会、家校联系本等多种形式，争取家长参加班级的有关活动，也可组织学生进行社会调查、参观企事业单位或参与社会公益活动，使学校教育与家庭教育、社会教育密切结合。同时，班主任还要根据当地条件，主动地争取社会各界支持、关心青少年的健康成长，借助社会教育力量教育学生。

（五）班主任在班集体培养中的具体工作

1.全面关注学生的成长

班主任的角色特点决定着他们应着眼于对学生的全面发展担负一定的责任。教书育人是每一位教师的天职，但班主任对学生的全面成长负有第一位的责任。班主任对学生的关注包括学生的各个方面，不仅要了解学生的思想品质、学业成绩、学习态度、兴趣爱好、才能特长、性格特征、健康状况、成长经历、家庭情况以及社会生活环境等，而且要了解班级学生的学力水平的整体状况和差异、精神面貌、心理发展等情况。在教育生活中，班主任要能够与任课教师沟通，了解学生在学习生活中的各种表现，共同探讨有针对性的指导策略，班主任还要能更敏锐，对班级的不良思想意识和行为有高度的警觉，采取有效的预防措施，将问题消灭在萌芽状态，营造有利于学生健康成长的氛围。优秀的班主任总是能够真挚、公正客观地记录学生成长的点滴进步，寄语每一个班级成员。发现学生的个性特点、兴趣爱好、特殊才能、发展的内驱力等，挖掘他们的潜力，激发学生的积极意识和进取心，给予他们成功的体验，引发他们产生健康的积极的欲望和需求，使他们形成自我教育的要求和能力夯实的责任，为学生的发展打下坚实的基础，使学生在各个方面具有可持续发展的能力。

2.组织和培养班集体

（1）确立班集体目标

班集体目标的确定与实施是班级管理的基本要素。班集体目标设计，要以教育方针的培养目标为依据，以课程的教学目标为中介，落实到集体成员的学习目标。班集体目标设计应以提高素质、发展个性为导向，制定适合班集体实际水平的发展目标，不能用空洞的口号或是笼统的表述来确定，而应该是具体的、有形的、经过努力能达到的、可以评估的目标；依据班级发展目标制定各科教学、班级教育工作、班级活动目标体系，为班级教育和教学过程提供可操作、可测度的质量指标和标准；引导学生设计"自主学习、自我教育"的学习和发展目标，发展集体中的每一个成员的自信心；在班集体的目标管理中，既要注重提高班集体的整体发展水平，又要为集体中每个成员精心设计个性发展目标，并创造达到合理的个人目标的机会和重要条件，使集体中的每一个人都能树立自尊、自信、自强的自我形象。

班主任在班级管理过程中需要不断明确目标要求，让班级全体成员都知道班级管理的目标对集体和个人的要求，并且知道自己应该怎么做；让集体中每个成员明确自己应该达到什么标准，当前的表现与其是否有距离；还要让班级中每个成员能够关注其他成员的表现，并主动帮助落后者，共同努力，实现班级管理的目标。通过不断强化目标，使班级管理处于积极的状态，激发集体成员的进取心。同时，班集体中教师的目标意识时刻在影响着学生，不仅影响学生目标意识的强弱，也深刻影响学生的行动方向，所以，班主任也要不断强化自身的目标意识。

（2）确定班级成员的角色位置

班主任要善于科学地诊断班集体人际关系的现状，要分析每个学生在人际关系中所处的地位及其原因，根据集体活动的目的、任务和班级成员的年龄特征及交往风格的差异性，设计新的交往结构，形成师生之间、生生之间、班干部与同学之间、学习优秀者与学习落后者之间正常、和谐的人际关系。还要重视班级骨干队伍建设。班级骨干是班级目标的积极实践者和带动者，又是班主任管理意图的体现者，还是学生中有威信者，他们能对其他同学产生一定的影响。教师要从学生的思想作风、心理状态、学习态度、办事能力、群众关系、主动精神等方面发现和培养学生骨干；要在各项活动中注意发挥学生的特长，使他们成为专项活动的骨干。班主任要注意自己的角色，不能始终把自己放在一个管理者和领导者的角色上，应该成为学生管理的指导者和支持者。

班主任在建立班级中的核心队伍过程中可以采取多种方式：

一种是由老师来指定班委会成员。这要求老师要对学生有一定的了解，善于发现班级中各方面表现突出的积极分子，从中选择能够热心为班集体服务、团结同学、有一定的组织与管理能力的学生担任班委会成员。这种方式在学生互不了解的情况下比较适用。

另外一种是由学生自己确定班委会成员。班委会是学生自己的组织，是为学生和班级的发展服务的，由学生自己选出自己的代表来管理班级事务，是顺理成章的事情，学生对于自己选出的代表信任度高，班委会的工作也好开展。特别是对于中学生，他们都有了一定的管理与明辨是非的能力，在相互了解的基础上，选出自己的班委会成员，也是对学生参与民主社会的一种锻炼。

第三种方法也是现在很多学校正在尝试的方法：即实行轮岗制，让学生轮流行使管理班级的职责。管理班级是一种能力，也是一种责任心的培养与锻炼，从这一点出发，让班级的每个学生都有管理班级的机会，可以培养其集体荣誉感与多方面的能力。为了保证班级的秩序，轮岗制与正规的班委会可以结合进行，即在班级有较为固定的班委会的基础上，同学轮流担任值勤班长，这样即使每个同学都有参与班级管理的机会，又可以保证班级工作的顺利进行。

（3）建立融洽的班级内外关系

班主任在班级建设过程中，通过协调好班级内外的各种关系，以促进班级的凝聚力。要建立一个融洽的班集体，需要做好以下几方面的工作：①协调班级内的各种组织和成员的关系，如班委会与其他组织或群体、班委会内部各成员的关系，学生骨干与一般同学的关系，品德有缺陷、学习有困难的学生和大多数同学的关系等。②协调与各任课教师及学校其他部门、其他班级的关系。各任课教师也是班集体的组成部分，他们应主动地关心班级建设。这种协调不仅能够集思广益，增强教育学生的力量，同时也能促进各科教学工作，在班级管理中获得更广泛的支持，取得更大的效果。③班主任要协调班级与社会、家庭的关系。例如，社会的风气、学校的社区环境、社会某个时期的动态、其他的社会条件等，都时刻影响着学生。班主任应主动关心学生的发展状况是否受到社会负面因素影响，并正确对待和处理，化消极因素为积极因素。在家庭中，家长的思想观念、道德品质、文化素质、教养方式、对子女的期望等，都时刻影响着学生。因此，班主任要善于做家长的工作，争取家长与学校的一致，形成教育的合力。

（4）营造健康的班级文化环境

班级文化是班级师生共同创造的精神财富。班级只有被赋予丰富的文化内涵时，才可能成为一种真正的教育力量。学生也只有在优秀的班级文化中接受熏陶，才能不断健康成长。那么，班级文化环境的营造，一方面，要重视物质文化环境的建设，如班级中的标语、图画、图书资料、教学设施、学习园地、作品角、光荣榜等，这类物质环境对学生心理发展产生经常性的影响，能起到潜移默化的作用。另一方面，又要加强班级精神文化的建设，包括建立班级机构、规章制度和舆论风气，其中最为重要的是良好的舆论风气，这是班级精神文化的集中体现。

在班级舆论和风气建设过程中，班主任要做好以下几方面工作：①抓好班干部队伍建设。一个好的班集体的建立不能只靠班主任的力量，还要依靠一支好的班干部队伍和积极分子队伍，班干部是营造良好班级舆论的中坚力量。因此，班主任要结合本班的实际情况，注重培养和扶植一个优秀的班干部队伍。②提倡民主型的班主任领导方式。班主任是班级的组织者和领导者，其领导方式和领导风格是影响班级舆论和风气形成的重要因素。在民主型班主任所带的班级里，学生情感表现较好，师生之间和谐，工作效率较高。③充分利用班级舆论阵地。班级的墙报、黑板报、标语、班会等都是班级舆论形成的重要阵地，班主任要充分利用这些形式来宣传好人好事、好思想、好作风，让正确的舆论和优良的班风始终处于主导地位。教师要在重大的、基本的人生价值观念、社会观念、道德观念上对学生进行明确的教育，使他们懂得是非曲直。还要培养学生实事求是、敢讲真话、疾恶扬善、正气凛然的好思想、好作风。

3. 影响和教育班级每个学生

班级是由不同数量的学生个体组成的，在一个班级中，每个学生都有其不同的特点和个性。班主任要根据不同学生的特点，对学生提出不同的要求，以促进每个学生都能得到良好的发展。

在班级当中，学习成绩优异的学生一般较有影响、有威信，是学生中的骨干。班主任对于他们的教育要强调发挥他们在班内的模范带头作用。针对每个学习成绩优异的学生的不同情况和特点，班主任要提出具体的要求。特别要注意克服片面追求学习成绩的错误倾向，对他们的其他各方面也要严格要求。在班级中各方面表现都处于一般水平的学生，他们有着庞大的队伍，却很少受到老师的关注，他们是"沉默的大多数"。对于表现一般的学生，班主任应主动地向学生表明对他们的关心和期待，消除情感上的隔膜。班主任还应该去了解每一个学生具体的需要和困惑，对他们给予针对性的指点和帮助。班级中有的学生在某些方面表现较差，有的学习成绩较差，有的思想品德较差，或两方面表现都较差，缺点、问题较多。对于这些学生的教育，许多班主任总结出一些成功经验，概括起来有以下几点：第一，班主任必须确立每个学生都可以教育好的观念。只有确立正确的观念，才能有博大的胸怀，毫不动摇、坚定不移地教育好他们。第二，班主任必须以真挚的感情热爱学生。有了这种感情，才能以真诚的爱、无限的关怀和高尚的师德情操，与他们建立起情感上的联系，用爱去温暖他们冷却的心，才能为转化他们奠定下良好的教育基础。第三，要用一分为二的观点看待他们，善于发掘学生身上潜藏的"闪光点"，即他们的优点长处，鼓励他们发扬优点，克服缺点。第四，对学生的教育要不怕反复，要持之以恒。反复并不是针对学生以往的错误简单重复，错误是由多种原因造成的。因此，班主任要在分析原因的基础上，及时予以教育。

特别需要补充的是，班主任在与学生的交往活动中，每当出现在学生面前时，就成为一种教育信息。这种"教育信息"通过在学生面前的表现，告诉学生怎样做人，如何做事。这种信息的表现形式是多样的，教育功能是潜移默化的。班主任的穿着打扮、举止言谈、兴趣爱好、人格风范、处世态度、工作表现、活力和热情等，都是重要的教育因素。因此，班主任在学生面前始终要规范自己的言行，并积极主动地释放出教育因素的能量。

4. 协调和统一各方面的教育力量

一个班级要形成良好的班风，要使学生在德、智、体、美、劳等几方面得到全面发展，班主任必须认真做好与学校、家庭、社会之间的协调工作，形成统一的教育影响力量。

（1）与学校任课教师的协调工作

班级中的每个任课教师都承担着重要的教育任务，他们和班级相互影响，相互作用。只有任课教师和班级协调一致，班级工作才能取得好的效果。因此，班主任应做好班级与任课教师的协调工作。

班主任与学校任课教师协调时应注意：①主动与任课教师联系，共同研究、制订班级工作计划。②培养学生的尊师美德，建立学生对任课教师的感情。③主动地向任课教师介绍班级学生的情况并向任课教师了解学生的各门功课的学习情况。④妥善处理任课教师与任课教师之间、任课教师与学生之间出现的问题。⑤虚心听取任课教师意见，研究班级工作策略。

（2）与学校团队组织的协调工作

团队组织在学校和班级教育中具有重要作用。学校共青团、少先队组织可以配合学校和班级促进青少年学生德、智、体、美、劳等方面健康发展，是学校对学生进行教育的一支富有生机的力量。班级教育与团队教育紧密结合，有利于培养学生的集体主义精神和主动性、积极性、创造性，有利于培养学生遵守纪律、团结向上的好风气。因此，班级工作必须与学校的团队工作协调起来。

做好班级与团队的协调工作应注意下面几个方面：①班主任应积极配合学校团队组织开展工作。②帮助团支部和班委会根据学校教育计划的总要求，结合班级实际情况，制订各自的工作计划。③指导团队组织开展工作。

（3）与学生家长的协调工作

家庭教育是直接生动的教育，是学校教育的重要补充和延伸，对青少年学生的健康成长具有十分重要的作用。班主任做好与学生家长的协调应注意：①全面了解学生家庭以及学生在家庭中的基本情况。②通过家访，交流学生在学校和家庭中的情况。③定期召开家长会，共同探讨教育方法。

（4）与社会教育机构的协调工作

社会教育是指学校、家庭之外的教育，包括社会宣传文化教育机构、社会团体进行的各种形式的教育和社会大环境对学生的影响。随着社会的进步、我国社会主义市场经济的形成和发展，社会教育在中学生成长过程中的影响越来越大。班主任只有有效控制和利用社会教育因素，才能充分发挥教育的主导作用。做好与社会教育机构的协调应注意：①主动加强与社会各有关机构的联系，争取他们的积极配合。②组织学生进行社会调查、参观，组织学生进行力所能及的社会服务、公益活动。③抵制社会消极因素对学生的影响，帮助学生在社会大环境中分清是非。

5. 评定学生操行

评定学生操行，是班主任对学生一学期、一学年内各方面表现的小结和评价，主要是帮助学生正确认识自己的优点和缺点，明确今后的努力方向，促使他们发扬优点，克服缺点，不断上进。同时，也是为了帮助家长了解自己子女的情况，以便更好地配合班主任开展教育工作。

操行评定的内容，包括学生的思想、品德、学习、体育锻炼、劳动、社会活动等方面的具体表现。评定是在长期了解学生的基础上进行的。它是这一时期教育的结果，也是今后教育的参考。评定学生操行，要广泛听取任课教师、团队干部和学生本人的意见。班主任写评语要注意全面，实事求是，恰如其分，力争做到"准、精、妙、诚"。对学生的优点要概括指出，让学生既看到自己的成绩，又能正视自己的不足，扬长避短，不断进步。

（六）班主任的风格类型

班主任不仅是班级的设计者，而且是班级建设的指导者。班级在目标达成中，深受班主任指导风格和方式的影响。一般地说，在班级管理中存在三种风格类型的班主任，有专制型、放任型、民主型。不同类型的班主任具有不同的领导风格和行为方式。

专制型：这种类型的班主任喜欢学生听命于自己，他们的话就是命令，对不服从者动辄发怒、批评、威吓和谩骂。无论在生活还是学习方面都尽量限制学生的自由，让他们跟着自己的思路走，管理与支配学生的一切行为，而且还会不由自主地压抑学生的独立思考和创造性的发挥。他们视自己为权威，要求学生服从自己，对不服从者给予惩罚。学生在这样的班级中总是心怀恐惧，循规蹈矩，战战兢兢。整个班级表面看来是统一的，班主任也坚信自己的做法是正确的，然而学生们失去的是学习和生活的喜悦。比如，在专制型班主任管理的班级中，竞争替代了合作。班级成员为了获得班主任的器重而展开竞争，由此导致一些班级管理的负面结果。

放任型：这种类型的班主任主张无为而治，而真正的动机是不愿意负责任，他们会不分青红皂白地宽容学生的一切言行，使学生错误地以为自己可以为所欲为，而且学生也绝对不会对自己的行为负责。在这样的班级中，班主任与学生、学生与学生之间不过是物理空间上的集聚，在精神上则完全是疏远的、离散的，就像是一盘散沙。这种班级有群体但无组织，不存在有意义的关系。这类班主任管理的班级很快会分崩离析，丧失有机统一体的生命力，变得既无生机，又无秩序。因此，班主任无法把握班级里究竟发生了什么，学生形形色色的奇怪要求、意见也会让他感到应接不暇，又苦于无力把班级整顿好，只好不负责任地听之任之，放弃自己所应履行的职责。

民主型：这种类型的班主任认为自己与学生是完全平等的。他们善于倾听学生的批评，并且积极地面向学生。在班级管理中，他们主要不是以直接的方式领导，而是以间接的方式引导班级。他们管理的班级有规则，规则是在班主任的提议下学生自己制定的。学生通过讨论知道应当如何遵守规则，而且知道制定这些规则的目的不是为了监督和处罚，而是在班级充分形成一个自觉维护规则的氛围，使每一个学生都能把自己身上最美好的品质展示出来，体验成功和快乐。民主型的班主任既非专制，亦非放任，他们深知没有爱的规则是危险的，而没有规则的爱是无力的。他们在尊重和热爱学生的同时，知道作为班主任所应担负的责任。

上述三种类型的班主任对学生发展的影响有很大差异：专制型的班主任属于支配性指导，无视学生的个别差异，以僵硬的对策为基础，只给予统一强制的指导，或一味地斥责、威胁。在强制性的指令下，学生的活动性显著降低，消极性、依存性行为增多。放任型的班主任属于不干预性指导，容忍班级生活的种种冲突，更无意组织班级活动，回避学生的主动精神。学生在无指导的班级中生活，有目的的活动水平低下，违背团体原则的自发行为增多。民主型的班主任属于综合性的指导，能够灵活地适应学生的个别差异，以此为基础引出学生的自发行为，促进班级同学的思想在合作中进行交流。学生在民主的指导下，行为较稳定，自主积极的行为较多。值得注意的是，学生的身心发展一直处于变化之中，随着这种变化，学生的活动范围扩大了，人际关系也发生了质的变化。因此，班主任的指导内容、指导重点也应视学生发展水平不同而有所改变。

（七）班主任工作的基本原则

班主任工作的基本原则是指在班级常规管理中应该遵循的基本要求。在班级管理中，最核心、最重要的是对人的管理。所以，班级管理总体指导思想必须遵循人的心理活动规律，具体的原则体现在以下方面：

1. 人本原则

班级管理中的人本原则要求班主任树立以生为本的观念，始终面向全体学生，以促进学生生动活泼、主动、和谐、全面发展为目的。

2. 目标原则

目标原则要求班主任和班级成员共同确定班级的总体目标，然后通过各种活动将这一目标转化为每个同学自己的个人目标，使个人目标和整体目标融为一体，形成目标体系，并以此推进班级管理活动，以实现班级的预期目标。

3. 民主原则

民主原则要求班主任在班级管理过程中，一要发扬民主，尊重学生、信任学生；二要重视培养学生的民主意识和能力。

4. 合力原则

合力原则或叫资源整合原则、系统原则。要求班主任把班级视为一个有机整体，全面规划、统一指挥、组织合理的班级管理机构，使人力、物力各得其所，制订科学的计划，进行科学决策，以有效指导全面工作。同时，要善于抓住主要矛盾，以教学为主，以促进学生发展为最终目标，协调各方关系。

5. 法治原则

法治原则是指班级管理必须依据法律、法规进行，是依法治校的具体化。首先要求班主任培育法治观念，增强依法治校的紧迫意识，提高自己的法律素养。其次，要求学生加强法制教育，培养学生的法律意识。最后，规范班级管理行为，强化监督机制。

6. 自治原则

自治原则要求班主任在班级管理中，变"管"为"导"，重视培养学生的自我管理能力，管理不是老师约束学生，而是学生在学习生活中的自我约束。使学生自觉意识到管理的必要性，特别是自我管理的必要性，减少学生对管理的抵触甚至对抗情绪，也减少人际关系不和谐的内耗，提升班级管理的实效。

（八）班主任的专业素养

1. 思想道德素养

班主任是学生的教育者、引路人，是学生发展中的"重要他人"，班主任应该具有坚定的教育信念，确信良好教育的力量。只有如此，班主任才会确信每个学生都有自己的潜力，相信只要对学生深入细致地教育，都会促进学生的积极改变。有了教育信念，班主任才能真正忠于教育事业，对教育事业有奉献精神，才会从内心热爱学生、诲人不倦、严于律己、为人师表等，要没有偏见，没有歧视，要尊重学生，严格要求。

2. 文化素养

（1）学科专业教学素养

班主任作为整体教师的一员，在教学上应该是一名出色的教学老师，能上好课，在一门甚至几门学科上应该有较深的造诣。班主任首先是"教学能手"，不仅是作为一名教师的必需，而且也是对学生产生积极教育影响的重要因素。

（2）科学理论素养

班主任要促进学生全面发展，班主任不仅需要具备教育学、心理学方面的知识，以及教育管理方面的知识。为了促进学生全面发展，班主任还要具有科学的世界观和方法论，才能担负起班级的指导工作，才能帮助和引领学生树立正确的人生观和世界观，树立崇高的理想，成为合格的社会公民。

（3）广泛而扎实的基础知识

第一，知识的增加和变化，使得基础知识在个体知识结构中的位置显得越来越重要。基础知识越扎实，知识的拓展性也越强，越能举一反三。第二，知识的增加和变化，要求班主任要不断更新知识，拓展知识面，知识面越宽，越有助于理解和接受新知识。班主任要能够适应工作对象的需要，必须具有广泛而扎实的基础知识。

3. 班主任的能力素养

（1）组织能力

班主任的组织能力主要表现在对班级的组织与管理方面。班主任是班级建设的设计师。班级建设设计包括班级建设的目标的设定与实现目标的途径方法的选择。班主任要根据特定班集体的特点，选择最佳的目标与适合于实现目标的最好途径和方法。

（2）表达能力

表达能力是指班主任在教育过程中能清晰、生动而有说服力地向学生表达自己的思想，以此教育和影响学生的能力。表达能力包括言语表达能力和非言语表达能力。

关于班主任的语言表达能力，有以下几个特点：要言之有物，真实可信，富有针对性；要言之有理，充满哲理，富有教育性。要情理交融，声情并茂，富有启发性；要用语恰当，观点鲜明，富有准确性；要结构严谨，言之成理，富有逻辑性。要疏密得当，快慢适中，富有节奏性；要简洁明了，一语中的，富有精练性；要形象生动，妙语连珠，富有艺术性；要言之有新，引人入胜，富有时代性。

班主任不仅要善于运用言语来教育学生，还应善于巧妙地运用非言语表达来影响学生。非言语表达能力是指运用姿态、动作、表情和手势等来传递信息的技巧与能力。有时候一个微笑、一个暗示的眼神往往会产生意想不到的效果。

（3）活动能力

活动能力是指班主任在工作中与各方面交往与协调，以保证班级工作顺利开展，从而达到教育学生的目的的能力。与学生的交往是班主任最经常和最重要的交往活动。与家长建立经常性的联系，在教育上进行合作，提高教育效果，也是班主任工作的重要方面。班主任要积极争取学科任课教师以及学校其他部门对班级工作的支持。教育过程是一个集体合作的过程，需要教师及管理等部门的相互配合、支持和协调。班主任还要尽可能地争取社区等社会有关部门的支持，为学生接触社会，开展社会实践创造条件。

4. 健全的个性品质

（1）高尚而丰富的情感

班主任高尚而丰富的情感不仅作为一种个人的心理素质，同时它是一种十分有效的教育力量。班主任对工作、学习、生活乐观的态度、振奋的精神、平静的心境和幽默的谈吐都会感染学生，使学生也产生相同的情感体验。具体表现为：①积极向上、轻松愉快的心境。这种心境会使班主任对工作、生活、学习充满信心，感到乐观。②昂扬振奋，朝气蓬勃的精神。这种精神会激励班主任对工作、学习、生活充满激情和热情。③平静幽默的情绪。班主任应该善于控制和调整自己的情绪，特别是在工作不顺利，甚至遭受失败的时候，要能够用一种平静的富有幽默感的心情来对待。

（2）坚强的意志品质

意志是人们在变革现实的过程中，自觉调节自己的行动去克服困难以达到预定的目的而产生的心理过程。意志与认识、情感有密切的关系。认识是意志活动的前提，情感对克服困难、达到预定目的的意志活动起着一定的作用。班主任在工作实践过程中会遇到很多困难，如工作条件差，领导不支持，学生不配合，家长不理解，还有自己本身的知识经验不足，等等。此外，教育学生往往是一个长期的过程，在短时期内可能看不到任何成功的迹象。如教育后进生，转变差班级等，需要班主任长期不懈、持之以恒、不怕困难、知难而进，才能很好地完成教育任务。同感情一样，班主任的意志力的强弱也会影响学生。只有班主任具有坚强的意志力，用自身榜样去感染、教育学生，才能培养出学生的意志力。

（3）广泛的兴趣爱好

兴趣是指人们对某一事物所抱有的积极态度和特殊倾向。这种态度和倾向是通过人的实践活动形成、发展起来的。兴趣对于人的学习、科研、发挥创造才能等起着积极的推动作用。班主任应有广泛的兴趣爱好。兴趣爱好在一定程度上体现了班主任的知识修养和能力倾向。最重要的是班主任具有广泛的兴趣爱好，有利于对班级工作的指导和影响学生以及班级素质教育的开展。同时，班主任要引导学生以正确的态度对待兴趣爱好，发挥兴趣爱好的积极作用。

（4）良好的性格特征

性格是人在生活过程中所形成的对现实的态度和习惯化的行为方式所表现出来的比较稳定的心理特征的总称。性格是个性的重要组成部分，表示一个人与他人不同的、最明显和最主要的心理特征。班主任性格特征对班级工作和学生个体都有极大的影响。班主任应该有良好的性格特征。例如：①真诚、坦率。班主任对学生要真心实意，说实话，不做表面文章。②热情、活泼。这样的班主任容易形成融洽的师生关系。③心地善良。要善于理解学生，关心学生，成为学生的知心朋友。④沉着、冷静。在班级工作中遇到突发事件时，班主任要有自制力，不能对学生采取粗暴态度，这是对班主任教育修养的一种考验。

第二节　课外活动

一、课外活动的理解

（一）课外活动的内涵

第一，课外活动中的"课"，并非指的是课堂，而是课程。课外活动是指以学科为中心的教学活动以外的，从教育内容的结构方式上把两者区分为课内与课外，前者以课程中的学科为单位，内容受教学计划和教学大纲规定；后者不受教学计划明确规定，或者不在教学计划之列，内容不受教学大纲限制，也不一定以学科为核心组织活动内容。所以统称为"课外活动"。课外活动不限于由学校组织，还可以由各种校外文化机构组织或学生自发进行。学校课外活动的地点一般在校内，但也有在校外的，凡是由学校组织的课外活动，不管在校内还是在校外开展，都称之为学校课外活动。

第二，课外活动的时间有分散与集中两类。分散时间一般安排在每天课程教学之余，时间的多少各校不一。

第三，课外活动的内容和形式丰富多彩。学校课外活动主要由学校与全校性的学生组织，如学生会、少先队大队部、共青团委等联合举办。但是，课外活动的全局性安排由学校行政部门负责，班主任或其他任课教师承担具体执行、配合组织与管理学生等方面的工作。

第四，课外活动主要由学生自愿选择参加。以群众性文娱、体育活动为主的课外活动，为了保证学生的身心健康，一般规定每个学生都要参加，但具体参加哪一项活动由学生自决。部分旨在培养某方面"尖子"人才的课外活动小组的成员，通过双向选择确定，学生自愿报名在先，指导教师及有关人员对报名的学生考试挑选在后。

在学校中凡是符合上述四方面要求所组织的活动都可称为学校课外活动。

学校课外活动与校外活动不同，校外活动是由校外教育机构领导和组织，旨在对青少年进行教育的活动，虽然它在形式与内容上与课外活动有类似之处，但它属于社会教育的范畴。学校课外活动也不同于学生在课外完全自主（没有学校的引导与指导）参加的各种活动，这类活动实际上是生活活动，主要不属于学校教育范畴。课外活动可以发生在校内，也可以发生在校外，主要是看这种活动是否由学校发动、部署和组织。在我国，课外活动一般由学校、老师、少先队、团委、学生会等发起与组织的，但它往往又要得到社会相关人员及机构的配合与协调。

（二）课外活动的特点

课外活动既是学生学习生活的重要组成部分，也是学校培养人才的重要载体之一。课外活动与其他教育途径一样，是为了实现教育目的，促进学生健康发展。

课外活动作为一种教育途径，在活动过程中，教师不可能也没必要像课堂教学那样牵着学生走，与课堂教学相比，它具有如下特点：

1. 自主性

学生在课外活动中比在课堂教学中有更大的自主权。富有成效的课外活动，大多是在教师及相关人员的指导下由学生独立完成课外活动，是学生自己的活动，学生才是课外活动的主人，教师在课外活动中只能起辅助作用而不是控制作用。

2. 灵活性

教学是根据教学计划、课程标准、教材和课表进行的，有相对稳定的内容和形式。课外活动不同，它不拘一格，灵活生动。活动的项目众多，内容丰富多彩；形式活泼，讲求实效，重在学生参与；活动人数可多可少，时间可长可短，方式可以集中，也可以分散。活动的指导者可以是教师，也可以是有专长的家长或社会人士，甚至可以是学有特长的学生。这些活动有动有静，灵活多变。活动效果的检查与评价方式也是多样的，它一般不采用课堂教学那样记分的方式，而是采用汇报表演、娱乐竞赛、成果展示、讨论会和报告会等形式。课外活动从形式到内容，从实施到评价都具有极大的灵活性。所以课外活动可以及时将社会的新发展、新变化纳入其中，使学生获得及时的信息。

3. 开放性

与课堂教学相比，课外活动不受教学计划和学校围墙的限制。凡是符合教育要求、有利于学生身心发展的事物，均可创造条件将其纳入课外活动的范畴。课外活动的内容与形式较教学更接近日常生活现实，具有较大的包容性。因此，课外活动为学生打开了生活的领域，比课堂教学具有更大的开放性，它能容纳和采取丰富的内容、多样的形式。

4. 综合性

与课堂教学以学科为中心进行组织不同的是，课外活动是以活动与学生为中心进行组织的。因此它提供的场景是综合的，它能为学生提供同时运用多种知识、展示多种才能的机会。即使是学科性质的课外活动，它也要求学生能综合运用该学科的知识技能进行活动。学生在课外活动中获得的发展也是综合性的，而不仅是知识与技能的发展。因此在课外活动中，要注意组织综合性的学习活动，以使学生全身心地参与，获得丰富的体验与发展。

5.趣味性

课外活动一般不像课堂教学那样要求人人参加，它要求学生根据自己的兴趣、爱好自愿选择所喜欢的活动。课外活动形式内容是丰富多彩的，它们多是学生喜闻乐见的，具有吸引力，能够引起学生浓厚的兴趣，激发他们探究的心理与欲望。学生的兴趣在课外活动中可以得到最大的实现，从而使学生的特长、爱好得到较好的发展，而这本身又增加了学生进一步参加课外活动与课堂学习的动机与兴趣。

6.探究性

课外活动的内容、形式、方法等都具有较大的不确定性，它不像课堂教学那样绝大部分内容都以定论的形式呈现。正是这种未确定性，课外活动对学生才具有吸引力。它将学生的好奇心牢牢扣住，而学生又天生具有极强的好奇心。这二者的结合，课外活动就充满了探险、充满了乐趣，能培养学生的探究兴趣及初步的探究意向。

（三）课外活动的类型

学校课外活动的参加主体和服务对象主要是学生，学校和教师只起组织、指导或引导作用，不起主导作用。根据学生参加学校课外活动的分类依据的不同，可以分为不同的类型。

第一，按照课外活动的组织主体，学校课外活动可以有以下组织形式：

①学校组织的课外活动

课外活动有很大一部分是由学校领导或教师直接组织的。但是，学校领导与教师对课外活动只能起组织指导作用，不能过多干涉，课外活动主要以受教育者的活动为主。

②学校与校外教育机构联合组织的课外活动

学校可利用校外教育机构的场地、器材、设备等条件与校外教育机构联合组织课外活动。教育机构也可利用学校的各种有利条件与学校联合组织课外活动。这种联合组织的课外活动要注意相互之间联系好、配合好。彼此要相互支持，相互帮助，取长补短，共同把活动组织好。

③学生团体组织的活动

学生团体组织主要是指学生会、班级、团队及社团等在学校相关部门的指导下进行的课外活动。这些组织可以根据节假日、社会形势以及教育者自身的要求等，定期或不定期地组织一些课外活动。

第二，按照参加学校课外活动的主体人数，学校课外活动呈现不同形式：

①群众性活动

群众性活动是以一个或几个班为单位组织的课外活动。它可以吸收大批学生参加，活动规模大、人数多，有利于活动的普及与提高，具有鲜明的教育性。群众性的课外活动通常有以下几种形式：报告和讲座，各种集会，各种竞赛，参观、访问、调查和旅行，社会公益活动，各种纪念活动，墙报黑板报等。

②小组活动

小组活动是课外活动的基本组织形式，它大多是建立在学生兴趣、爱好和自愿组合的基础上，灵活机动、小型多样，能使学生获得学习和实践各个专项活动的机会，有助于扩大和加深某些方面的知识，发展学生的特殊爱好与才能。课外小组活动可以根据学生的需要与学校的条件进行组织。小组采取自愿加入的方式招纳组员，人数不宜过多，成员应是对这一活动有特长或兴趣的学生，活动由有特长的教师或社会上其他专业人士组织。小组活动一般应有一定的规章制度，有固定的组织形式、连续性的内容、适宜的活动场地等，并要及时总结，展示成果，以增进组员的信心与动力。小组课外活动通常有下列一些形式：学科兴趣小组活动、技术实践小组活动、艺术小组活动、体育小组活动、主题研究小组活动等。

③个人活动

这是学生在教师的指导下进行的独立性课余活动，一般是在教师的指导下学生个人自主地进行的，如课外阅读、课外小制作、小型调查研究、艺术创作等等。这种活动能充分发挥每个学生的积极性与创造性，锻炼他们独立工作的能力。教师要积极组织个人课外活动成果的交流，如读书交流会、成果展示会等，使学生的经验得到共享，使学生得到激励，并提高学生活动的信心。

第三，按课外活动的内容以及对学生的能力素质的培养的作用不同，可分为以下几种类型：

①思想政治与道德素养类课外活动

思想政治与道德素养类课外活动是指在课堂教学任务之外，围绕一定的主题，通过理论学习、系列讲座、报告会、演讲、辩论等形式，以提高学生的思想认识、理论素质和道德素养的活动。主要包括围绕引导青年学生树立正确的世界观、人生观、价值观等开展的理想信念教育活动，如畅想成长主题演讲比赛等；围绕增强学生的历史使命感、责任感和紧迫感开展的责任教育活动，如感恩教育活动等；围绕弘扬爱国主义精神，以诚实守信为重点，加强社会公德、职业道德和家庭美德教育，培养青年学生良好的道德品质和良好的行为习惯，树立体现中华民族特色和赋予时代精神的社会主义道德观，提升精神境界、培养健全人格开展的思想政治教育类活动。

②文化艺术与身心发展类课外活动

文化艺术与身心发展类课外活动是指在课堂教学任务之外，青年学生参与的校园文化活动、文体艺术活动以及有益于身心健康发展的各项活动。主要包括围绕加强青年学生人文社会科学、文化艺术和身心健康方面的知识积累和素质能力培养的活动，不断增强学生的文化底蕴、艺术修养、审美情趣、人文精神，提高学生的身体素质和心理素质等所开展的活动。

③社会实践与志愿服务类课外活动

社会实践与志愿服务类课外活动是指在课堂教学任务之外，学生运用所学知识组织或参加的校内外的实践与各种志愿服务活动。引导学生健康成长成才的重要举措，是学生深入了解社会，检验自我、锻炼自我的最佳途径，是培养学生综合素质、积累社会经验的有效形式，是学生提高实践能力、增强社会责任感和使命感，有效实施学生素质教育的重要途径。例如社区援助、助残济困、环保宣传等志愿服务活动，校园文明创建活动等。

④学术科技与创新创业类课外活动

学术科技与创新创业类课外活动是指在课堂教学任务之外，在课外学生所从事的各类学术科技和创新创业活动以及参加的各类学术科技创业等竞赛活动。

⑤体育活动

体育活动主要使学生的身体各方面都得到锻炼，提升学生的身体素质，发展他们的体力，训练他们的运动技能、技巧，培养其顽强、勇敢的精神和对体育锻炼的兴趣，同时发现并培养专门体育人才。例如，校园足球，校际、班际的各种比赛等。

学生课外活动是学校校园文化建设的重要载体，也是青年学生课余生活的重要内容，不同的学校可以根据学校的实际和周边社会资源等情况创造性地开展丰富多彩的课外活动。

二、课外活动的价值与基本要求

课外活动是实现教育目的的重要途径。但是课外活动不是课堂教学活动的延伸，不是为完成作业而开辟的领地，它主要是通过活动的形式促进学生的全面发展。虽然它对课堂学习有一定的作用，但不是其主要旨趣。

（一）课外活动的价值

课外活动在学生的发展中具有本体性的功能，也就是说，课外活动在学生的发展中有其独特的价值。它的主要任务是组织灵活多样的学生喜欢参与的活动，培养学生的能力、独创性与个性，使学生获得全面而又生动活泼的发展。同时课外活动对社会的发展也具有一定的价值。

课外活动的独特的价值主要表现在以下几方面：

1.促进学生全面而又生动的发展

组织丰富多彩的课外活动，能使学生课余生活更充实、更活泼、更有乐趣。学生参加活动，使他们可以得到发展的地方都得到最大的发展，同时他们的精力得到了适当的利用，免遭了社会不良习气的影响，有利于学生健康地发展。课堂教学对学生的发展主要集中在知识与技能上，而课外活动将主要关注的是学生的能力及智慧，一方面，通过课外活动可以获得智慧，另一方面，它可以将课堂教学中获得的知识转化成智慧。

2.培养学生的创新精神

课外活动是根据学生的特点和需要组织的。他们可以根据自己的兴趣爱好，有选择地参加自己喜欢的活动，这样可以使他们的兴趣与特长得到施展，更重要的是，课外活动充满了不确定性与趣味性，能激起学生的探究欲望。课外活动给学生提供了广阔的天地，可以让学生独立地运用自己的知识、智慧来发现问题、分析问题与解决问题，使学生的主体性、创造性得到检验与激发，使学生在锻炼中成长。学生的许多小发明、小制作甚至是专利，都是通过课外活动这条途径完成的。

3.加强理论和实践之间的联系

课外活动可以缩小理论知识与生活实际的距离。①通过组织各种各样的课外活动，可以使学生将在学校所学的知识与技能用于生产生活实际，从而明白知识的价值，进一步增强学习的主动性。②学生通过课外活动，能获得对社会与自然的一种直接体验，增加学生的直接经验，为进一步学习理论知识打下了一定的实践基础。同时，可以巩固、扩展课堂教学的知识，促使知识向能力的转化。③课外活动可以扩大学生的视野，有利于拓宽学生的知识面。学生可以通过科技活动、课外阅读等学到很多科学文化知识。随着知识领域的扩展，他们可以更多地了解社会生活，受到教育和启发，补充课内所学知识的不足，有助于进一步学习。

4.丰富和提升校园文化内容与品格

校园文化是指依附于学校这个载体，并通过学校反映和传播的文化现象。从广义上理解校园文化是指校园中所有成员共同创造形成的一切物质财富和精神财富的总和及其创造过程，包括物质文化、制度文化和精神文化；从狭义上理解，校园文化主要指精神文化，是指除了教育、教学、管理以外的一种群体文化，其主要内容是教育方针、培养目标、校风学风建设、文化艺术活动。学生课外活动内容丰富，形式多样，通过开展丰富多彩的课外活动可以不断地丰富校园文化的内容。同时更重要的是诸如文化艺体与身心发展类课外活动还可以营造浓厚的人文艺术氛围，培养学生的人文精神，塑造良好的校园人文精神，彰显出学校高层次的文化品位。

5. 为学生提供更多的人际交往机会

不同形式、各种范围的课外活动，为学生提供了不同于课堂的相互接触、相互联系的机会，促进他们之间相互了解与合作，使他们懂得并学会与人融洽相处，正确处理社会生活、处理人与人之间的关系，在一定程度上能够加快学生的社会化进程，为他们走向社会打下基础。

另外，通过组织课外活动，不仅能使学生获得发展，而且还能为社会提供一定的服务，产生一定的社会效益。

（二）组织课外活动的基本要求

为了使课外活动能取得实效，对学生的发展起到实实在在的作用，在组织课外活动时应注意以下几点：

1. 坚持教育性原则

课外活动是学校教育活动的重要组成部分。开展课外活动必须有利于学生的德智体美劳全面发展，有利于学生健康成长。

坚持教育性原则要求课外活动要着眼于学生的实际，从学生发展角度进行计划与组织，而不是仅仅为了学校的某项工作的需要（如迎接上级检查）才组织课外活动。它要求学校要十分重视课外活动，做到课外活动与课堂教学相得益彰，不能认为课外活动可有可无。课外活动要尽量使学生接触新事物，了解国内国外形势，了解科技文化的新发展，不断拓展学生视界。课外活动的组织要注意内容健康、格调高尚，防止不健康因素对学生的消极影响。在活动中要注意培养学生的自制力、独立办事的能力及合作意识。在课外活动中，教师要善于发现特殊人才，以便进行个别化的教育。课外活动要符合学生的心理年龄特征，使每个学生的特殊才能得到最大的发展，使每个学生的情感、态度、价值观等得到健康的发展，使学生成长为社会有用之才。

2. 活动要富有吸引力

课外活动与课堂教学不同，它主要以活动的形式进行教育，因此学生只有参加了活动才能获得发展。而学生参与活动是以自愿的原则进行的，如果活动没有吸引力，其教育作用将会失效。这就要求课外活动的设计与组织要考虑学生的年龄特点与需要，以学生为中心。另外，学生的兴趣易变，在组织课外活动时还要注意对学生的兴趣进行引导以及培养学生新的兴趣，使学生参加各种各样的活动。

3. 要充分发挥学生的积极性与创造性

课外活动的主体是学生。他们根据自己的兴趣爱好自由选择参加活动，根据自己的理解与意愿独立自主地进行活动。因此，能否激发学生的积极主动性与创造精神，能否发挥学生的主体作用，是课外活动能否取得实效的关键。

发挥学生在活动中的主体作用和创造精神，除了活动要能引发学生的兴趣外，最主要的是要让他们在活动中动手动脑、独立思考，参加活动的设计、实施、管理与评价的全过程。通过运用知识、深化知识来提高技能、增长才干，使学生真正成为活动的主人。强调学生的主体作用和创造精神，并不意味着忽略教师的作用。教师是活动的指导者。他应当帮助学生选择参加适当的活动，为学生的活动提供条件，并在活动中给学生以启发诱导，从各方面给学生以辅导，帮助学生解决疑难。课外活动不是要削弱教师的作用，而是要求教师改变领导方式，由课堂教学中的直接领导为主转变为间接领导为主。要信任学生，学生自己能完成的活动教师就不要插手，能少一点指导的就不多一点指导，若在活动中教师越俎代庖、包办代替，则学生的主动性、积极性、创造性将会受到抑制。

4. 充分发挥学校的组织领导作用

课外活动虽是由学生自愿参加的活动，但自愿不等于放任自流，学校要加强课外活动的组织与领导。学校要将课外活动列入整体工作计划，做好组织筹划工作；配备指导教师，加强对活动的指导；为开展活动提供必要的人力、物力、财力，购置必要的设备；做好与其他部门的协调工作，为课外活动的开展提供必要的条件；学校要充分利用有利的资源，包括社会上的物质资源及人力资源。

第七章 现代教育技术的应用

第一节 多媒体教育技术的应用

一、多媒体课件

（一）多媒体课件的概念和特点

1. 教学性

在多媒体教学软件系统中，通过多媒体信息的选择与组织、系统结构、教学程序、学习导航、问题设置、诊断评价等方式来反映教学过程和教学策略。所以在多媒体教学软件系统中，大都包含有知识讲解、举例说明、媒体演示、提问诊断、反馈评价等教学基本部分。

2. 学科性

在多媒体教学软件系统中，教学内容是用多媒体信息来表达的，各种媒体信息都必须是为了表现某一个知识点的内容，为达到某一层次的教学目标而设计、选择的。各个知识点之间应建立一定的联系，以形成具有学科特色的知识结构体系。

3. 交互性

多媒体教学软件必须具有友好的人机交互界面。交互界面是学生和计算机进行信息交换的通道，在教学软件系统中，交互界面的形式有图形菜单、图标、按钮、窗口、热键等。

4. 集成性

多媒体教学软件是由文本、图形、动画、声音、视频等多种媒体信息集成在一起，经过加工和处理所形成的教学系统。它具有多种媒体的集成性，图文声像并茂，有较强的表现力和感染力，能引起学生的学习兴趣和提高学生的学习积极性。

5. 诊断性

多媒体教学软件必须具有诊断评价、反馈强化的功能。在多媒体教学软件系统中，通常设置一些问题作为形成性练习，向学生提问并要求学生做出反应。对于学生的学习反应，多媒体教学软件应做出相应的反馈，给出评价信息。

（二）多媒体课件的类型和应用

1.课堂演示型

课堂演示型的多媒体课件主要是应用在课堂教学中，一般由教师根据课堂教学设计、应用 Power Point 一类的课件制作工具自行编制，是课堂教学的辅助手段。这种类型的课件是将教学内容在课堂讲课时做演示，并与教师的讲授或其他教学媒体相配合。一般情况下，这种类型的课件与学生无直接交互作用。

这种类型的课件要求有大屏幕显示器或高亮度投影仪等硬件设备，开发时是以教师的教学流程为设计原则，应充分表现教师的教学思想，也要考虑课堂演示时的环境因素对演示效果的影响，选择可突出主题的屏幕显示属性。同时也要求使用课堂演示型课件的教师对课件内容有深入的了解。

2.操练与练习型

操练与练习型的课件主要是让学习者对学习内容进行反复操作和练习。操练是通过反复的练习和对比，形成对事实和概念等陈述性知识的记忆，如记忆英语词汇、地理名称、历史事件等。练习是通过应用知识解答问题，使学生获得程序性智力技能，如算术运算、方程求解、电路故障排除等。一般的操作与练习型课件是列出一系列的问题让学习者逐一回答。好的操作与练习型课件则可以根据学习者对问题的回答结果调整问题的难度。例如，学习者对所显示的问题回答错误，课件会把这个知识的相关前提知识的问题调出让学习者回答，当学习者掌握了这些相关知识后，课件引入学习者未熟练掌握的知识；学习者对所显示的问题如果能正确回答，则把学生引向更高层次的问题。操练与练习有助于学生把新获得的信息转化为长时记忆。

3.个别指导型

个别指导型课件是用计算机充当教师的角色，对学习者的学习进行个别指导，目的是向学习者呈现知识或示范技能，并指导学习者初步应用知识或技能。

在个别指导型课件中，通常将教学内容分成一些较小的教学单元，每个单元只讲授一个概念或知识点。在每个教学单元的教学中，计算机先在屏幕上讲解概念、知识或技能，然后向学生提问并检查他们的掌握情况。每隔若干个教学单元或学习结束时，计算机就针对所讲的内容来提问，这相当于平时的单元复习或总复习检查。类似于一位有经验的教师，计算机会根据学生的反应，决定让学生开始新内容的学习还是返回原有的内容，学生只有达到课件所规定的成绩标准后，才能进入下一个主题的学习。

4.超媒体型

超媒体是一种适合学生自主学习的课件类型，正在成为多媒体课件的普遍形式，并大量应用于网络教学中。超媒体程序由许多页组成，每一项包含若干对象，如文本、图像、声音等，这些对象被链接到其他的对象或页。其中作为链接起点的对象，称为链接源（或简称为链接），作为链接终点的对象，称为链接目标。

超媒体型课件的结构与前面讨论过的课堂演示型、操作与练习型、个别指导型课件不同，各页之间不是预先确定了顺序的线性结构，而是由链接形成的非线性网状结构，学习者通过选择链接来处理信息。超媒体课件具有以下三个特征：

①信息数据库。超媒体结构能够组织和利用大量信息，需要以数据库为平台来支持课件运行。在小型课件中，也应该按照数据库的规范组织信息。

②多重导航方法。超媒体结构容易使学习者在信息浏览中迷失方向，偏离学习目标，需要用多种导航方法相互配合，构成课件的导航系统。

③多种媒体呈现信息。超媒体可以看作是"多媒体对象＋超链接"，实质上是非线性结构的多媒体，同时具有丰富的表现力和强大的交互功能。

5.模拟型

模拟是用多媒体技术再现真实的或想象的系统，用于教授系统如何运作。在对模拟课件的学习中，学生有个体意义建构的活动。根据模拟的教学目的和所模拟的内容，模拟性课件可分为两大类：一类是物理模拟和过程模拟，主要用于事实、概念、命题等陈述性知识学习；另一类是程序模拟和情境模拟，主要用于智慧技能、认识策略等程序性知识的学习。

物理模拟：在屏幕上呈现物体或现象，给学生机会去学习它。例如，让学生按照提示选择化学试剂，然后观察试剂反应的现象；让学生连接电路，观看电路的通断现象；让学生模拟城市规划、心理现象等。

过程模拟：学生多次进行模拟，每次运行开始时选择变量值，观察所发生的现象，并解释结果。加快或减慢通常不便于观察的真实过程，或是把抽象的事物变化发展过程可视化。例如，模拟生物繁殖实验，可以把自然实验中几个月的过程，在短短的几分钟内展示出来，使学生认识遗传规律；模拟人口增长对社会环境的影响、价格变化对企业生产的影响等。

程序模拟：程序模拟的目的是教授达到某个目的的活动的顺序，其中包含对实际事物（物体）的模拟。学生在模拟中模仿运行或操纵模拟物体（事物）的真实过程。课件引导学生按照一定的顺序和步骤进行模拟活动。计算机对学生的任何行为，都会提供信息或反馈，这些信息或反馈是学生在真实世界中实际活动将产生的效果。例如，医疗诊断模拟、计算机操作模拟等。

情境模拟：用于培养个人或群体在不同情境中的行为和态度，而不是以学习知识和技能为目标。给学生提供假设的情境，要求学生做出反应。在大多数情境模拟中，学生都扮演其中一个角色。例如，让学生进行股市操作，或是以公司决策者的角色进行商业运作。情境模拟课件通常能给学生提供多种可选择的活动方案。

模拟能突破时间和空间的限制，提供现实生活中不能及时获得或亲身经历的经验，提高教学的安全性。例如，模拟危险的化学实验；模拟生物繁殖、人口增长、冰川运动等。模拟把学生置于时间环境中，使学生注意力集中，动机增强，关心与程序交互的过程，而不是只看结果；有利于学习迁移，模拟是在接近真实的情境中获取知识和技能，能够比较容易地把知识和技能用于解决类似的实际问题。

6. 教学游戏型

教学游戏的功能是通过给学习活动增加游戏规则来激发学生的学习动机，主要有操练与练习游戏和模拟游戏两种。游戏对改善学习环境有很大的优越性，主要是能有效地激发学习动机，增强内部动力，使学生愿意投入更多的时间和精力在学习活动中。游戏对于提高智力活动的敏捷性、竞争意识和团队精神，以及多学科知识与技能的综合应用等都有益处。

在适合操练与练习和模拟型课件的教学情境中，都可以应用同样功能的游戏。此外，游戏还可以作为对学生的奖励活动，例如，提前完成规定学习任务的学生可以玩教学游戏。由于游戏有强烈的娱乐性，学生通过游戏学习时，容易偏离学习目的，认为自己是从学习中解脱出来了。对于意志力薄弱的学生来说，游戏也可能成为他们逃避学习的场所。此外，与同样功能的课件相比，游戏一般比较费时间。因此，在教学计划中，教学游戏课件比较适合穿插应用，并且应用的目的要明确，适用时机和时间都要周密考虑，权衡游戏带来的动机效果与课时利用，以及游戏的负面影响。

7. 问题解决型

问题解决是运用计算机作为工具，让学生自己去解决与实际背景接近的问题，以培养学生解决问题的能力。它是一种学生自主学习的教学策略，既可以体现客观主义的教学活动，也可以运用建构主义的学习理论，或是两者结合。问题解决主要是运用计算机软件工具和程序语言来实施的，但是也有为特定目的而设计的课件。问题解决型课件常常需要模拟实际情境，问题解决型与模拟型的区别在于，问题解决型所教的是解决问题的一般性技能与策略，而模拟型教的是关于特定内容的知识和技能。例如，"工厂"课件，让学生按照提示选择机器，并且合理地摆放起来，最后制造出产品。这一软件的目的不是让学生掌握某种机器的生产过程，而是学会正确解决问题的步骤，属于问题解决型课件。

问题解决型课件有两种类型：一种是教授具体内容领域的解决问题技能，主要用于数学中。例如，"几何假设"课件，让学生通过绘制和操作几何图形，来学习解决几何问题。另一种侧重于普遍性技能，如记忆策略、分解问题为步骤序列或预测结果等。例如，"记忆城堡"设计，来帮助学生学习记忆和按照指令操作。

（三）多媒体课件教学的优势

1. 激起学生的学习兴趣

最好的学习动机是学生对所学习的材料感兴趣。作为时下最先进的多媒体技术，能够形象地、完美地在课堂上把教学情境生动地展现出来，使学生如身临其境、身在其中，大大地勾起学生的好奇心，激发他们的学习兴趣。例如，根据苏轼的诗句"横看成岭侧成峰，远近高低各不同"设计教学情境，把著名的庐山通过屏幕从不同的角度展现给学生看，再配上优美的音乐旋律，使学生感受到祖国河山的壮观和美丽，更重要的是使学生通过视觉效果，知道从不同的角度观看物体可以得到各种不同的图像，从而吸引了学生的注意力，激发了学生的兴趣，很自然地把学生引入教学内容。

2. 提高课堂的教学效率

在传统的教学课堂上，很多时候是"老师在讲，学生在听"，教师为了完成教学任务，在教学中都是"满堂灌"，学生只能机械地、被动地接受知识。大部分教师基本上没有做到精讲多练，究其原因，很多是由于课堂上要写的内容要画的图形占用时间太多。但如果应用多媒体进行教学，可以很好地解决这个问题。教师可以在课件的制作中把要写的内容及要画的图形制作好，在多媒体课堂上，教师通过对电脑的控制，逐步把相关内容展示出来，这样可以为教师节省大量书写的时间。

3. 提高学生的思维能力

多媒体信息技术一个明显的优势，是能把教学内容中抽象的问题具体化、简单化，很好地改善课堂中枯燥无味的学习氛围。例如，数学教学中讲圆和圆的位置关系时，在视频中，两个圆由远而近移动，使学生更加容易地理解两圆相离、外切、相交、内切、内含等相关的几何概念，同时又掌握了两圆的半径与圆心距之间的关系。通过视觉效果，学生在大脑中建立感性认识和图像记忆，思维随着物体的变化而变化，充分地调动了学生的思维想象力，促进了学生思维的发展，提高了学生的思维能力。

4. 激起学生的求知欲望

教师在课堂教学过程中，多媒体几乎可以把整个教学过程的各个环节从头到尾展现出来，通过生动美观的图文形式，通过静态到动态或动态到静态的变化方式，直观地按照教师事先的设计，适时按步骤出现。学生在老师的引导下，不断地解决各种不同的问题，去探讨、去追寻各种问题的解决方案，从而活跃了课堂气氛，提高了学生的学习兴趣，激起了学生的求知欲望，达到了最佳的教学效果。

二、多媒体教学系统

（一）多媒体投影教室

多媒体投影教室是指装配多媒体计算机、数字投影仪、音响等设备，以某种方式接入网络（广播电视网或计算机网），能实现文字、图形、图像、视频、音频、动画和课件等多种媒体的播放与控制，以及网络资源调用、转播的教学系统，目前广泛应用于课堂演播教学、培训、远程网络教学、会议报告和各种演示等方面。

多媒体投影教学系统用于课堂教学，可通过文字、图形、图像、实物、电视、录像和动画等多媒体信息的演播，来展示事实、模拟过程、创设情境，开展多种教学模式。例如，以教师讲授为主，辅以媒体演播的讲播式教学模式；运用媒体演播，提供示范，然后让学生模仿练习的示范式教学模式；运用媒体创设情境，引起学生联想，激发学生兴趣的情境式教学模式；运用媒体设疑思辨，引导学生探究的引探式教学模式；等等。

多媒体教室的主要作用是方便教师综合利用各种多媒体设备进行教学，因此，其设备的配置也是从辅助教学的角度出发，以方便教师获取教学资源、展示教学信息、组织教学活动等为目的。一般来讲，多媒体教室的设备应包括教学信息获取及输入设备、处理设备和输出设备。而且，为了便于教师操作，多媒体教室应配有中央控制系统。

（二）多媒体网络教室

1. 实时广播教学

教师可以将屏幕内容或讲话声音传递给全体学生、部分学生或单个学生。实时广播包括屏幕广播和声音广播。屏幕广播不仅在一定程度上发挥黑板的作用，还可以插入各种精美图片、音视频动画和图像，丰富屏幕教学的功能，提高课堂教学效果。声音广播使网络教室具有了语音室的功能。

2. 远程控制

教师可根据教学活动的实际需要，要求学生机远程执行某种命令，达到相应的控制效果。例如，对学生机进行锁定或解锁、关机或启动、全体黑屏、个别辅导等。

3. 学习监督

通过学习监督功能，教师可以在自己的机器上观看和检查网络上的全体学生、某个小组学生或个别学生的屏幕信息。这样教师不用离开自己的位置就可以了解学生的活动情况，及时进行指导或教学活动控制。

4. 实时分组

实时分组是指教师在教学过程中可以对全班学生按机号进行分组，开展学习或竞赛活动。

5. 在线交流

通过在线交流功能，师生之间、生生之间可以相互交流信息。交流的方式可以是语音交流，也可以是文本交流。

6. 电子"举手"

在教学过程中，学生如果想提问，可以随时通过自己的计算机请求发言，即所谓的"举手"。教师机上可以随时看到学生的"举手"信息，并决定是否允许学生提问。

（三）多媒体语言实验室

1. 全数字化语音传输

支持多种音频编解码格式（ADPCM、PCM、MP3 等），效果达 CD 音质。对光盘资源、网络下载资源直接兼容，无须转换。

2. 多路音频实时广播

教师能根据学生层次任意编组，指定其收听的音频节目源（多路可选），做到因材施教；数字音频和外部模拟音频（如录音机、录像机、VCD 等）都可作为节目源使用。

3. 可视化音频点播

学生能查询并点播教学资料库中丰富的语音及文字资源，自主控制播放进度，如停止、快进、快退等，对应的文本资料都能够同步显示；有复读、跟读和书签功能；即使教师离开，学生也能自主学习。

4. 硬盘数字录音

学生机录音数据海量存储，并可添加到教学资料库长期保存；支持口语考试功能，录音答卷统一管理。

5. 语音课件编辑系统

具备教学素材和语音考题制作功能，实现音频文字同步混合播放，支持多种音频格式；教师可通过网络在线更新教学资料库。

6.实现与校园网互联

计算机采用以太网接口、TCP/IP 协议标准，可接入校园网或将多个语音室互联，以共享网络资源。

7.实用性强，易于操作

系统控制软件一般采用 Windows 面向对象的模块化开发技巧，系统操作简单易学，操作界面通俗易懂。

三、智能计算机辅助教学

（一）智能计算机辅助教学的特征

智能计算机辅助教学系统可以克服传统计算机辅助教学系统的缺陷，其具备以下特点。

①能自动形成各种问题与练习。

②根据学生的学习水平与学习情况选择与调整学习内容和进度。

③在了解教学内容的基础上自动解决问题，生成解答。

④具有自然语言生成与理解能力，能实现比较自由的教学问答系统，提高人机交互的主动性。

⑤对教学内容有理解咨询能力。

⑥能诊断学生错误，分析原因并采取纠错措施。

⑦能评价学生的学习行为。

⑧能评价教师的教学行为。

以现有的科技水平，无法实现具有上述全部特点的智能计算机辅助教学系统，但是一般情况下，只要具备上述一个或几个特点的计算机辅助教学系统就可以称为智能计算机辅助教学系统。

（二）智能计算机辅助教学的类型

智能计算机辅助教学系统可以分为两类：智能导师系统（ITS）和人工智能化的学习环境（AIBLE）。智能导师系统是一个具有教师的智能行为的计算机辅助教学系统；人工智能化的学习环境是一个允许学生自由学习，并能帮助学生解决问题的计算机辅助教学系统。

1. 知识库

知识库用于存储所要教授的学科领域内的知识，主要包括元知识、陈述知识和过程性知识。其中，元知识是指有关知识使用方法的内容；陈述性知识是指课程的基础内容；过程性知识是指如何使用知识解决问题的内容，如实验中的操作步骤等。

知识库的内容可以随教学系统所用时间的增加来逐渐积累、整理。其中，主要任务是根据要求检索出有关的知识，生成问题并评价学生的解答。

2. 专家系统

专家系统可以根据学生的认知情况和知识库的内容，做出智能化的教学决策，即在学习过程中，决定下一步采取哪种学习方法、学习哪方面的内容，还能评价学习的效果，并据此提出改进策略和意见。

专家系统主要包括用于指导学习的各种策略和相应的逻辑推理，其中学习策略是用于逐步决定教学过程的控制目标、控制手段的方法和规则的集合。

3. 学生的认知模型

学生的认知模型用于记录学生的知识水平和认知能力，始终依据学生的实际知识水平来指导学生学习，并根据其学习情况进行动态调整。当学生学习新的教学内容时，系统可以根据学生以前的学习记录来建议新的学习内容。学生认知模型的信息被专家系统作为教学决策的依据，使系统能正确评价学生对所学知识的理解程度，并能针对学生的不同特点和差异，实行与该学生相适应的教学活动。

知识库包含学科知识和教学知识两部分；学生模型指明学生知道什么和不知道什么，代表了学生的智能活动；教师模型提供了教学策略，负责指导系统如何向学生呈现教材，代表了教师的智能活动。此外，智能计算机辅助教学系统通常还包含一个具有自然语言处理的智能人机接口。

第二节 网络教育技术的应用

一、网络课程

（一）网络课程概述

网络课程就是通过网络表现的某门学科的教学内容及实施的教学活动的总和，是信息时代条件下课程的一种新的表现形式。它包括按一定的教学目标、教学策略组织起来的教学内容和网络教学支撑环境。其中网络教学支撑环境特指支持网络教学的软件工具、教学资源以及在网络教学平台上实施的教学活动。网络课程具有交互性、共享性、开放性、协作性和自主性等基本特征。其主要形式有精品课、视频公开课、网络微课等。

1. 网络课程的基本构成

网络课程包括两个部分：教学内容与网络教学支撑环境。

①教学内容。教学内容是以知识点为基本教学单元，以文本、图像、动画、音频和视频为综合表现手段的课程内容，应具有科学性、系统性、先进性，表达形式应符合国家的有关规范标准，符合本门课程的内在逻辑体系和学生的认知规律。

每一个教学单元的内容都应该包括如下部分：学习目标、课时安排、学习方法说明、教学内容、练习题、测试题和相关资源（包括相关文章、网站、视频、动画等教学资源）。

②网络教学支撑环境。网络教学支撑环境是指支持网络教学的教学资源、教学平台以及在网络教学平台上实施的教育活动。

教学平台：指支持网络课程教学的各个环节的教学软件工具，是一个统一的教学／学习、内容整合、网上辅导及讨论、自我测验的系统平台。

教学活动：网络课程的核心内容。完整的网络课程需要如下教学活动。实时讲座、实时答疑、分组讨论、布置作业、作业讲评、协作解决问题、探索式解决问题、练习自测、考试阅卷和教学分析等。

2. 网络课程的功能

①开放式教学。网络课程支持各类开放式教学，开放不仅指突破课堂教学、时间空间的限制，也指教学方法的变革和教学模式的转型。

②大规模资源集成。网络课程将各类与课程相关的图、文、声像资源集成到一起，形成一个支持课程学习的资源库。既有静态的各类相关知识资源，也有教师和学生的思维智慧等动态资源，为学生提供充分选择的自由。

③多维化信息交互。交互性是网络课程的重要特性。交互不仅仅是学习者与教师、学习者与学习者之间的交互，还包括页面之间的交互。页面的交互是指交互图标。合理运用交互图标可使每个页面整合为一个整体，学习者可以很自由地在网络课程中学习。网络课程为学生自主学习提供多种渠道的信息交互途径，有实时的、非实时的，有视听方式的、文本方式的。

④全日制教学的一种重要辅导手段。以往的教育实践活动以及将来的教育实践活动中，分班级的课堂教学是全日制教学活动的主要方式，网络课程成为全日制教学活动的一个重要辅助手段，可以用于学生自学、测验、答疑和作业，同时也可以用于强化课堂授课效果，如用多媒体手段演示相关教学内容。

3. 网络课程的设计原则

这里所说的原则，不是从技术角度出发，而是从教育角度出发，也就是网络课程的设计如何符合现代教学的原理的问题。网络课程设计的基本原则如下：

①开放性原则。所谓开放性，包含以下几层含义：一是学习者参与的开放性，学习者可以按需参与，不应当有过多的限制；二是教学内容的开放性，教学内容应当体现各个知识领域的相互关联性；三是课程资源的开放性，要为学习者提供所需要的资源，既要便于学习者获取资源，也要便于教师随时补充资源；四是网络课程教学支撑平台的开放性，教师可以根据学习者的学习情况，以课程内容的发展情况来动态调整教学策略与教学设计。

②自主性原则。网上教学应该坚持以学习者为主体，营造一种有助于学习者探究性学习的环境，促进一种自主学习的文化。学习者可以根据自己的需要和实际情况，自主地选择学习内容、学习方式、学习时间以及学习地点等。学习者自主学习活动包括自学知识、观察演示、观察案例、寻找信息、探索问题解法、交流研讨、构建作品、自我评价等。

③交互性原则。所谓交互性，包含以下两层含义：一是在教学内容和教学方式上，要改变传统教学和前两代远程教学的集中式和灌输式的教学方式，不能简单地把教学内容"推送"给学习者，而是要通过人机交互和人际交互的方式进行学习，网络课程应当及时对学习者的学习活动做出相应的反馈，而不是教材的电子搬家；二是要尽可能地为教学双方以及学习者的相互交流创造便利条件，使学习者可以方便地发表自己的见解、寻求帮助和相互讨论，有利于培养学习者的高级认知能力以及合作精神。目前的交互方式有基于文本的E-mail、讨论区和BBS等，还有基于文本和图像的电子白板、应用程序的共享等方式。

④便利性原则。所谓便利性原则，就是在课程设计过程中充分考虑学习者的需要，为学习者提供尽可能便利的学习条件。例如，提供简洁明了的导航设计，使学习者不必经过培训即可使用；提示信息要详细、准确和恰当，不会引起歧义；媒体运用尽可能提高适应性，在主流机器和主要的操作系统上都可以方便地调用；交互方式要适合绝大多数人的习惯，使一般人都能够得心应手地使用。

⑤可评价性原则。对学习者的学习情况和学习效果提供真实、有效的评价和反馈，可以比较确切地指出学习者学习中的问题以及相应的解决方法，充分调动学习者的积极性，激发学习者对学习的兴趣。贯彻可评价性原则，要求在设计网络课程的时候，应当提供考试的得分、错误答案的分析以及指导教师对习题作业的批阅结果等功能。

（二）精品开放课程

1.精品课程概念

精品课程是具有一流教师队伍、一流教学内容、一流教学方法、一流教材、一流教学管理等特点的示范性课程，是教学质量与教学改革工程的重要组成部分，分校、省、国家三级精品课程。

2.精品课程建设内容

①教学队伍建设。逐步形成一支以主讲教授负责的、结构合理、人员稳定、教学水平高、教学效果好的教师梯队，按一定比例配备辅导教师和实验教师。

②教学内容建设。教学内容具有先进性、科学性，及时反映本学科领域的最新科技成果。

③先进的教学方法和手段。相关的教学大纲、教案、习题、实验指导、参考文献目录等内容放在网上并免费开放，实现优质教学资源共享。

④教材建设。精品课程教材要形成系列化的优秀教材，精品课程主讲教师可以自行编写、制作相关教材，也可以选用国家级优秀教材和国外高水平原版教材。鼓励建设一体化设计、多种媒体有机结合的立体化教材。

⑤实验建设。大力改革实验教学的形式和内容，鼓励开设综合性、创新性实验和研究型课程，鼓励本科生参与科研活动。

⑥机制建设。形成相应的激励和评价机制，鼓励教授承担精品课程建设，有新的用人机制保证精品课程建设等。

（三）视频公开课

视频公开课是以视频的形式记录有组织、有计划、有目的地面向特定人群做正式的、公开的课程讲授形式活动。公开课的活动主题鲜明、任务明确，除了学生参加听课外，一般还有领导及其他老师参加，是老师展示教学水平、交流教学经验的一次有益的研究活动。在新课程改革的背景下，公开课必须体现先进的教育教学理念，要转变、更新课堂观念。教学目标的确定就应以学生的成长与发展作为出发点，通过师生的共同努力、相互交流才能促使"知识与能力、过程与方法、情感态度价值观""三维"课程目标的全面达成，真正在课堂上体现教师的主导作用和学生的主体作用，正确处理学生的发展与教师的引导之间的关系。

（四）"微课"

1."微课"概念

"微课"是指以网络为主要载体，通过视频记录教师在课堂内外教育教学过程中围绕某个知识点（重点、难点、疑点）或教学环节而开展的精彩教与学活动全过程。其核心组成内容是课堂教学视频，同时还包含与该教学主题相关的教学设计、素材课件、教学反思、练习测试及学生反馈、教师点评等辅助性教学资源，它们以一定的组织关系和呈现方式共同"营造"了一个半结构化、主题式的资源单元应用"小环境"。

"微课"是指为使学习者自主学习获得最佳效果，经过精心的信息化教学设计，以流媒体形式展示的围绕某个知识点或教学环节开展的简短、完整的教学活动。它的形式是自主学习，目的是最佳效果，设计是精心的信息化教学设计，形式是流媒体，内容是某个知识点或教学环节，时间是简短的，本质是完整的教学活动。因此，对于教师而言，最关键的是要从学生的角度来制作"微课"，而不是从教师的角度来制作，要体现以学生为本的教学思想。

2."微课"特点

①教学时间较短：教学视频是"微课"的核心组成内容。根据学生的认知特点和学习规律，"微课"的时长一般为 5～8 分钟，最长不宜超过 10 分钟。因此，相对于传统的 40 分钟或 45 分钟一节课的教学课例来说，"微课"可以称为"课例片段"或"微课例"。

②教学内容较少：相对于较宽泛的传统课堂，"微课"的问题聚集、主题突出。"微课"主要是为了突出课堂教学中某个学科知识点的教学，或是反映课堂中某个教学环节、教学主题的教与学活动，相对于传统一节课要完成的众多复杂的教学内容，"微课"的内容更加精简，因此又可以称为"微课堂"。

③资源容量较小：从大小上来说，"微课"视频及配套辅助资源的总容量一般在几十兆左右，视频格式须是支持网络在线播放的流媒体格式，师生可流畅地在线观摩课例，查看教案、课件等辅助资源；也可灵活方便地将其下载保存到终端设备（如计算机、手机等）上实现移动学习、泛在学习，非常适合于教师的观摩、评课、反思和研究。

④资源使用方便，内容构成"情境化"："微课"选取的教学内容一般要求主题突出、指向明确、相对完整。它以教学视频片段为主线"统整"教学设计（包括教案或学案）、课堂教学时使用到的多媒体素材和课件、教师课后的教学反思、学生的反馈意见及学科专家的文字点评等相关教学资源，构成了一个主题鲜明、类型多样、结构紧凑的"主题单元资源包"，营造了一个真实的"微教学资源环境"。这使得"微课"资源具有视频

教学案例的特征。广大教师和学生在这种真实的、具体的、典型案例化的教与学情境中可易于实现"隐性知识""默会知识"等高阶思维能力的学习，并实现教学观念、技能、风格的模仿、迁移和提升，从而迅速提升教师的课堂教学水平，促进教师的专业成长，提高学生学业水平。

二、远程教育

远程教育是为了弥补学校教育的不足而引入的一种教育形式，随着社会和技术的发展，远程教育的性质和特点都发生了重大的转变。远程教育在许多方面都比常规的学校教育更加灵活，而且十分经济，因此应用日益广泛。尽管远程教育不会取代或者超过常规学校教育，但是可以在组织和实施学校教育的过程中利用和发挥远程教育的优势，为学校教育服务。

（一）远程教育概述

远程教育也称为远距离教育，是师生凭借媒体所进行的一种非面对面的教育形式。教师与学生在时空上相对分离，以学生自学为主、教师助学为辅，教与学的行为通过各种教育技术和媒体资源实现联系、交互和整合。

远程教育由于信息传送方式和手段不同，其发展经历了三个阶段。

第一阶段是以邮件传输的纸介质为主的函授教育阶段。

第二阶段是以广播电视、录音录像为主的广播电视教学阶段。

第三阶段是通过计算机、多媒体与远程通信技术相结合的网络远程教育阶段。

随着电视、电话、计算机、互联网的逐步普及，网络远程教育离我们已越来越近，现阶段的远程教育主要指网络远程教育。

（二）远程教育的分类

远程教育是一种新型的教学形式，这种形式随着媒体和社会的发展变化而产生了多种多样的模式。从不同的研究角度出发，可以将远程教育划分成不同的教学模式。

1. 按教学媒体角度分类

按照教学媒体角度不同，可将远程教育分为以下四类：

①函授教学模式。这种模式主要借助于印刷媒体教材传送与呈现教学信息，这是最早的远程教育形式。在函授教学模式中，学生以自学印刷材料为主，并且定期或不定期地参加函授机构主持的面授与辅导、实验、实践和考试等。

②无线电广播教学模式。利用无线电广播媒体来传送口头语言而传播教学信息，并辅之以印刷教材。这种模式很适合语言类和音乐类的课程教学，学习者按时收听广播，

并且结合印刷教材进行自学。但收听时间安排的局限性较大，广播又是稍纵即逝，加之更先进的教学媒体冲击，使该类型模式目前没有太大的发展。

③电视教学模式。这种模式主要以电视媒体作为传送教学信息的载体。电视媒体信息的表现特点使该类型模式从产生至今一直受到欢迎，是目前世界上最重要的远程教育形式之一。学员除了定时收看电视教学节目或通过录像带学习以外，还必须自学印刷媒体教学资料，定期到当地的学习中心参加面授，完成规定的教学计划及参加考试等。

④计算机网络教学模式。运用多媒体网络技术作为教学媒体，这是最富于前景的远程教育模式。多媒体网络所到之处便形成一个大教室，几乎所有的教学活动都可以在网络上来完成。在这里，多媒体技术不仅可以融文字、声音、图像、视频于一体，而且可以消解时空距离，实现自由自在的对话，使师生之间、学员之间的双向交流成为可能，真正做到"足不出户，学所欲学"，从而使教学变得更富个别化。

2. 按感觉通道角度分类

我们还可以从感觉通道的表现形式，将远程教育模式划分为以下四类：

①阅读型远程教育模式。以印刷媒体为主要信息源的函授学校采用的就是这种类型。

②听觉型远程教育模式。以无线电广播为主要信息源的广播学校采用的就是这种类型。

③视听型远程教育模式。以广播电视、卫星电视和闭路电视为主要信息源的广播电视学校和教育电视台采用的就是该种类型。

④交互型远程教育模式。这是一种以多媒体计算机网络为主要信息源的个别化学习类型或形式。

3. 从办学和管理的角度分类

按照此方法，将远程教育系统分为两种不同的大类：

①独立的远程教育机构。

②常规院校中的远程教育部门。

（三）现代远程教育的优势

现代远程教育是师生凭借网络技术和多媒体技术所进行的非面对面的教育，它是信息技术和互联网在远程教育领域的新兴应用。计算机技术、多媒体技术、通信技术的发展，特别是互联网的迅猛发展，促进了远程教育手段的革新，演变成为高新技术条件下的远程教育。现代远程教育的优势主要表现在以下方面：

1."五个任何"与主动学习

网络应用于远程教育，其显著特征是：任何人、在任何时间、任何地点、从任何章节开始、学习任何课程。网络教育便捷、灵活的"五个任何"，在学习模式上最直接体现了学习和主动学习的特点，充分展现了发展中的现代教育和终身教育的基本要求。

2.双向互动、实时全交互

互联网中信息资源与用户、用户与用户之间可以进行全方位的、能动式的实时互动，即主动、可控型交流。网络的这一重要特性，使网络教育成为唯一的、真正的在教师与学生、同学与同学之间，实现双向互动、实时全交互的远程教育方式。

3.内容丰富和多媒体生动表现

计算机网络具有强大的采用文字、声音、图表、视频、动画等多媒体形式表现的信息处理功能，包括制作、存储、自动管理和远程传输，将多媒体信息表现和处理技术运用于网络课程讲解和知识学习各个环节，使网络教学具有信息容量大、资料更新快和多向演示、模拟生动的显著特征，这一点是有限空间、有限时间的其他传统教学方式所无法比拟的。

4.个性化教学

现代远程教育中，运用计算机网络所特有的信息数据库管理技术和双向交互功能，一方面，系统对每个网络学员的个性资料、学习过程和阶段情况等可以实现完整的系统跟踪记录、储存；另一方面，教学和学习服务系统可基于系统记录的个人资料，进行针对不同学员的个别式、个性化学习建议，指导教学和应试辅导等。网络教育为个性化教学提供了现实有效的实现途径和条件。

5.自动化远程管理

计算机网络的数据库信息自动管理和远程互动处理功能，被同样应用于网络教育的教学管理中。远程学生（用户）的咨询、报名、交费、选课、查询、学籍（历）管理、作业与考试管理等都可以通过网络远程交互通信的方式完成。

虽然现代远程教育发展前景广阔，但新的远程教育形态的出现与应用并不意味着否定和抛弃原有的远程教育形态，函授教育和广播电视教育等形式也有其独特的优势，而且将继续发挥作用。

（四）现代远程教育应用方式

现代远程教育的形式是多种多样、灵活多变的。当前，现代远程教育的应用方式主要有以下几种：

1. 讲授型方式

讲授型方式又可分为同步式讲授和异步式讲授。

同步式讲授：教师、学生不在同一地点上课，利用视频会议系统，学生可在同一时间聆听教师讲授，进行一些简单的交互，类似传统教学模式。

异步式讲授：教师将教学要求、教学内容以及教学评测等教学材料，编制成 HTML 文件，存放在 Web 服务器上，学生通过浏览这些页面来达到学习的目的；或将教师课堂授课的情况实际拍摄下来，经过适当剪辑后，制作成流媒体课件，供学生在线点播，当学生在学习过程中遇到疑难问题时，便以电子邮件的方式询问教师并获得指导。

2. 个别辅导方式

个别辅导方式通过基于网络的 CAI 软件以及教师与单个学生之间的密切通信来实现。

个别辅导可以在学生和教师之间通过电子邮件异步非实时地实现，也可以通过互联网上的在线交谈方式实时实现。

3. 讨论学习方式

在网络上实现讨论学习，最简单实用的方法是利用现有的电子布告牌系统（BBS）以及在线聊天系统（CHAT）。这种模式一般是由专职教师监控，即由各个领域的专家或专业教师在站点上建立相应的学科主题讨论组，学生可以在自己学习的特定主题区内发言，并能针对别人的意见进行评论，每个人的发言或评论都即时地被所有参与讨论的学习者所看到。这种学习过程必须由具有特权的教师或领域专家监控，以保证学生的讨论和发言符合教学目标的要求，防止讨论偏离当前学习的主题。整个讨论学习过程均由教师组织引导，讨论的问题皆由教师提出。

讨论教学的设计通常有两种情况：一是异步讨论；二是在线讨论。前一种情况，由于学生有足够长的时间对所讨论的问题进行思考，所以一般都是以文章的形式发言，而且，讨论也比较深入全面。后一种情况，由于发言能够实时显示，整个在线讨论的时间有限，所以发言的时间不长，一般都是简短的语句，就像我们日常生活中的交谈一样。

4. 探索学习方式

探索学习的基本出发点是，认为学生在解决实际问题中的学习要比教师单纯教授知识有效，思维的训练更加深刻，学习的结果更加广泛（不仅是知识，还包括解决问题的能力，独立思考的元认知技能等）。探索学习要经过如下五个基本阶段：问题分析阶段—信息收集阶段—综合阶段—抽象提炼阶段—反思阶段。

探索学习是一个积极的、能动的过程，是一个知识建构的过程，是一个元认知思考的过程，是一个社会建构的过程。

5. 协作学习方式

协作学习是一种为了促进学习、由某些学生协作完成某个给定学习目标的教学方法。在协作学习过程中，个人学习的成功与他人的成功密不可分，学习者之间以融洽的关系、以相互合作的态度，共享信息和资源，共同担负学习责任。协作学习的形式主要有以下几种。

竞争：指两个或多个学习者针对同一学习内容或学习情境，通过网络进行竞争性学习，看谁能够首先达到教学目标的要求。

协同：指多个学习者共同完成某个学习任务，在共同完成任务的过程中，学习者发挥各自的认知特点，相互争论、相互帮助、相互提示或者是进行分工合作。

伙伴：没问题时各做各的；有问题时相互讨论，利用网络可以结识很多学习伙伴。

角色扮演：让不同的学生分别扮演学习者和指导者的角色，学习者负责解答问题，而指导者则检查学习者在解题过程中是否有错误。

6. 自主学习方式

自主学习模式包括四个要素：问题、信息资料、提示（学习指南）、反馈。

其过程是：首先，教育机构要对学生提出要解决的问题或要完成的任务；其次，向学生提供大量的与问题、任务有关的信息资料，供学生在学习过程中随时查阅；再次，允许学生在碰到困难时和有关教师或领域专家联系，教师或专家给予适当的启发、提示，并在精神上予以鼓励；最后，对学生上交的作业应当进行及时的评价，给予学生明确的反馈。

只要利用电子邮件的功能即可实现自主学习，比较适合高等教育和成人教育，有着广阔的应用前景。

（五）远程教育对学习者的要求

远程教育的特点决定了远程学习以自学为主、教师为辅的教育形式，学生的大部分学习时间与教师、同学是分离的，没有教室，更没有课堂的氛围，这些特点会使许多刚刚开始远程学习的学生不可避免地遇到一些困难或有些不习惯。因此，远程学习要求学习者首先应具备以下两个方面的能力。

1. 始终保持自发的学习动力

参加远程学习的学生绝大部分是成人，他们的学习动机各式各样，但不外乎提高学历、增加技能、在职充电、扩展职业范围等。他们一般具有较强的学习动机和较明确的学习目的，但是在以后长达几年的学习过程中能否保持住由此产生的学习动力是决定其学习成败的关键。

2.主动探索的精神

成人学生应该有能力确定自己在学习上投入多少时间，制订自己的学习计划，选择并逐渐适应一种学习方法。学会学习已成为 21 世纪教育的四大支柱之一，是远程学习者必需的能力。在具体的学习过程中，面对一个问题，积极的学习者不会只接受一个答案，或是等待老师告诉他该持什么样的观点或立场；也不会只局限于到某本书或教材的某章某节中去寻找答案。积极的学习者会主动尝试多种解决方法，建立自己的想法，经过主动探索后决定自己要做什么、该怎么做。

此外，随着信息化社会、学习化社会的形成和知识经济时代的来临，教育正在经历深刻的变革。因此，参加远程教育的学习，有必要变革自己的学习观念和认识。

三、数字图书馆

（一）数字图书馆概述

数字图书馆是用数字技术处理和存储各种图文并茂文献的图书馆，实质上是一种多媒体制作的分布式信息系统。它把各种不同载体、不同地理位置的信息资源用数字技术存储，以便于跨越区域、面向对象的网络查询和传播。它涉及信息资源加工、存储、检索、传输和利用的全过程。通俗地说，数字图书馆就是虚拟的、没有围墙的图书馆，是基于网络环境下共建共享的可扩展的知识网络系统，是超大规模的、分布式的、便于使用的、没有时空限制的、可以实现跨库无缝链接与智能检索的知识中心。

（二）数字图书馆基本组成

数字图书馆由以下内容组成。

①一定规模并从内容或主题上相对独立的数字化资源。

②可用于广域网（主要是互联网）服务的网络设备和通信条件。

③一整套符合标准规范的数字图书馆赖以运作的软件系统，主要分信息的获取与创建、存储与管理、访问与查询、动态发布以及权限管理五大模块，完成数字图书馆的维护管理和用户服务。

（三）数字图书馆特征

数字图书馆的主要特征有以下几点。

1.信息储存空间小，不易损坏

数字图书馆是把信息以数字化形式加以储存，一般储存在电脑光盘或硬盘里，与过去的纸质资料相比占地很小。而且，以往图书馆管理中的一大难题就是，资料经多次查阅后会发生磨损，一些原始的比较珍贵的资料，一般读者很难看到。数字图书馆就避免了这一问题。

2. 信息查阅检索方便

数字图书馆都配备有电脑查阅系统，读者通过检索一些关键词，就可以获取大量的相关信息。而以往图书资料的查阅，都需要经过检索、找书库、按检索号寻找图书等多道工序，烦琐而不便。

3. 远程迅速传递信息

图书馆的建设是有限的。传统型图书馆位置固定，读者往往要花费大量的时间在去图书馆的路上。数字图书馆则可以利用互联网迅速传递信息，读者只要登录网站，轻点鼠标，即使和图书馆所在地相隔千山万水，也可以在几秒钟内看到自己想要查阅的信息，这种便捷是以往的图书馆所不能比拟的。

4. 同一信息可多人同时使用

众所周知，一本书一次只可以借给一个人使用。在数字图书馆中则可以突破这一限制，一本"书"通过服务器可以同时借给多人查阅，大大提高了信息的使用效率。

（四）数字图书馆功能

数字图书馆提供的对外服务是以先进的网络环境为基础的开放服务。数字图书馆系统采用浏览器—服务器的方式，向终端用户提供数字图书服务。在网上的任意用户都可以使用 Web 浏览器来访问数字图书馆，完成系统登录、检索图书、阅读图书、评论图书、维护书签等操作。用户提出的服务请求和系统响应都是通过标准的 HTTP 协议进行的。目前先进的数字图书馆都具有以下功能。

1. 海量信息

互联网是世界上最大的数字化图书馆，世界各地的数字化信息资源通过互联网以一个内容丰富、结构清晰、使用极为方便的目录引导形式展现在读者面前。

2. 资源共享

服务对象分布在校园、全国、世界各地，用户无须考虑自身的物理位置即可获取远地的共享资源。

3. 使用方便、快捷

标准友好的用户界面使读者无须特殊训练即可对付各种信息资源的检索操作，最好最快地获得信息。互联网上一些信息检索工具使用了菜单、图标、超文本等友好的可视化界面及近于自然语言的询问检索。

4. 多媒体化的信息和全文检索功能

信息内容不局限于目录、文摘，能获得全文和影像多媒体信息。

5. 提供自行服务和请求帮助的数字化咨询系统

前者通过一定软件自动引导读者使用数字化图书馆资源；后者随时提供给读者帮助，如各种信息专家接受联机访问咨询，有的使用人工智能的计算机专家系统来解决疑难问题。

（五）数字图书馆的应用

1. 科研

科研课题从立项到完成，都需要大量的信息资源做支撑。通过数字图书馆的科研课题导航索引，将分布在网络各信息点上的相关信息资源进行集中、分类、整理、加工，为课题提供系统的导航索引，使研究人员不断获得该领域的前沿研究动态和最新进展资料，从而使零散无序的信息变成整体有序的宝库，让数字图书馆充分发挥其科研服务的功能。

2. 教学

数字图书馆中丰富的学科资源是教师备课和开展教学研究活动的主要教学资源，教师从学科资源中下载自己所需要的素材，经过加工整理，最后形成 PowerPoint 课件或者基于网络的 CAI 课件、专题学习网站、网络课程等网络教学资源，用于教学或供学生在线学习。

3. 素质教育

数字图书馆为开展自主探究式学习、专题研究式学习和小组项目协作式学习等多种学习模式提供了丰富的资源，为开展多种素质教育活动提供了良好的环境，有利于培养学生的信息素养、学习能力、合作能力和创新能力。例如，教师向学生提出问题或任务，提供相关背景和素材，学生可利用数字图书馆搜寻大量与问题或任务有关的素材、资料，自行检索、分析、整理形成报告（或完成作品）后，再由教师来组织学生交流、讨论和评价，最后总结归纳。与传统教学相比，这种问题探究式的学习模式，使学生发掘和掌握的知识量呈倍数级增加，而且易于记忆和理解，充分发挥了学生的主观能动性，培养了学生多方面的能力。

第三节　新技术在教育中的应用

一、云计算技术

（一）云计算概述

1. 云计算的定义

云计算（Cloud Computing）是分布式计算（Distributed Computing）、并行计算（Parallel Computing）、效用计算（Utility Computing）、网络存储（Network Storage）、虚拟化（Virtualization）、负载均衡（Load Balance）、热备份冗余（High Available）等传统计算机和网络技术发展融合的产物。

云计算（Cloud Computing）是基于互联网的相关服务的增加、使用和交付模式，通常涉及通过互联网来提供动态易扩展且经常是虚拟化的资源。

云计算常与网格计算、效用计算、自主计算相混淆。网格计算：分布式计算的一种，是由一群松散耦合的计算机组成的一个超级虚拟计算机，常用来执行一些大型任务；效用计算：IT 资源的一种打包和计费方式，比如按照计算、存储分别计量费用，像传统的电力等公共设施一样；自主计算：具有自我管理功能的计算机系统。事实上，许多云计算部署依赖于计算机集群（但与网格的组成、体系结构、目的、工作方式大相径庭），也吸收了自主计算和效用计算的特点。

2. 云计算的特点

被普遍接受的云计算特点如下：

（1）超大规模

"云"具有相当的规模，Google 云计算已经拥有 100 多万台服务器，Amazon、IBM、微软、Yahoo 等的"云"均拥有几十万台服务器。企业私有云一般拥有数百上千台服务器。"云"能赋予用户前所未有的计算能力。

（2）虚拟化

云计算支持用户在任意位置、使用各种终端获取应用服务。所请求的资源来自"云"，而不是固定的有形的实体。应用在"云"中某处运行，但实际上用户无须了解、也不用担心应用运行的具体位置。只需要一台笔记本或者一个手机，就可以通过网络服务来实现我们的目的，甚至包括超级计算这样的任务。

（3）高可靠性

"云"使用了数据多副本容错、计算节点同构可互换等措施来保障服务的高可靠性，使用云计算比使用本地计算机可靠。

（4）通用性

云计算不针对特定的应用，在"云"的支撑下可以构造出千变万化的应用，同一个"云"可以同时支撑不同的应用运行。

（5）高可扩展性

"云"的规模可以动态伸缩，满足应用和用户规模增长的需要。

（6）按需服务

"云"是一个庞大的资源池，可按需购买；云可以像自来水、电、煤气那样计费。

（7）极其廉价

由于"云"的特殊容错措施可以采用极其廉价的节点来构成云，"云"的自动化集中式管理使大量企业无须负担日益高昂的数据中心管理成本，"云"的通用性使资源的利用率较之传统系统大幅提升，因此用户可以充分享受"云"的低成本优势，经常只要花费几百美元、几天时间就能完成以前需要数万美元、数月时间才能完成的任务。

云计算可以彻底改变人们未来的生活，但同时也要重视环境问题，这样才能真正为人类进步做贡献，而不是简单的技术提升。

（8）潜在的危险性

云计算服务除了提供计算服务外，还必然提供了存储服务。但是云计算服务当前垄断在私人机构（企业）手中，而他们仅仅能够提供商业信用。对于政府机构、商业机构（特别像银行这样持有敏感数据的商业机构）对于选择云计算服务应保持足够的警惕。一旦商业用户大规模使用私人机构提供的云计算服务，无论其技术优势有多强，都不可避免地让这些私人机构以"数据（信息）"的重要性挟制整个社会。对于信息社会而言，"信息"是至关重要的。另一方面，云计算中的数据对于数据所有者以外的其他云计算用户是保密的，但是对于提供云计算的商业机构而言确实毫无秘密可言。所有这些潜在的危险，是商业机构和政府机构选择云计算服务、特别是国外机构提供的云计算服务时，不得不考虑的一个重要的前提。

（二）云计算技术在教育中的应用

云计算在教育领域中的应用称之为"教育云"，是未来教育信息化的基础架构，包括了教育信息化所必需的一切硬件计算资源，这些资源经虚拟化之后，向教育机构、教育从业人员和学员提供一个良好的平台，该平台的作用就是为教育领域提供云服务。

教育云平台是首个以云计算技术运用的专业教育平台，中国教育信息化第一品牌，打造中国教育产业第一航母，亚洲教育网三网合一。智慧教育云是国内最先进的教育云平台，实现了广电网、电信网和互联网的三网合一。

教育云包括"云计算辅助教学"（Cloud Computing Assisted Instructions，CCAI）和"云计算辅助教育"（Clouds Computing Based Education，CCBE）多种形式。

1. 云计算辅助教学

云计算辅助教学（Cloud Computing Assisted Instructions，CCAI）是指学校和教师利用"云计算"支持的教育"云服务"，构建个性化教学的信息化环境，支持教师的有效教学和学生的主动学习，促进学生高级思维能力和群体智慧发展，提高教育质量，也就是充分利用云计算所带来的云服务为我们的教学提供资源共享、存储空间无限的便利条件。

随着云计算的进一步发展，信息化教育利用云平台，实现教学、管理和信息交流等功能，从教育的发展趋势和云计算技术的特点看，云计算辅助教学模式应当是今后发展的主要方向。

（1）自主式学习

有了"云计算"带来的学习环境，每个人可以根据自己需要，订制学习计划和学习资源，学生是学习的主体，只有让学生端正学习态度，正确认识云计算辅助教学，才能使其从中多方位地获得知识。教育学生如何利用课堂的时间，借助各媒体的作用，让学生明白云计算辅助教学不是为了好玩而是为了更好、更快、更容易地掌握新知识。

（2）协作交流式教学

云计算辅助教学应用于教育，向教师提出了挑战。教师要想继续在教学中发挥主导作用，就必须提高自己的能力水平，超越技术因素，进入教学的艺术境界。应该说，云计算辅助教学的应用，使教师从烦琐的教学准备中解放出来，有更多的时间去充实自己和进行教学研究，向研究型教师转化。同时，云计算辅助教学的应用，也要求教师去学习和掌握它。因此，教师必须实现自己角色的新转化，并不断地充实自己，以适应教育现代化的需要。

在云服务的教学课堂上，教学内容可以从云端获得。由开放软件开放的标准、开放的数据访问和开放科研的理念发展而来的开放的教育教学内容，这些教学内容包含了从课程数据到互动的教学社区。

（3）个性化学习

探索式教学利用云计算的虚拟技术，教师和学生能够通过画面直接进行交流。在课堂教学中能够营造出一种不断提问的效果，促进了学生积极主动地进行探索式学习。

教师利用云思维、云服务技术，了解云时代学生的学习特点，重视网络在学生生活和学习中的重要地位，灵活地选择合适的媒介，按需提供更适合学生的个性化学习，促进学生的学习与创新。

2. 云计算辅助教育

云计算辅助教育（Clouds Computing Based Education, CCBE），或者称为"基于云计算的教育"，是指在教育的各个领域中，利用云计算提供的服务来辅助教育教学活动。云计算辅助教育是一个新兴的学科概念，属于计算机科学和教育科学的交叉领域，它关注未来云计算时代的教育活动中各种要素的总和，主要探索云计算提供的服务在教育教学中的应用规律，与主流学习理论的支持和融合，相应的教育教学资源和过程的设计与管理等。

（1）建设大规模高质量共享教育资源库

目前的资源库建设存在着教学资源分布不均、教学资源重复建设、教学资源共享程度低、教学资源孤岛现象严重、缺乏相互协作等问题。云计算作为一种新型的共享与服务机制，能够充分保证资源建设与资源服务的良性运行。首先，云计算具有良好的容错性、强大的计算能力和几乎无限的带宽，能保证高性能和高并发性，用户的请求可迅速获得响应，几乎具有无限的服务响应数量及接入终端数量。其次，云计算使用虚拟化技术实现了数据的分布式存储和集中式管理，所有数据被存储在规模庞大的数据中心，有先进的技术和专业的团队负责数据的管理和安全工作，能满足资源库规模扩大和数据安全的要求，同时也可以把各级教育机构的资源建设（包括国家以及商业教育资源建设）统一建设在同一个云计算服务平台上，有助于实现资源的共享，避免形成一个个资源库孤岛。再次，云计算提供了平台即服务的应用形式，用户可以在供应商的基础架构上创建自己的应用软件来管理资源，然后把资源通过网络直接从供应商的服务器上传递给其他用户。而这些软件也使用共同的协议，能够解决资源互操作中缺乏有效指导的问题。最后，云计算能跨设备跨平台，用户可轻而易举地在各种终端之间同步获取数据，并可随时与任何人分享，使资源的使用范围无限扩大。

（2）建设灵活高效的网络学习平台

随着云计算模式的逐渐发展和普及，学校、教育机构和个人的信息处理会逐渐迁移到"云"上，这将对网络学习带来积极的影响。云计算将有助于构建三类教学环境——学校教学环境、群体学习环境、学生个人自主学习环境和三类教学系统——教学信息自动传递系统、教师指导调控系统、学生自主学习系统。学习者则可以通过云计算提供的环境、资源和服务，自由地选择学习内容和学习方式，实现网络学习。如，利用云计算服务可以将文本、文档、电子表格、演示文稿、文件附件、视频、照片和其他类型的信息，以及各类云服务完全组合在一起，为网络学习者提供丰富的网络学习资源和良好的学习平台，便于网络学习的开展。目前国内已建立大量基于云计算技术的教育资源中心、网络学习平台，这些逐步在教育教学中发挥出越来越重要的作用。

（3）建设更加快捷方便的教学管理系统

软件即服务是云计算提供的一种服务类型，它将软件作为一种在线服务来提供，这为学校提供了一个信息化建设参考方案。一些常用的应用软件如办公软件、电子邮件系统等可以采用云计算服务，学校接入这类云计算服务后，降低了信息系统建设的成本，也减少了学校为维护和升级软件而投入的费用。采用云计算模式提供的云服务，如利用日历管理工具和在线文档编辑工具，用户只需联网打开浏览器，即可使用这些云服务，实现在线日程协作安排、学习项目协作规划、教学活动协作管理、师生人员协作管理以及文档、表格、演示文稿的共享与协作编辑，完成网上协作办公。

（三）云计算教育环境

1.成绩管理系统

成绩管理系统可以及时统计每个年级、班级、个体学生多科和单科考试成绩分析，任课班级设置；快速解决校长对年级、教师对班级学生成绩管理的负担，家长可对孩子成绩进行综合分析，查漏补缺，快速提高孩子各科成绩。

2.综合素质评价系统

为了更好地发展学生素质教育，提高孩子积极性，需要教师、家长的不断鼓励与支持；学生评价系统实现教师与学生、家长与学生、学生与学生之间的互评功能，告别传统式的用笔墨对孩子学习态度、作业评分评等级等评价方式。

3.家校互动系统

学生的成长需要老师、学生、家长密切配合，三网合一互动家校通方便快速地解决学校老师与家长之间的信息沟通，告别传统烦琐的家长会，良好的沟通能促进学生健康成长。

4.选修课系统

选修课系统实现在计算机网络平台上的选修课查询、提交、管理等工作；拓展学生的知识与技能，发展学生的兴趣和特长，培养学生的个性，促进教师的专业成长；方便学校对选修课程信息的管理。

5. 平安考勤系统

平安考勤系统详细记录学生上学、放学时间，便于班级管理，老师上下班进入校门刷卡，按月统计刷卡情况，可作为学校教师考勤的有效工具。为学校管理简化了学生、教师的考勤情况记录保存问题。

6. 班级社区

学生在班主任老师的引导下，可自主协作创建班级资源，班级动态，班级公告，班级相册，班级作文，班级竞赛，拉近班级学生与教师、学生与学生之间的距离，给家长参与班级活动建设提供渠道，为学校、教师、家长、学生提供管理、教学、沟通一体化的服务平台。

7. 教育博客

教育博客让学生互相学习，互相讨论，相互沟通，共同进步，还让学生充分展示个性，在博客或微博里发表自己的见解，让孩子的爸爸妈妈可以随时关注孩子的成长，且培养学生具有思想，善于并勇于表现的能力，促进学生健康成长。

8. 教学资源库

教学资源库拥有优质的教学资源，涵盖不同年级各个学科，其中拥有大量的视频、音频资源，实现多媒体资源"积件式"。

9. 智能试题库

智能试题库实现智能组卷、阅卷等功能，阅卷系统中试题量大，涵盖不同年级不同学科的各种试题。30秒钟自动生成一套试卷。

二、移动技术

（一）移动技术概述

移动网络技术是移动通信技术与无线互联网技术的结合，一般指使用移动终端设备，如手机、掌上电脑或其他便携式工具，连接到公共网络。其中移动终端有手机、PAD、智能手机、学习机等；其中通信技术有 GSM、GPRS 等移动通信协议，Wi-Fi、AdHoc、WiMAX 等无线通信协议，数据线、蓝牙、射频等。

借助卫星电视、视频会议系统、计算机网络技术而兴起的 E-Learning 已经深刻地改变了学习的面貌。在教育领域中，移动网络技术的应用正在促成一种新的学习形态，即移动学习。移动学习在今天的教育技术领域已经成为一个激动人心的话题，吸引了大量的研究者进入这个领域。如何应用移动技术为教学提供新的可能已成为教育技术的一个热点研究领域。

（二）移动学习的特点

移动学习有机地结合了移动互联技术，与传统学习方式相比，移动学习有它独特的优越性。

1. 便携性

作为传统学习工具的书籍资料往往体积庞大、重量不轻，不方便学习者四处携带，而移动学习的终端设备具有可携带性，支持无线网络互联，并且随着科学技术的不断发展，移动终端分辨率越来越高、体积越来越小、功能越来越全面。学习者进行学习时可以无需携带沉重的课业资料、无需走进固定的教学课堂，只需拿出身边的移动终端便可进行自主学习。

2. 即时性

传统课堂的学习往往发生在固定的时间，学习者有学习意愿时，传统学习方式无法随时满足其认知需求。而移动学习的最大优势是学习能够随时发生在学习者有学习需要时，移动中（乘车、就餐、逛街）的碎片化时间均可开展，这种非正式学习形式因时、因地、随需要发生而被称为即时学习。

3. 跨时空性

学习者可以利用移动终端在任何时间、任何地点进行学习，传统教育体系里的知识传播者——教师也可以在任何时间、任何地点开展直播教学或发布视频公开课，从而突破了时空的局限。

4. 交互性

交互新技术条件下学习过程有了更大的优势，移动终端的即时通信在师生交互、生生交互还有学习者或教师与资源的交互上有巨大便利，问题效果的及时反馈，便于加强学习效果。

5. 自主性

现代教育观念倡导个性化学习，强调学习者根据自身情况，掌握学习进度、学习时间、学习地点、学习内容等。移动学习的学习过程就是以学习者为中心的自主学习，无传统学习的课堂签到、无来自其他外界因素的威逼利诱，学习过程全靠自觉，自主打造个性化的学历旅程。移动学习的过程诠释了个性化学习的理念。

（三）移动学习的应用模式

最直接的应用形式就是让学习者能够通过移动设备来实现数字化学习。其应用模式主要有以下六种。

1. 基于短信息的移动学习服务

基于短信息的移动学习是移动学习中最简单、快捷的一种学习方式。学习者通过手机、PDA 等无线设备，将短信息发送到教学服务器（位于互联网），教学服务器分析学习者的短信息后转化成数字请求，并进行数据分析处理，再发送给学习者。利用这一过程，实现学习者通过无线移动网络与互联网之间的通信，完成一定的教学活动。这种学习适用于通信数据少、简单文字描述的教学活动。最常用的交互工具有移动通信设备、电子邮件、论坛以及移动 QQ 等聊天工具。

2. 课堂及时信息反馈系统

课堂及时信息反馈系统是移动设备在教室中成果运用的一种系统，是基于无线网络支持交互性的课堂提问与回答系统。在课堂上，学习者每人手持一个遥控器和与计算机联机的接收器，进行课堂测验活动或游戏比赛活动。该系统利用学习者反馈回来的数据，给教师及时、准确反馈教学信息。同时，教师也能马上诊断学习者学习的成效，即时补救教学。收集到各种反馈数据用于以后对学习者知识结构的分析研究。这种方式能大大提高学习反馈和响应的效率，可以用在课堂形成评价、控制演示文稿播放、抢答活动、票选表决、团体竞赛和意见调查等活动中。

3. 在线信息浏览

移动设备接收的信息是基于 WML 的，而一般 Web 服务器上的页面文件以 HTML（超文本标识语言）的格式存放。因此，通过移动设备在线浏览互联网信息是就要将 HTML 文件转换成 WML 文件。在线信息浏览主要是实现学习者与教师、学习者与学习者的实时交互。在学习者和教师的交互中，教师可以给学习者提供各种适合移动学习特点的学习策略，帮助学习者了解自己的学习风格，找到适合个人需求与发展的学习策略；教师还需要为学习者提供咨询、支持和鼓励，帮助学习者解决学习中的问题。学习者可以建立学习小组。小组成员在学习过程中担任不同的角色，通过相互合作实现共同的学习目标。

4. 基于问题和基于资源的学习

基于问题的学习是近年来受到广泛重视的一种教学方式，它强调把学习设置到复杂的、有意义的问题情境中，通过让学习者合作解决真实性问题，来学习隐含于问题背后的科学知识，形成解决问题的技能和自主学习的能力。学习型手机因为携带方便、操作简单，非常适合基于问题的学习模式。基于资源的学习，是一种学习者通过对各种各样的学习资源的开发和利用，来完成课程目标和信息文化目标的学习，也就是一种自我更新知识和拓展知识的学习。基于资源的学习是以学习者为中心的，学习者积极主动学习，学习者在学习过程中使用大量的学习资源，学习地点多样，学习时间灵活。

第八章 以高中政治教学为例谈教学模式

第一节 议题式教学

一、议题式教学理论概述

（一）议题式教学的内涵

议题式教学法是一种基于学科知识的有效教学模式，培养学生的学科核心素养，提高他们的能力，指导他们的人生观，并以此为基础，让他们在合作探究、展示交流等活动中发挥自身潜能，进而达到提高他们教学素养的目的。尽管"议题式教学"的教学模式尚未被广泛认可，但它以议题为引导，以政治学科知识为依据，实现政治学科课程目标，让学生在教师的引导下，积极参与解决围绕议题而设置的问题，进而在实践中掌握学科知识，增强教学能力。在高中思想政治课堂上，该方法是占据核心地位的一种教学方法，意在培养人才的学科核心素养。由于精心挑选内容，设计有趣的教学活动，创造逼真的情境，让学生在讨论和研究中发表自己的观点，开展思辨和讨论，进而提高能力，增强学科核心素养。

（二）议题式教学的特点

1. 综合性

高中思想政治课是一个具备综合性的活动型课程，它不仅涵盖了教学知识的领域综合知识，而且还关心社会热点问题。因此，议题式教学可以有助于学生更多地了解和把握这些知识点，并在探讨议题的进程中培养整体研究水平。综合性在议题式教学中具体反映为用心设置的议题和卓有成效的教学活动。

首先，议题的设计不仅仅是面对单个学科知识，而且以一课或一单位的体系知识点为基础，包括其中的重点知识，以及多种多样的材料，以便学生能够更好地理解和掌握。议题成为议题式教学的引子，是展开教学活动的关键步骤，学生需要通过各种途径去收集材料，利用自身的知识综合剖析问题，并且分组研讨，给出自身的看法和对策，以达到更好的教学效果。其次，我们在探究过程中，要利用自身的知识基础，应用各种研究途径和论证方法，将教学内涵的基本原理融入到结合分析中，从不同角度深入探究，实现知识的迁移和巩固，将研究紧密结合，从而提升整合分析力量。

2. 主体性

首先，不单单是教师，学生也能加入到议题的设计中，且整个过程考虑到了他们现阶段的认知水平和经验积累。其次，议题式教学的主要目的是培养学生的科学核心素养，以及帮助他们在现实生活中正确认识自身的价值，找到科学的价值方向，紧密围绕学生，强调学生与教学之间的关联性，重视学生人生意义和价值，让教学更好地适合他们，而并非让他们适合教学。

3. 实践性

高中思想政治课强调实践性，要求每个学生在实际教学活动中，经过师生、生生之间的沟通、辨析、思考，主动形成意识，提升素养。要将课程逻辑与实际逻辑紧密结合，让每个学生在多样的实践活动中了解知识点，以更加有效的方式把握知识点，引发学生浓厚学习兴趣。议题式教学注重让每个学生亲身体验和探索，教师采用情景为基础的多种活动，引领每个学生在其中自主构建意识、发展才能，并在潜移默化中培养正确的情感价值观。议题式教学活动的形式多种多样，既可以是实地考察、实习、社团活动，也可以是教学讨论、小组活动等，这些教学活动不仅可以拓展学生的眼界，增加他们的阅历，还能为他们提供走向图书、教材和校园的机遇，从而更多地开发自身潜能，提高教学效果。既可以满足教学内容的需求，又可以兼顾其他领域。

4. 开放性

高中思想政治课的教材涵盖经济、思想政治和文化等多个领域，与学生的日常生活密切相关。因此，我们需要破除传统教学方式的局限性，让思想政治课不再局限于机械的背诵，而是要让教学充满"温度"，并通过议题式教学来完成这一重大突破。议题式教学注重将教学知识与实际生活紧密结合，以开放式和思辨性为特征，破除传统教学模式的局限性，引导学生走出课堂、走出校园，去探索真实的社会，从而获得更多的教学知识和技能。

（三）议题式教学在高中思想政治课应用的意义

1. 有利于推动课程改革的发展

课程改革与时俱进，在全球经济大融合和世界多极化的影响下，各国间的互融日益加剧。多元价值的碰撞催生出诸多新的问题，这也将思想政治教育置于更加艰难的境地之中。教育的实施者与接收者都是人，故而应当致力于发展人、培育人、感化人。议题式教学是以现实为基础，打造真实的情境，依据课程内容来选择议题，让同学们身处其中，获取知识、锻炼能力、提升核心素养，这与课改的要求是相契合的。该方法最突出的特征在于"议"，依托诸多相关的议题在潜移默化中吸收知识，使学生在课上获取知识、在课下内化知识、在情感上获得升华，培育具有职责观念的新一代。

2. 有利于培育学生学科核心素养

新课改最重要的地方在于"核心素养"的提及，将立德树人的根本任务落到实处，使学生在各阶段的学习中，逐渐具备个人终身发展及社会发展所必备的品格与关键能力。学科的核心素养是其育人功能的具体体现，在教学中帮助学生树立起科学的观念、基本品质及能力。根据新课标的相关内容，思想政治课的核心素养主要包括公共参与、法治意识、科学精神和政治认同四大内容，逐步打造以发展核心素养为基础的活动型学科课程，议题式教学高度契合新课标的上述要求，对学科核心素养各个部分均有积极的影响。第一，该方法是以尊重学生发展规律为前提来打造真实情境，给予其思辨、讨论的空间，使其在讨论中深刻领会利益最大化，进而统一认知，增强其政治认同感。第二，该方法注重学生的主体性，侧重于突出他们的自觉参与和自主探究，最大程度激发出他们的主观能动性。

3. 有利于培养学生的合作探究能力

新课程旨在培养学生的合作探究学习能力，以进一步提高他们的学习效率和实践能力。随着社会的发展，教育部将合作探究能力的培养作为重要的关注点，以此来培养学生的开拓创新奉献精神和实际技能。这是因为，只有在社会中，人们才能发挥出自身的潜能，而一旦脱离社会，就会失去自我，无法发挥自身的潜力，无法实现自身的价值，进而，教育部门重视学生合作探究意识的培养，以促进社会的发展和进步。教育部重视培养学生的合作探究能力，采取了多种教学方法，以提高合作力量。传统的思想政治课堂上，教师传授式的教学方法使老师相互之间缺少互动，生生相互之间缺少交往，致使学生合作探究能力有所欠缺。而议题式教学模式则能够让我们以小组为单位，走出课堂，在社会中一同寻求问题的解决办法，根据议题设定的提问进行深入探讨，这样一来不但利于全班学生交流学习体会和心得，激发他们的学习兴趣，还让他们积极主动参与学习。协作研究可以帮助培养学生的创新能力。因此，议题式教学更加注重教师相互之间的合作学习，以及一起探讨问题，引发学生之间形成思想碰撞，实现师生共同进步和发展，提高教学成效。

二、议题式教学在高中思想政治课中应用策略

（一）增强议题式教学的顶层设计

1.优化议题式教学环境

首先，教师应当优化议题式教学的教学环境，尽可能创造一个良好的课堂氛围，通过和谐、轻松的教学环境来促进学生学习，本质上来讲，议题式教学活动的过程就是师生之间互动的过程，也是师生合作探究的一种方式，所以课堂环境和氛围就显得尤为重要，高中思想政治课教师必须注重营造轻松的课堂氛围，让学生感受到平等和尊重，利用轻松活跃的课堂氛围拉近师生之间的距离，通过相互协作来共同完成议题式课堂教学，当学生出现错误时，教师一定要放平心态，以宽阔的胸襟包容学生，对学生耐心地讲解和指导，学生之间则应当在互帮互助的过程中共同学习，只有充分发挥学生的主体作用，才能有效克服教学中的阻碍和困难，顺利完成预期教学目标。

其次，议题式教学更加注重情境教学，所以对硬件要求更高，因此教学设备设施是开展议题式教学的先决条件。当前正处于信息化高速发展的时代，课堂教学早已不是以教师讲授、使用黑板加粉笔为主的传统教学模式，越来越多的学校引入了先进的多媒体教学设备，在开展议题式教学活动时，教师需要通过文本、多媒体文件等方式向学生生动展示教学的内容和议题，这样不但可以让学生有身临其境的感觉，还能够激发他们的学习兴趣，让有趣的素材激发他们去学习和探究。此外，教师还可以充分运用情境设计进行教学，通过主动式学习来强化学生的理解。

2.完善教学评价体系

科学的教学评价体系不但可以对教学过程做出客观的评价，还有助于帮助教师和学生发现自己的不足。由此可见，完善教学评价体系是开展高中思想政治课程议题式教学的必要条件。新课标对思想政治课程教学评价做出了明确的规定，重点指出应当将结果性评价和过程性评价有机结合在一起，更加强调学生自主学习和解决实际问题的能力，且应当体现学生在教学活动中所反映出的思想政治学科素养和水平。要想切实推进高中思想政治课的议题式教学目标的完成，前提就应当对现有的教学评价体系进行改革，进一步优化评价指标，引入多元化的考评方式。为此，首先应当充分考虑教学参与主体的意见，及时了解他们的看法。在开展教学实践时，应当在强调教师引导、学生自主参与学习的同时，还应当鼓励学生家长参与教学活动，通过家长互评、师生互评、学生自评等方式来客观评价教学的成效，及时发现教学过程中的一些不足，然后在后续课程中做出改进，让学生客观认识自己，了解自己的学习成果，及时改进学习中的不足。其次是

进一步丰富教学评价内容，尽量拓宽评价范围，将价值引导和课程学习相互结合。教学评价是教学过程中必不可少的一项内容，也是事后控制的重要手段之一。发挥着反馈和调节的功能。在教学实践过程中，应当结合教学特点确定评价范围，做到统筹兼顾，最大限度地实现全面、科学的教学评价，适当弱化教学的选拔性特征，突出教学的教育性本质，打破"唯成绩和分数论"的传统教学评价模式，注重学生过程性学习和学习思维的评价，进一步完善健全教学评价体系。

（二）教师树立议题式教学理念

教学理念充分体现了教师对教育内涵和本质的认识、理解，教学理念关系到教师教学的成效，因此，必须充分重视议题式教学理念的树立，进一步加强教师对议题式教学的认识和理解。

1. 加强对议题式教学的认识

议题式教学发挥着重要的作用，不但可以发挥教书育人的作用，还能帮助学生培养自己的核心素养，帮助他们提高合作探究能力。这种教学方式旨在促进高中生全面、健康地发展，契合新时代背景下的教学要求。教师应当转变观念，掌握议题式教学的内涵，积极提升自己，并且积极采取措施来提升教师对议题式教学的重视。

为了进一步提高质量，教师应该摒弃传统的教学方法和教学形式，主动尝试议题式教学，及时扭转过时的教学观念，教师应当主动学习，积极创新，并加以深入研究，以进一步提高自己的学科知识积累，只有具备扎实的知识，才能提高教学方案的质量，并可以在教学中更加自如地应对各类突发情况。近年来，随着议题式教学法的广泛运用，这种教学法在各学校引起了巨大的反响，教师对相关理论的研究也将为议题式教学法在今后的推广和应用提供参考和依据，通过同行业的深入交流、观察和实践，可以更好地开展教学活动。

2. 积极参与议题式教学的研讨与培训

首先，政府相关部门和学校应当更加注重教师的发展，为他们积极营造一个良好的发展环境和平台。教师是议题式教学的重要参与者之一，只有通过持续学习和实践，才能实现自我的全面提升。例如，学校应当积极开展公开课活动，以此来推广优秀教师的方法和经验，同时也可以听取其他教师的一些看法，通过交流来达到共同学习和进步的目的，公开课活动不一定局限于本校，学校之间也可以结合实际开展一些公开课交流活动，互相学习对方的一些经验，达到集思广益的效果。此外，学校还可以积极组织一些教育专家举办讲座，开展一些学术交流。也可以开展一些定期或不定期的教学研讨活动，积极探讨一些议题式教学的方法，为提升议题式教学质量奠定基础。

其次，教师应当与时俱进，积极利用网络平台学习新知识，掌握议题式教学的新动态，不断提升自己的知识积累，为议题的选择和设置提供一些新的思路。例如，教师应当及时了解一些时事政治和热点事件，通过社会舆论来发现其中的一些问题，然后结合教学内容整理为议题式教学资源。此外，教师还可以通过微信公众号或论坛来获得有用的教学资源，也可以分享自己的教学心得体会，通过论坛来交流教学经验，从而不断提升议题式教学的水平和质量。

3.教师转变教学方式

议题式教学强调学生的主体性、学生的独立思考和实践的能力，鼓励他们在探究过程中不断提出问题并解决问题。然而，在实践教学中，我们看到，传统应试教育的影子仍然存在，教师仍然存在照本宣科的情况，这极大地限制了学生的思维，使得他们难以突破课本，也就没有达到议题式教学的目的。教师应当深入理解自己的角色，逐步由以往的知识传授角色转变为知识学习的引导角色。为此，教师首先应当对课标和教材有一个深入的理解，了解学生的情况，做好准备工作。在把握学生需求的基础上进行针对性的教学设计，并有把握地让学生参与教学，保证议题式教学的主流方向。教师可以跳出传统的教学模式，通过设计实践活动，让学生在教室里更直观地探究和论证教学议题，从而提高学习效果。

（三）突出学生在议题式教学中的主体性

为了更好地贯彻我国教育方针，落实立德树人根本任务，我们应该加强思想政治学科的建设，让学生深入了解政治内涵，培养学生德智体美劳的发展，教师要积极组织议题式教学，让学生积极参与其中，提高他们的学习兴趣。为了进一步突出学生在议题式教学中的主体性，应当帮助学生树立起主体意识。在教学结束后，他们可以进行创造性实践活动，以达到知识与行动的统一。

1.调动参与议题情境的积极性

传统的讲授式上课以教师为中心，他们所传授的知识是不容置疑的，这种教学方式使得教学秩序混乱，让学生产生厌学情绪。相对于传统讲课方式而言，议题式教学更加开放，激励学生积极参与，自主提出问题，提高学生学习的主动性。所以，教师应当给予学生更多的鼓励，引导他们积极参与议题式教学，以此来推动议题式教学的进程。教师应当做好引导，引领学生深入理解课程内容，培养他们的自主性和合作精神。同时，为了让学生充分参与其中，教师应当做好引导和鼓励工作，增强他们的信心，让他们能够更好地投入到教学活动中。这样，学生群体就可以从被动的观望者转化为主动性的参加者，激活他们的思维，使他们的大脑保持活跃状态。只有调动思维活力，才能跟上课堂的步伐，听取别人的想法，充实自己的思想，并将理论知识进一步拓展，提高创新能力，在有限的课堂内，学生可以获得无限的知识，从而提高思想政治课堂的实效性。

2. 提升学习主体意识

议题式教学的重点是培养，它以学生为中心，让他们积极参与到教学活动中，进而提高教学效率和教学质量。传统"教师主导"的教学模式是通过反复练习和背诵来提升学习成绩。这种机械的教学模式只会让学生产生依赖心理，久而久之，逐渐丧失独立思考的能力，难以将理论应用于实践，这和思想政治教育的初衷是相背的。学生只是盲目学习，并不清楚自己的学习目的。家长和老师发挥监督作用，学生只是被动学习，导致他们学习积极性不高，学习效率较低，为了提高考试成绩，他们往往会选择死记硬背的方式，没有真正掌握知识，这种方式难以实现预期的教学成果。

兴趣是人类探索知识的原始动力，而内部驱动又是最为核心的因素。对于议题式教学而言，教师应当帮助学生培养学习兴趣，激发他们的内部驱动力，让每个学生有意识地担当起责任，积极主动地读书，强调学生的全面发展，塑造他们的学科核心能力，为国家发展需要培养创新型、实用型人才。为了提高学生的学习效果，我们需要改变他们的传统思维方式，鼓励他们形成自主性学习和探究的习惯，寻找适合自身的学习方式。同时，我们还要让学生学会用所学理论解答现实问题，提高自身自主学习和解决问题的能力。除此之外，教学过程应当凸显学生的主体地位，让他们意识到自己是课堂的主角，并调动他们的学习热情。

3. 培育学生探究活动的能力

大部分学生都乐于开展探究学习，但是由于长期受应试教育的影响，使得他们实践能力较差，只会被动、机械地学习。为了扭转这种局面，进一步推进议题式教学的进程，我们需要培养他们探究性活动的能力。

首先，议题探究活动是一个充满挑战的环节，学生要勇于追问，在探索和反思后进行总结。在这个环节中，学生需要摒弃被动认知的思维方式，特别在理解过程中遇到矛盾和困惑时，应当积极思考和提问。新课改的要求是让学生学会学以致用，深刻理解知识点的内涵。但是，由于学生们已经习惯了传统的听讲方式，这种转变可能会比较困难，因此，我们需要采取更有效的措施来帮助他们实现这一转变。教师应该引导学生从单纯的研究议题出发，逐步深入，让他们从接受知识点到形成知识点的转变中获得更多的乐趣。采用这种方式，学生可以解放思维，充分发挥自身的主动性和创造性，进行探索，进而提高学习效率。

其次，除了培养学生自身的知识基础外，议题研究教学活动还要求学生参与信息搜集活动，然而由于学生知识储备有限，大部分学生在议题研究中的参与度均较低。在这种情况下，教师应当引导他们搜集信息，给予他们指导，培养他们的探究能力。这些信息内容一般包含与议题有关的理论和实际消息。为了获取这些消息，学生可以通过查阅教材、利用互联网平台搜索、调查等方式开始初步预习。做好收集后，学生需要经过整理和加工，以便更好地理解和掌握知识点。教师应该给予学生清晰的指导，指引他们开展实践探究活动。

第二节 混合式教学

一、混合式教学概念

混合式教学把传统教学模式所具有的优势和网络化教学所具有的优势相互结合所形成的混合式教学不仅有助于教师发挥在教学过程中的引导启发作用，还有助于培养学生在学习过程中的积极性、主动性以及创造性。混合式教学促进了教与学的发展，合理应用这种教学模式，一方面，不仅能提高教师的综合素质还能提高教学效率，另一方面能随着课堂形式的改变提高学生的综合素质和对知识掌握的能力。在全面分析教学内容、课堂节奏控制、提高教学效率的基础上，从根本上改变了师生关系的传统教学模式。混合式教学是在适当的时候应用适当的技术来达到最好的学习目标。

混合式教学是一种遵循整合概念的策略，将不同的学习理论、不同的技术和手段，以及不同的应用方法结合起来。混合式教学主要是基于传统的课堂教学，选择合适的时间点使用合适的多媒体技术手段来达到最佳的学习效果。

二、高中思想政治课混合式教学建构

混合式教学并非全新的概念，它提倡将教师主导的传统教学模式与学生主导的网络教学模式有机融合在一起。随着时间的推移，有学者对混合式教学的概念进行了界定，对其基本内涵进行了拓展。混合式教学的基本目标是在合适的时间，采用合适的教学技巧与合适的教学风格相结合，使学生掌握合适的能力，进而获得最理想的教学效果。

（一）高中思想政治课混合式教学的基本原则

高中思想政治课不同于传授专业知识的专业课程，其主要目的是帮助高中生树立正确的人生观、世界观和价值观，具有一定的特殊性。因此，混合式教学在高中思想政治教学中的应用必须遵循以下基本原则：发展性原则、针对性原则和主体性原则。

1. 发展性原则

混合式教学在思想政治课中的构建应遵循发展性原则，即混合式教学在思想政治教学中的应用可以促进高中生能力和综合素质的发展。这不仅是马克思主义哲学以人为本的概念的深刻内涵，还是现代教育对思想政治教学的内在规律性的客观要求，也是实现思想政治课混合教学活动的终极目标。为了规范和指导思想政治混合式教学活动，教师应改变教学观念，更新教学方法。通过高中思想政治课的学习，让学生主动学习，积极思考，积极参与，主动探索，获得知识，扩大视野，发散思维，培养能力，提高他们的修养和品质，促进高中综合素质和能力的全面发展，为了成为合格的社会主义建设者和接班人打下坚实的基础。

21世纪对人才的需求更加多样化和全面，不仅需要专业的知识和技能，坚定的理想信念和专业精神，还需要具备一定的信息素养、自学能力和创新精神。教师的混合式教学活动要把促进中学生全面发展当成终极价值目标，强调学生的自主学习和主动探索，培养高中生在网络环境中获取信息、评估信息和有效利用信息的能力，让高中生学会自我学习的方法，树立终身学习的理念，培养创新精神和实践能力，让教育从知识水平层面走向综合素质层面。

2. 针对性原则

高中思想政治课混合式教学的构建应该有针对性，主要体现在以下三个方面：第一，针对中学生的实际特点开设课程。高中生一般大多数年龄在15至18岁之间，这部分学生生理发育还不成熟，有能力接受新事物和学习能力较弱，且思想不够成熟，易受外界影响，易冲动。因此，需要根据高中思想政治课教学活动的实际特点，引导他们树立正确的世界观、人生观、价值观，使他们对事物的认识具有独立、正确的观点和评价。第二，根据现实和时代特点来丰富教学内容。课程内容要符合时代主题，与时俱进，接触社会热点，反映现实生活。第三，对不同的学生进行个性化的教学和辅导。每个学生的知识水平、成长环境和思想观念都有一定的差异，所以不能对学生采取"一刀切"的方法，要让每个学生在思想政治课上都能取得收获。

3. 主体性原则

高中思想政治课的传统教学方式往往只注重教师的主导作用，而忽视了学生的主体地位。而混合式教学注重教师的主导作用和学生的主观能动性的结合，教师和学生都是教学的主体。从教师的角度来看，其处于教学的主体地位，包括在线课程和线下课程和课外实践活动的各个教学环节全部都需要教师正确的引导、合理的组织，加强学生的思想道德修养和法律意识，老师发现学生的思想偏差或错误理解，能够给予及时的纠正。

混合式学习方法下的学生不再是被动地接受知识，而是成为学习的主人，混合式教学在思想政治教学中的应用充分尊重了学生的主体地位，培养了学生自主创造的能力和自我评价的能力，通过提供大量的自主学习资料，精心设计小组讨论活动，使学生实现自我教育、自主学习，相互促进和共同成长。

（二）高中思想政治课混合式教学的教学目标

指导高中思想政治课教师进行混合式教学改革的直接依据是混合式教学的教学目标，也是思想政治教学混合式教学改革预期的效果。教学目标具有指导功能、控制功能、激励功能和评价功能，明确教学目标是高中思想政治课教师进行混合型教学所要考虑的首要因素。教学目标的科学性直接关系到思想政治课程混合教学的效果。高中思想政治课教学的混合式教学目标，包括知识与技能目标、过程与方法目标、情感态度与价值观目标三个部分，各部分相互作用，共同构成一个完整系统的高中思想政治课混合式教学目标。

教学目标是实现期望的学习效果，具体反映为引导学生经过学习后，在知识、能力、情感观、价值观等方面树立正确的方向。教学目标分析是教师在备课过程中必须做好的工作，也是对教学成果进行评估的重要指标。新课改将课程目标分成不同的方面，下面针对传统教学与网络教学相结合的混合式教学，对不同方面的教学目标进行探讨：

1. 政治认同

政治是在一定的生产力状况基础上形成的，用来统一人们思想认识并依靠一定强制力量来维护的，为社会成员个体和社会的有序发展提供保证的上层建筑。人的思想是由物质利益决定的，利益是思想的基础，正如马克思、恩格斯所指出的"人们奋斗所争取的一切，都同他们的利益有关"。人类社会作为一个区别于动物的群体，政治作为调节人与人之间、人群与人群之间关系，为各自群体在社会中谋取利益而存在。在自然状态下，任何人的自由发展都有可能成为其他人发展的阻碍，需要一种强制力量对人的行为进行一定限制，从而维护社会上的个人与相应群体获得相互发展，这种强制力量就是所说的政治。在高速发展的当今社会中，政治认同则是社会价值的多元选择条件下社会成员个体对所处政治体系的接纳、认可程度。

2. 科学素养

科学素养是指对在日常生活、社会事务以及个人决策中所需要的科学概念和科学方法的认识和理解，并在此基础上所形成的稳定的心理品质。现今新课程标准的重要目标之一，就是对学生科学素养的养成教育。目前，在学生身上或多或少地存在脱离实际、想当然、主观片面、不能自觉按科学规律办事的倾向，这是科学素养教育方面没有得到应有重视的结果，为了学生的全面发展。我们应积极地将科学素养教育融入到学校各科教学之中。要培养学生的科学素养，教师自己必须具有实事求是的科学素养。教师的科学素养是停留在口头上还是落实在实际的教育过程之中，这对学生科学素养的培养起着非常重要的作用。

3. 法治精神

法治精神和社会主义核心价值观作为社会主义核心价值体系的重要内容，都是学生在特定人生阶段创造、发展、认同的社会价值，其作用均在于引导学生保持崇德重法的精神状态和乐观向上的人生态度，是塑造学生正确世界观、人生观、价值观的行为准则。二者各有侧重，法治精神侧重于从法治的社会功能、精神动力等方面为青少年提供相应的行为准则和行为规范。社会主义核心价值观则从国家、社会、个人三个层次出发，总体阐明全体社会成员赖以生存发展的共同价值准则。其中，社会层面的法治价值是24字社会主义核心价值观的出发点和落脚点，为学生思想道德建设搭建了整体框架。从主要内容上看，社会主义法治精神的培育宗旨与社会主义核心价值在社会层面的价值追求有着高度的一致性，充分说明法治精神蕴含在社会主义核心价值观之中。

4. 公共参与

公共参与是公民主动有序参与社会公共事务和国家治理，承担公共责任，维护公共利益，践行公共精神的意愿与能力。人的价值只能在社会劳动中实现，它既需要社会提供的客观条件，同时也要求自我具备一定的主观条件。

在实现公共参与目标时，教师多采用小组合作探究的方法。探究路径为：结合实际介绍自己喜欢的职业，分析自己的条件；和同学一起讨论应该怎样度过自己的一生；谈实现中国梦与自己的理想的关系等。通过以贴近学生实际的问题为切入点，激发学生思考，让学生明确个人素质与实现人生价值的关系，从而把提高个人素质的外在要求内化为自身的要求并外化为自己的实际行动。

（三）高中思想政治课混合式教学的考核评价体系

高中思想政治课的混合式教学改革既要求教师改变教学内容和教学方法，又要求教师在评价考核学生时进行创新。正确合理的思想政治课考核评价体系不仅能够全面、客观地反映学生的思想道德品质和法律素养，还能指导和激励学生的学习，帮助教师更合理地安排教学活动，提高教学效果。

1. 评价主体多元化

传统的思想政治课中教师通常是评价主体，教师和学生一直都是评价与被评价的关系，教师是权威的体现，学生一直被动地接受评价。单一的教师评价非常容易扼杀学生学习的积极性，甚至引起学生的叛逆心理，同时，教师也不可避免地在评价时出现片面性和主观性，导致评价失去应有的价值。而在混合式教学的评价体系中，把教师的主要评价、学生的自我评价、同伴相互评价和机器自动评价相结合，实现评价主体的多样化，不仅可以使思想政治课得到客观和公正的评价，提高评价的有效性，也可以通过学生的自我评价和同伴互相评价，让学生能够参与到课堂评价中来，让学生在思想政治课的评价过程中处于主体地位。

学生的自我评价过程是学生积极参与、自我反思和自我发展的过程。在自我评价中，学生能够充分了解自己，提高自觉意识，培养自我反思的习惯，提高自己独立学习的能力。

同伴互相评价是一种基于同伴学习理论的评价方法。教师把详细的考察点列出来，指导学生应该评价哪些方面，然后解释每个考察点的评价指标，以便学生根据评价指标进行评分。同时，为了避免学生因主观因素和能力不足而导致的评价错误，教师可以安排三到四个学生对同一个学生进行评价，能够最大程度上保证同伴的相互评价结果是准确和客观的。同伴互相评价可以帮助学生开阔思路，加深对知识的学习和理解，同时在学习别人思想的优点时发现自己的优势和不足，是一种非常有效的教学方式。在网络平台上，教师还可以使用机器自动评价技术，在提出问题的过程中提供准确的答案，并详细说明，计算机可以在学生答完题后给出自动反馈。与传统课堂对比，学生往往是一到两天，甚至一个星期后得到自己的成绩，机器自动评价技术的高效和及时的反馈可以让学生立即知道哪里是错误的，并立即修正，能够大大提升学习的效果。

2.考核内容全面化

思想政治课的教学分为三个阶段，第一阶段是讲授知识，第二阶段就是指导学生将所学的知识转化为理想信念，第三阶段是引导学生把理论知识，理想信念付诸行动，所以思想政治课的考核评价内容包括：学生获取知识的程度，学生提升能力的程度，学生价值认同的程度，学生理论践行的程度。在过去，思想政治课程的评价侧重于基础知识和基本理论，而这仅限于学生的认知领域。思想政治课的混合式教学评价内容更全面，既要检查学生掌握的理论知识，又要通过学生的课堂表现，包括出勤情况、课堂讨论的参与和热情程度来考察学生的情感和态度，通过课程论文、案例分析和读书报告等对学生的综合能力进行考察，通过学生的日常行为来对思想道德水平理论的实践进行考核，最终把考核评价内容从"应试型""认知型"向"素质型""能力型"转变。

3.评价方法的多样化

思想政治课的传统教学的评价方式是结果性评价，结果性评价是指某一教学阶段，如一学期，一个学年的课程完成后，为评估课程目标是否达成及对教学的最终效果所进行的综合评价。这种评价方法不符合学生全面发展的要求，很容易使学生为了应付考试而学习政治课。

混合式教学依托网络教学平台，对学生进行综合学习的全过程进行观察和评价，这种评价方式是思想政治课所需的过程性评价。过程性评价是指教师在整个学习过程中对学生的各种信息进行实时动态的理解、掌握、评价和及时反馈，从而优化教学方法，调整教学策略，使教学过程增值。过程性评价需要评估思想政治课的整个过程，包括学生的在线学习和线下学习，例如在线学习时，教师在技术手段的帮助下，了解学生的学习进展，不合格的及时督促学习进步，通过测试和作业及时发现学生的学习效果。及时掌握了解学生们的学习进度，摸清学生的学习状态以及合理预估学生的学习能力水平，及时解决学生的学习问题是过程性评估的主要目的。思想政治课只有把结果性评价和过程性评价结合起来，才能适应课程的"价值取向"，弥补在传统思想政治课评价中重结果轻学习过程的缺陷。

第三节　项目式教学

一、高中思想政治项目式教学的特点与类型

（一）高中思想政治项目式教学的概念辨识

1. 项目式教学与综合实践活动

综合实践活动强调的是活动，不管是出发点还是落脚点，都要求学生在参与活动的过程中完成知识的学习和获得相关体验，以参与性的外部活动为载体，具有综合性和实践性。综合实践活动强调学生能从个体生活、社会生活及与大自然的接触中获得丰富的实践经验，形成并逐步提升对自然、社会和自我之间内在联系的整体认识。

项目式教学中的活动仅是一个必备要素，强调活动是手段或实现形式。项目中针对要解决的问题，设计和布置一系列的任务，随着一系列有逻辑相关性任务的完成，需要解决的问题也迎刃而解。在项目式教学推动学生完成项目任务的过程中，情境是很重要的要素。正因为要解决的问题来源于生活，真实情境才是学习发生最高效的环境。情境让问题和学习变得真实，也让学习在体验中真实发生。

项目式教学的结果要素指向丰富的学习成果，促进学生掌握工作技能，提高合作和学习能力，并运用到终身学习当中。它包括在解决问题过程中，将技能和策略与计划、

实施、监控、评价联系起来，并包括问题解决、设计、决策、阐述和有价值的评价等环节。项目式学习产生的结果是多方面的，包括学生学会学习的技能和能力（笔记、提问、倾听），在课程设计中将各种主题概念综合起来，实现认知、社会、情感和自我调控与现实生活紧密相连。

2.项目式教学与问题探究式教学

项目式教学(Project-Based Teaching,简称PBT)和基于问题的教学(Problem-Based Teaching, 简称 PBT) 的简称都是 PBT，不管"P"所代表的是 Problem 还是 Project，两种教学方式都起始于一个需要解决的问题（problem）。

基于问题的教学更加强调的是解决问题过程中研究思维的培养和训练，即从发现与提出问题、提出假设到收集资料、分析归纳资料、形成结论等一系列的思维训练，培养学生的研究思维。项目式教学与之的共同之处在于都有一个需要解决的问题。而在项目式教学中，除了问题外，另一个重要的要素就是最终的产品。产品是项目式教学重要的结果要素，指向起始需要解决的问题，在项目结束后会产生有社会意义的产品，产品的形式是多样的，具体的形式根据要解决的问题而定，包括研究报告、物化的产品、设计方案等。

项目式教学和基于探究问题的教学中需要解决的问题也并不是同一种类的。按照需要解决的问题的类别进行划分，可分为"五何"类问题，包括由何、是何、为何、如何和若何。"由何"指问题是从哪里来的，在什么背景下产生，即问题产生和存在的背景知识；"是何"类问题是关于是什么的质疑；"为何"类问题是探寻现象背后的原因，即问"为什么"；"如何"类问题是寻求解决方案类的问题，即"怎么办"；"若何"类问题是最高级别的问题，即假设或如果某种情况发生，会产生怎样的结果。在传统的课堂教学中，问题多为"由何""是何"和"为何"类的问题。但如果针对学生高级思维的培养和训练，"如何"和"若何"类问题更为有效。"如何"和"若何"类的问题更强调在真实情境中的实践经验，在想象和创造的基础上更强调动手参与实践。尤其是"若何"类的问题，挑战性很强。

3.项目式教学与议题式教学

在教学实践中，项目式教学也经常与议题式教学相混淆。议题式教学强调基于一定的教学情境，基于生活和学生认知形成议题。议题一般具有开放性和发散性，通过引导学生对议题的讨论，启发学生对议题观点的正确认知，从而达到深化知识与理论，科学认知生活问题的效果。议题式教学的核心因素包括教学情境、议题、教学主题、学习主体等。项目式教学在任务提出的背景上与议题式教学有着共同之处，都是基于特定的知识背景和生活情境提出的，都体现了联系生活与现实的要求。但是从情境的内涵来看，二者有着本质的不同，议题只强调开放性话题的提出，而项目式教学强调基于情境任务的一种落实，以及情境任务落实效果的验证。也就是说议题式教学只要求学生基于话题来表达，而项目式教学则要求学生基于话题来推进研究和分析。

项目式教学和议题式教学的差异还表现在过程的操控上。议题式教学强调课堂中观点的生成与交流，而项目式教学强调课下学生的自主研究与推进，以及课堂上相关成果的展示与交流。也就是说项目式教学的学习过程主要在课下，以小组为单位，以教师为辅助，是基于任务研究的自主学习过程。课堂是学生交流与升华的过程，即凸显了基于课下基本能力的培养向课堂学生高阶能力培养的转化，而这一点是议题式教学所没有的。

项目式教学与议题式教学最大的差异在于教学成果的差异。议题式教学主要侧重一种理论的呈现，强调学生对理论是否理解，是否能够运用理论解决一些抽象或者现实的情境任务。项目式教学的成果主要以特定教学模型来呈现，教学模型是看得见、摸得着的，可以是相关产品，也可以是解决方案等。议题式教学成果的展示不需要经过实践的验证，只是基于一定理论的思考。项目式教学成果是经过任务实践验证形成，并且回到实践中得到验证的，更具科学性的成果。

项目式教学与议题式教学在对学生能力培养上具有一定的差异性。项目式教学是基于学生初步认知与理论探讨的基础上，对问题和知识的深化思考与验证，侧重具体问题、实际问题的解决，强调知识的运用能力的培养。议题式教学基于议题的交流与表达，侧重理论的生成，虽然也具有一定现实问题情境的解决，但是这种问题与情境，是从生活中抽象或者提炼出来的，不是学生亲身感触的，对一切问题的操控都是基于特定的模式，不存在复杂问题和可变任务的考量。所以在学生运用能力培养上，特别是运用知识解决既定问题并迁移复杂情境问题上有着明显的差异性。

（二）高中思想政治项目式教学的特点

1. 以学生主体学习为主

项目式教学就是在老师的指导下，将一个相对独立的项目交由学生自己处理，信息的收集、方案的设计、项目实施及最终评价，都由学生自己负责，学生通过该项目的进行，了解并把握整个过程及每一个环节中的基本要求。

项目式教学完全凸显了学生的学习主体地位。项目任务的提出基于学生具体学情和生活认知，充分考虑学生整体的实际情况。项目任务实施过程中，从活动方案、活动内容、活动策略到评价量表、活动成果的预设等各个方面，实现学生以小组为单位的自主设计，教师把关活动策略。项目任务研究过程中主要以学生自主操控为主，搜集素材、强化学习、进行讨论提升、寻求教师帮助等，实现了既定知识和理论的生成与拓展。课堂项目成果的展示与交流，凸显学生多种综合素质和能力的提升，在交流中实现对项目任务的深度挖掘，促进学习能力和实际运用操控能力的大幅提升。

2.注重学习资源的整合性

项目式教学是师生共同完成项目，共同取得进步的教学方法。项目式教学的特点是从一个需要解决的问题开始，以产品的形式结束，此过程包括学习目标、真实或接近真实的问题情境、学生的自主权、社会及专业人士资源、学习共同体的创建及评价等。项目式教学过程的实施实现了资源的整合与利用，所涉及的资源主要包括学校人文资源，即教师与系统整合学习的文化供给等；课程资源，即教材相关知识；现代多媒体资源，即互联网知识供给；社会资源，即研究平台的提供，相关社会科研单位和活动场所等。在当前各种教学方法的运用过程中，能够将多种资源整合到教学中，特别是实现学校、家庭、社会三方资源的共享，只有项目式教学能够实现。

项目式教学中对资源的整合体现了校内与校外的合作，特别是大项目的研究，一般要走出校园，在社会问题产生的平台上进行研究。如研究"共享单车的发展现状"必须走进社会，通过调研、问卷、观察、咨询等多种方式，搜集资料、整合资料；研究"通过青岛啤酒看企业的经营"，就需要走进青啤集团，借助青啤集团资源促进学生的研究与学习。项目式教学的这种大资源整合，恰恰是激发学生学习兴趣的关键，让学生改变学习方式，促进学生知识的内化。

3.注重学习任务的驱动性

主动学习主要有两个维度，一是学生在老师的要求下能够积极主动地进行学习，完成既定的学习任务；二是学生能够自主地进行拓展性学习，在学习中主动借助老师等外来资源弥补自身的不足。驱动学习是基于主动学习的基础上，给学生提供更高层次的学习任务，让学生产生持续学习和强烈学习愿望的学习方式。驱动学习最关键、最核心的要素在于驱动任务的提出。

4.注重学习成果的生成性

生成是基于建构主义的理论基础，认为知识是在原有零散的、碎片化的生活经验基础上，将其进行组织和重构，从而形成有序的、成体系的知识获得。生成的概念贯穿项目式学习，从最开始问题的提出，就需要学生在原有生活经验积累的基础上进行有效的归纳和总结，提出需要解决的实际问题。在解决问题的过程中，教师提供学习资源，学生将自己的生活体验和零散的学习资料进行加工和重组，形成有意义的问题解决方案，最终获得知识。正是由于学生的经验是个性化的，因此生成的知识也不会完全相同。在项目实施最后的产品设计阶段，更需要学生将项目开展中的知识获得和经验进行重构，从而生成产品。不仅学生在项目式教学中不断地生成知识，教师在项目的设计和推进中也生成对项目式教学设计的认识。通过不同类型项目的开展和实施，教师会获得项目案例的实践经验，在具体零散经验的基础上，重组和有序加工对项目式教学的认识，最终生成对项目式学习课程设计与教学实践方式的高阶理解。

（三）项目式教学实施的支撑

1. 制订科学的任务目标

项目式教学是在具有指向性明确的目标引导下，通过相应的项目任务的实施，加强小组合作和师生合作，解决相关复杂问题的过程。根据"课程之父"泰勒的课程设计的目标模式，整个课程设计和实施要依据目标（为什么教）、内容（教什么）、方法（怎么教）和评价（教得如何）四个部分。作为一种跨学科的课程设计和教学实施方式，项目式教学的流程也依照此目标模式展开。因此项目式教学的第一个步骤就是确立明确的项目任务目标，项目任务目标应该把握学生实际和学习实际，立足任务的可操控性，将理论的学习目标、实践操控目标以及指向成果目标融入其中，通过具有层次性的可操控词语进行合理界定。例如我们开展校园超市治理的项目任务活动时，提出了项目任务目标：通过对校园超市的调研和观察，明确校园超市在某一方面存在的问题，找出合理的解决办法，并阐明相关理论依据。

2. 创设真实的问题情境

项目式教学是立足社会实践和学生的具体生活中面临的真实问题情境，而提出的一种基于真实任务的学习过程。所以问题情境便成为项目式教学开展的依据和起点，能否基于学生的具体情况，提炼出具有普适性的真实问题情境，引发学生对相关问题情境的思考与解读，成为项目式教学实施的关键。比如针对青岛市露天烧烤引发的环境问题，学生需要进行实地调研，整理数据，明确问题存在的原因，找出解决问题的具体措施，形成有关政府的可行性实施方案。这一学习过程是一个基于社会实践和真实问题任务情境的学习过程，在相关问题的调研和解决的过程中，学生加强了小组合作，并且将被动的知识学习转化为主动的内化学习过程，真正实现了知行合一，也让具体知识在实际问题的解决中得到很好的运用。

3. 构建以小组为单位的学习共同体

项目式教学的实施是基于特定的项目任务驱动发生的，项目任务的实施是建立在小组合作的基础之上的，所以小组合作成为项目式教学的关键支撑。为了有效推动项目式教学的开展，首先应该基于学生的层次性与合作性构建既定的项目任务小组。小组的组建从人数上要控制在8个以内，最好是6个学生为一组。充分考虑学生的学习能力差异和知识储备差异性，从而通过小组合作实现整体学习的推进。小组合作要明确基本建构，发挥组长的引领作用。小组合作方式、项目任务采取的相关措施都需要小组内成员的民主确定，小组长做好小组成员的任务分工，并建立相关的任务落实量表，加强对小组成员的管理和督促，落实相应的项目任务实施计划。基于小组合作的基础上，突出个性化学习与合作性学习的结合。小组成员可以在小组合作学习和任务实施的基础上，制订个性化的学习计划和任务实施计划。根据要完成的不同任务，学生通常会进行小组合作学习，在小组合作中，如何有效进行分工、小组合作中出现分歧如何处理等问题都需要学生自主解决，这也是培养学生社会交往技能的重要途径。在学习中采用哪些信息技术学习工具，以及如何使用，教师也赋予学生足够的自主权。正是这些可以自由发挥的空间使项目式教学更加个性化，真正把学习的自主权还给了学生。

4.整合有效的社会资源

项目式教学需要拓展学生的学习平台，突破校内学习的空间局限，实现学习的社会化，这就需要相关社会资源为其提供支撑。社会资源主要包括社会实践资源和社会人力资源。社会实践资源主要涉及工厂、单位等社会实践平台；人力资源主要包括相关专业人士。社会资源引入项目式教学，学校打破了在教育实施中教师知识的局限性和学生学习的局限性，拓宽了学生的视野，提高了学生的认知能力和实践能力，激发了学生的学习兴趣，引领了学生的目标追求。

5.搭建成果展示与交流平台

项目式教学的关键环节是项目研究成果的展示与交流，在经过前期以小组为单位的项目式任务的探究的基础上，会形成基于小组项目任务研究的项目成果。项目成果主要通过实物模型或者文字材料的形式呈现，包含了学生对既定项目任务和目标的理解与实施，表达了对相关理论的理解与运用，凸显了学生知行合一的能力要求。在项目任务研究完成的基础上，必须要让项目成果有效展示到同学们面前，历经其他同学的疑问与推敲，从而在各小组项目成果展示的基础上进行交流借鉴，从而形成具有普适性的、科学的、严谨的项目式成果。

6.评价

项目式教学的评价方式是就最终的作品或产品进行讨论和分析，评价内容主要针对产品的内涵、价值和社会效益。评价类型是多元的，强调学习开始之前的诊断性评价、贯穿始终的过程性评价和针对结果的终结性评价三者相结合。评价方式是个性化的，通常提倡档案袋评价，即针对学生个体进行个性化的评价，在评价的"档案袋"中记录学生的学习过程、学习发展、学习效果等支持性材料。在项目式学习中，对学生而言，评价的最终目的不是为了分出高下，更多的是为了记录个体的学习过程，以及在个体基础上的学习获得。对教师而言，评价是为了反观教与学的过程，从而更好地促进教与学。

二、高中思想政治项目式教学实施需要明确的几对关系

（一）项目式教学与传统教学的关系

项目式教学理念，是一场深刻的创新变革，是一场从教育理念、教育模式到教学策略的变革。在这场变革中，我们的教师和学生无论是在思想认识层面还是在行为操作层面，在"变"的同时，有些东西还是不能变的。比如我国传统教育中的精华部分就需要我们去继承发扬，如"因材施教""寓教与乐"的教育思想、孔子的"不愤不启，不悱不发"的"启发式"教学方法等。它们虽历经数千年，但与项目式教学理念却有着异曲同工的地方，具有永恒的价值。又比如在重视创新的同时，并不意味着可以忽视基础知识、基本技能的训练。在强调动手实践的同时，并不意味着可以忽视必要的理论修养，所以在项目式教学模式中的框架问题中也出现了内容问题的设计。所有这些，都要求我们审视哪些需要创新改变，哪些需要继承发扬。

（二）整体与个体的关系

项目式教学模式重视小组的协同合作，但它同样要求关注个体学生的发展，坚持不抛弃不放弃的原则。教师的教学设计，首先要给所教的对象（整个班级）在知识和技能上一个恰当的定位，在提出目标任务时，教师往往是针对全班或是小组而提出的，但在任务分工时则决不能忽视个体的差异。由于学生知识水平是千差万别的，其知识、技能、天赋及爱好是各不相同的，所以教师在设计教学和布置任务时必须充分考虑这些因素，"因材施教"地设计任务，充分地利用分层教学，细分任务，同时在分组时，要充分了解学生，把具有不同知识基础、不同技能的学生组合到一起，使之互相影响、互相促进。但当学生能够独立完成任务时，也可不分组，不必刻意追求形式，应要求每个学生对相关任务一定要切身体验，并形成自己的独特观点。在探究活动中，无论特长生还是后进生，都应给予关注，使特长生的特长能得到更好的发挥，使后进生不掉队，在任务过程中有角色可担当，有任务可进行。为此在贯彻项目式教学理念时，我们强调一定要坚持既关注整体，又关注个体，不抛弃不放弃的原则，坚持以整体带动个体发展，以个体创新推动整体的进步。

（三）自主探究与约束引导的关系

项目式教学理念倡导研究性学习的探究性、自主性、开放性，强调个性化学习，在学习中凡是学生能做的尽可能让学生自己去做，但这并不意味着对学生的放任自流。由于学生的性格各异，自觉性也是有差异的，如有的学生自觉性高、自控能力强，对于老师布置的任务，不打折扣；而有的学生如果缺少了"监控"，就会无所事事，甚至会"懈怠罢工"。在分组时，如果只讲"自主"，让学生自由组合，而不考虑任务完成的效果，不加以必要的约束和引导，那么"合作学习"就成了走过场，甚至是个别学生包办完成任务。所以，在开展活动的时候，我们既要注意充分发挥学生的主观能动性，按学生兴趣进行分组，激发学生的自主学习热情，又要科学地对小组的成员进行兼容匹配，对整个活动的发展有周密的布置和细致的引导，对各小组成员的学习行为进行适当的约束，防止放任自流。

（四）框架问题和课程标准及项目的关系

1. 何为框架问题

框架问题包括基本问题、单元问题、内容问题。其中内容问题实际就是教学中的具体的知识内容，属于封闭性问题，因为它们有唯一的答案，易于考核，所以它们成为我们传统课堂教学中的教学主要内容，属于知识与技能范畴。单元问题是框定在学科教材具体的单元中的知识内容，因此单元问题的提出是以单元为背景的，需要学生在综合学科单元知识后才能完成的、开放性无标准化答案的问题，其旨在发展学生的高级思维能力。设计单元问题的目的是为了让教学超越内容问题，进而让学生掌握必备技能和关键能力。基本问题则是问题链中最为抽象的，基本问题是聚焦学科核心和主题的问题，大多是上升到哲学理念的高度，它具有挑战性和穿透性。举个形象的例子，基本问题就像一棵大树的树干，单元问题则是大树的树枝，内容问题则如大树的树叶。

2. 课程标准是框架问题设计的依据

在传统的教学课堂中，我们往往注重教学目标中知识与技能目标的实现，因为传统的评价体系更加侧重的是教学知识的考核。而由于考核手段的单一，往往忽略了能力目标的实现。传统课堂教学中，教师通常通过对课本内容问题的提问和围绕课本知识点的讲解去实现教学知识目标。而项目式教学则更强调能力和核心素养的生成，为此我们更注重基本问题和单元问题的设计。在项目实施的前期，教师的教学设计的重点与难点就是放在框架问题的设计上，而框架问题的设计来源则是本学科的课程标准。课程标准是教材编写、教学、评价和考核的依据，所以在设计课堂教学的框架问题时我们要基于课程标准进行设计。框架问题是落实课程标准的手段，打个比方，教师如果是一个楼房建筑设计师，那么课程标准就如同一个安全建筑规范准则一样，没有这个规范准则，设计出来的产品就是一个不合格、存在安全问题的建筑物，而框架问题则如同楼房建设时的钢筋和混凝土的框架，是完成建设一栋标准的楼房的支架。项目式教学中的项目则是设计师的设计风格及设计手段的体现，是设计出漂亮且安全的建筑物的手段与方法。

3. 项目的提出是为了将框架问题付诸实践

项目式教学中，我们往往把框架问题设置并贯穿在有趣的项目任务之中。在实践中，我们会发现基本问题的最大特性就是开放性，它往往直指学科核心问题，正因为它的"高高在上"，使得刚接触它的学生无从下手，像大海捞针。所以我们需要一个形象好且能引人入胜的载体，项目式教学这个命题应运而生。在项目的学习过程中，在任务的驱动下，学生能充分地体验合作的快乐，实施过程中学生的主体地位也得以体现。而源于生活的角色扮演让项目的开展更有现实意义，且在项目成果展示时，学生能体验到职场中成功的喜悦和失败的泪水，这样更能激励学生努力学习课内外知识，开拓阔视野，为学生营造一种健康向上的学习氛围。所以说项目的提出是基于框架问题设计的。通过项目的实施，学生利用多学科中所学的知识与技能，在小组合作的基础上完成项目，在解决具体的项目中既应用了内容知识解决了内容问题，同时也完成教师所提出的单元问题。在体现学生集体智慧的同时，决定项目成果是否合格的标准是学生是否能回答和解决教师所提出的基本问题。所以项目的设计要基于框架问题，而框架问题的设置要基于课程标准。

三、高中思想政治项目式教学的内容与架构

（一）项目式教学的构成要素

1. 项目内容

项目内容是基本项目的"教"与"学"的基础。项目内容应由师生双方共同确定，是与学生生活实际密切相关的、对学习主体具有挑战性的、与学科知识紧密相连的、真实的具有探究价值的内容。项目内容包含理论内容和生活内容，通过项目设计将学生的生活实际与学科知识融合在一个项目当中。项目理论内容不是某一框、某一课的孤立的知识点，应当是完整的、有深度的、学生必备的知识体系。项目生活内容亦不是学生生活中任一问题，应当是具有正确价值导向、富含思辨性、能激发大部分学生情感体验、学生"跳一跳"有能力去解决的问题。

项目内容包含了项目驱动——具有挑战性的任务。项目任务是串联项目内容的主线，是教师指导学生的载体，是学生开展项目探究的驱动。项目内容包含了项目目标，即在

项目完成后学习主体应掌握的关键知识、应提升的核心素养、应发展的个体能力。项目内容就是基于一定的理论知识体系，结合真实生活情境，提出项目任务，明确项目任务目标。在项目任务目标的驱动下，进行项目任务的研究，在研究中形成对既定理论知识体系的整合与理解，最终达到解决真实生活情境问题的目的，从而促进学科核心素养的落实与学科关键能力的提升。

2. 探究活动

探究活动是学习主体在教师的指导下，借助一定的工具支持，通过多种方式，如实体调研、网络问卷、咨询专家等围绕项目任务所开展的系列活动。项目式教学的探究活动使学生亲身经历知识的发现过程或运用学科知识解决生活问题，对学生掌握技能与知识、提升素养与能力具有重要价值。结合项目式教学的特点，探究活动应具有以下几方面的特征：

自主性。学生在项目探究中拥有充分的发言权，从项目内容确定、活动计划制订、为完成任务搜集资料到最终制作项目成果都应充分参与，自主决定。

多样性。学生的发散性思维在项目式教学互动中得以充分体现。他们的知识基础与生活经验不同，解决问题的方法也是多种多样的，采用的探究活动形式亦呈现出多样化。

挑战性。在复杂的真实情境中，完成项目任务有着更高的知识和能力要求，学生需要独立思考，合作探究，利用多种方法和多方资源，最终科学地完成项目任务，解决问题，提升自身能力。

延展性。探究活动具有持续的研究价值和持续的学习价值。即通过探究活动的实施，我们可以推动学生基于实践进行相关理论的持续性学习。同时通过实践活动的参与，可以长期跟踪，借助不断出现的问题，进行可持续性的研究。而研究和探究成果可以运用到现实问题的解决中，为现实问题提出解决的理论或者实践模型，推动社会的发展。

3. 学习情境

这里的学习情境是指支持学生开展项目式教学中探究活动的环境支持。区别于传统教学模式下学习环境仅仅停留在课堂中，项目式教学需要学生走出课堂，参与社会实践，以小组为单位开展探究活动。在这种模式下，学生需要学会与同伴共享合作，向他人寻求资源支持，从不同社会群体中搜集资料，因此这种学习环境更加真实、复杂。这种真实复杂的环境能够锻炼学生与他人沟通合作的能力，提升社会交往技能，为今后的学习工作奠定良好的基础。

支持学生开展探究互动的还有网络构造的虚拟环境。伴随着信息时代的迅猛发展，各类移动终端、PC端的使用越来越便捷，信息技术支持的虚拟环境拓宽了学生的知识面，学生能更快捷地搜集到所需的各类信息，并做好吸收、处理、运用，建构起自己的知识体系以解决问题，完成项目任务，提升个人学习能力，有效应对知识经济时代的变化。

伴随当前新课改的要求，特别是活动探究性课程的要求，对学习情境的创设，要求立足真情境创设真问题，引导真思考。真情境的选择要基于真实的生活实际、真实的社会实际、真实的学习实际，做到情境贴近学生、贴近生活、贴近社会。

4. 项目成果

项目成果是学生在项目探究末期形成的项目成果，成果一般以两种形式表现出来：一是调研报告、汇报 PPT 或模型产品等实物；二是学生通过项目探究在知识、素养、能力等方面的提升，如学科核心素养、合作能力、沟通技能等。作为教师应为学生创造机会以互相交流、展示项目成果，促进对他人项目成果的理解，并进一步反思改进本组成果，更要重视非有形实物成果的评价。

项目成果通常呈现出多样化的特点，学生根据自身的兴趣及特长，结合不同项目任务的特点，形成诸如视频、文字报告、文化衫等有形实物成果。

针对知识、能力等非有形实物成果，我们应采取科学的评价机制。针对评价主体的多元化，我们应注重过程性评价和终结性评价相结合，以期通过合理科学的评价促使学生反思，进一步改进有形项目成果，提升"隐形"项目成果。

（二）项目设计的必备要素

1. 具有挑战性的问题

研究和解决问题，探索和解决困惑，是项目式教学的核心。一个有吸引力的问题将使学习对学生更有意义。这个问题应该对学生构成挑战，并且最好是一个开放性的、学生通过探索能够解决的驱动性问题。挑战性问题的提出必须把握学生的现有实际，结合社会中的真实情境，最好能够结合当今社会的焦点和热点问题，提出具有思辨性和生活性的实际问题。这一问题的挑战性应该具体体现两个方面，一方面是对问题认知的挑战性。即学生需要在小组合作的基础上，通过持续的探究，加强理论的学习与整合，才能形成对问题的正确认知。另一方面是对问题解决的挑战性。即通过问题研究和任务驱动，明确解决问题的方案，在方案实施中要进行成果验证和方案改进，促进方案的完善，最终形成较为合理的理想模型。

2. 持续探究

与在书本或网络上随意查找不同，探索意味着更积极、更深入地搜索或查找信息。探索通常需要一些时间，这意味着该项目将至少持续几天。在基于项目的学习中，探索是逐层加深的,当学生遇到具有挑战性的话题时,他们会提出问题,通过各种途径寻找问题的答案,然后提出更深入的问题。重复此过程,直到找到一个令人满意的解决方案或答案为止。

3.真实性

真实性意味着学习的内容或任务与现实世界相互关联。项目的真实性将增加学生学习的动力。项目的真实性可以体现在以下几个方面:项目具有真实的背景;项目可以使用现实世界中的工作流程、任务、工具和绩效标准;项目可以对其他项目产生真实的影响。项目还可以反映个人的真实性,如该项目与学生自身的烦恼、兴趣、文化、身份或生活中的其他问题有关。

4.学生的话语权和选择权

项目式教学的实施依托于特定的项目任务,而项目任务的确定是基于学生实际和生活实际,学生对项目任务应该具有话语权和选择权,特别是项目任务研究过程,更应该尊重学生的自主性。这种话语权和选择权的下放使学生对项目有一种主人翁感,他们将更加关心该项目并更加努力地学习。能力强的学生可以选择更深入的项目主题和性质,编写自己的驱动性问题,并决定如何探索问题、如何展示所学知识及如何分享工作成果等。

5.反思与总结

在整个项目中,学生和教师总是反思自己在学习什么、如何学习及为什么学习。作为课堂文化的一部分,可以非正式地进行反思和总结。反思对知识内容的掌握和理解可以帮助学生巩固所学知识,并思考如何在项目之外应用这些知识。重新思考技能发展可以帮助学生内化对技能的理解,并为进一步发展技能设定目标。重新思考项目本身可以帮助学生决定如何设计和实施下一个项目。反思和总结主要侧重两个层面,一个是小组层面中的反思总结,即在小组合作探究完成既定项目任务的过程中,对相关方案或者设计进行实践或者理论的思考,总结不足,改进方案,促进项目任务的有效发展。另一个是班级层面的反思总结。即小组通过课堂项目成果的展示,加强项目成果的交流,从而明确自身成果的优缺点,认识其他成果优缺点,形成既定的总体的项目模型,基于项目模型的构建,推动对自身学习和能力的反思与总结,从而内化为驱动力,促进自身素养的全面提升。

6.评价与修正

通过深思熟虑的评估和修订,可以创作高质量的项目作品。教师教学生如何在评价量规、模型、正式反馈和评估标准的指导下接受同伴建设性的反馈。这些反馈将改善项目流程和项目产品。除了同伴和教师，外部的其他人也可以通过展示真实的观点为评估过程做出贡献。评价与修正主要体现在两个方面，一个方面是对项目模型的评价与修订，即在小组合作探究形成既定项目成果、小组交流完善项目成果，以及形成整体性项目成果模型的过程中，进行对任务驱动活动的评价与修订，从而追求一种相对完美的项目成果模型的过程。一个是对自身学习能力和学习成果的评价与修订。即在项目任务探究过程中和项目成果模型构建过程中，加强对自身学习成果的评价，调整自身的学习范围，提升自身学习能力，从而在项目任务驱动过程中使自身得到有效的提升。

7. 公开展示作品

在项目式教学中，要求创建作品并公开展示。这项工作可以是有形的，可以是一个设计方案，也可以是一个复杂问题的解决方案。作品的公开展示要以小组为单位，凸显小组成果的分工协作与个人创新性，防止成果展示由个别同学包办现象的发生。成果展示要突出对既定模型内容、实施效果、改进方案、预期目标的展示。同时要结合相应成果的展示，表述自身相关理论学习成果和实践活动成果，凸显在项目成果完成过程中的自我提升过程。

（三）项目式教学实施的基本环节

项目式教学的基本环节可以分为选择、计划、实施、交流、评价、应用这六个环节。

1. 选择项目内容

选择恰当的项目是项目式教学开展的基础，项目内容的确定需要师生双方共同努力。教师应研读课程标准、分析教材，了解学情并与学生充分交流，确立学生关心的社会内容，在这一过程中学生应充分地与教师交流，树立学习主人翁意识，参与项目内容选择。项目内容的选择主要是确定项目任务和制订任务目标。

项目的选择，特别是内容的确定，要把握三个原则。第一，坚持生活化原则。即项目的确立源自生活，并且立足生活实践，借助生活问题，实现生活任务；第二，坚持整合性原则。即项目内容的选择，特别是项目任务研究的理论支撑，要打破教材的知识顺序，实现教材的微观、中观以及宏观的整合；第三，坚持实用性原则。即项目任务的研究是有价值的，不但能够推动学生学习能力的提升，更应该能够为社会相关问题的解决提供具备可操作性的依据或者指导；第四，坚持对应性原则。项目任务和任务目标的对应性，即目标要体现对项目任务的引领，更要从理论和实践两个层面明确项目任务实施需要达成的目的。

2.制订项目计划

良好的计划是探究活动顺利展开的保证。在制订项目计划中，要做好以下两方面的工作：

第一，制订项目任务清单，划分项目小组。项目内容确定后，教师应依据项目内容，制订项目任务清单，并分配到各学习小组。项目小组以6人左右为一小组，一般根据兴趣自由搭配划分，若出现其他情况，教师也可以根据学生的不同特点进行划分。

第二，详解项目任务，合理进行分工。项目小组划分后，学生自主推选组长，在组长带领下具体详解项目任务，组内讨论分工，根据项目组成员的特长优势，合理分工，尽量发挥每个成员的优势，给每位组员展示自我的舞台，更好地保证项目成果的有效完成。

3.项目任务的实施

这一环节是项目式教学的主体部分，在这一过程中学生以小组为单位，独立探究，合作学习，完成知识构建，解决实际问题。

（1）活动的选择

明确完成项目任务采取的行为方式。可以通过实地调研、问卷调查、人物访谈、网络查询、专家咨询、实地试验等多种方式搜集资料，完善理论，促进活动的开展。

（2）过程的推进

确定时间、地点、人物和任务，保障项目任务分工能够得到有效落实，相关成果及时整理汇总。

（3）方案的调整

在项目任务推进过程中，针对存在的问题和困难，及时调整任务方案，制订合理有效的活动方案，促进活动的有效开展。

（4）成果的总结

在阶段项目任务完成的前提下，进行相关成果的总结，可以形成初步的理论模型和实物模型。

（5）小组的交流

对初步的活动成果进行小组内的交流，对活动成果进行论证，通过相关的质疑与批判，对成果的科学性和可行性进行论证。

（6）活动的完善

针对小组交流的意见，对项目任务进行调整，对活动成果进行改善，最终形成完善的学习成果。

4. 项目的评价

项目式教学的评价，分为过程性评价和结果性评价。内容包括项目终结性成果、小组分工配合情况、小组展示交流表现等。评价主体有教师、小组内成员、班级其他小组等，以求给项目成果和小组成员多角度的科学性的反馈，便于后期反思改进项目成果，提升个人素养与能力。评价主要通过制订评价量表，明确评价标准，划分评价层次等方式，对整个项目任务实施过程和项目成果进行整体性和个性化的评价。

5. 项目后期应用

探究成果的效应化，是提高学生学习自信心的重要途径。教师应根据不同形式，将学生的项目学习成果在学校的小范围内进行展示，或将报告、论文等形式的成果在大范围内发布，以此激发学生对本学科的学习自信心，激发学生的社会责任担当。

第四节　"教学评"一体化

一、"教学评一体化"实施行动的逻辑

（一）教育目标分类学为教学目标的制定指明方向

教学目标为课堂教学指明了方向，指引着教师和学生教与学活动的开展。在高中思政课"教学评一体化"的应用中，教学目标的设计是教学评价任务的制定和教学活动设计的核心，在整个教学设计和教学活动的实施中起着引导作用。"教学评一体化"教学设计过程中，教师首先要在课标要求、教材内容和学情的基础上制定出课时教学目标。有了明确、清晰的教学目标，教学内容与学习的情境素材才能够进行组织和调整。同时，教学活动也能合理地安排和开展，教学评价也有了科学的依据，学习的过程与学习的效果才可以进行检测和分析。教学目标是指在具体教学活动中所要达到的预期效果。在"教学评一体化"实施的设计中，将教学目标具体化为三维目标。知识目标是指学生对学习的内容，包括对知识的理解与掌握等。根据课程标准的要求主要包括了解、理解、应用三个层次。能力目标主要是通过教学活动来培养学生综合运用课堂所学内容，分析和解决相关问题的能力以及具备相应的社会实践的能力。这一维度体现出教育教学更加关注育人作用和学生的全面发展。情感态度与价值观目标中的情感主要是指一个人的情感体验。态度，不仅指学习态度、学习责任，还包括乐观的生活态度、求实的科学态度、宽容的人生态度等。价值观，原本是指对问题的价值取向的认识，在这里是指学生对于学习过程中遇到的问题的价值取向或看法，它强调的是个人价值与社会价值的统一，强调

科学价值与人文价值的统一，强调人类价值与社会价值的统一，从而在学生的内心确立起对真、善、美的价值追求以及人与自然和谐、可持续发展的理念。这三者是紧密相连，相互渗透，不可分割的整体。在"教学评一体化"的课堂中，教学活动的实施与教学目标即此次研究中的三维目标保持高度统一。

在"教学评一体化"课堂中，清晰、合理的教学目标是教学活动设计的关键，每个维度都需要达到一定的层次标准，课堂教学中"教学评一体化"的程度才能得到提升。随着教育目标分类学理论的不断完善与发展，对三个层次的目标有更为明确的划分，为教学目标的制定指明了方向。

（二）建构主义理论为教学评价的实施提供思路

将"教学评一体化"应用于思政课堂，发挥教学评价的作用主要是指对思政课的教学活动及教学效果开展的价值评估，依据是思想政治课程标准和课程目标。它仅指对学生的学科学习和思想品德素质发展状况以及思想政治课教师教学过程的质量进行的评价。在"教学评一体化"课堂中，提倡教学评价贯穿于整个教学活动中，是推动教学活动不断完善、实现教学目标、提升教学效果的重要保证，此时主体为教师与学生。对教师实施"教学评一体化"课堂中关于前期教学目标、评价任务的制定以及实施中教师的教学、学生的学习情况、教师的评价是否采用多维度与多元化的方式以及是否促进教学目标的实现等方面进行评价，主体主要是参与听课、开展课堂观察的教师以及授课教师。评判教师的教学、学生的学习、教师的评价这三者是否围绕同一目标即目标的一体化进行。在行动研究过程中采用一定的方式，如利用观察量表等对课堂上教师的教与学生的学进行评价，并且针对教师在授课中对学生的学习掌握程度的检测以及反馈等情况进行评价，检测在整个课堂教学过程中教、学、评是否与教学目标保持一体，是否做到了教师的教、学生的学、教学的评价融合成一个整体。"教学评一体化"课堂强调突出教学评价在课堂教学中的导向、激励、调节等作用，如何最大限度发挥教学评价的作用等，建构主义理论为教学评价的实施等提供了思路。

（三）逆向教学设计为"教学评一体化"活动的设计奠定基础

"教学评一体化"教学原则在高中思政课堂的实施流程，涉及实施前教师的准备工作即如何制定符合"教学评一体化"原则的教学目标与评价任务等，实施中教、学、评三者的目标是否一体，教学活动是否为达成教学目标而努力，教学评价是否为促进这一目标而不断运用。"教学评一体化"课堂主要是教、学、评三者围绕目标的一体化践行，强调在教学活动中指向同一目标进行。它以清晰的教学目标为前提，据此设计具体的、合理的评价任务与教学活动，在课堂教学中教学评价是促进"教学评一体化"实现的关键。通过多元化的教学评价方式来了解学生的学习情况，诊断教学目标的完成程度，经过教师对教学活动的不断调节与完善，以促使教学目标的实现，提升教学有效性。在"教学评一体化"课堂中，依照这一思路设计活动流程，而逆向教学设计则为"教学评一体化"课堂的流程设计奠定了基础，它强调目标、教学、评价的一体化，为课堂教学提供了行动指南。

二、"教学评一体化"实施行动的现实逻辑

（一）"教学评一体化"是教师专业素养发展的客观需要

伴随着新课改的推进，提出高中思政课教师要具备更为科学的教学理念，采用恰当的教学方法等以适应现今的教育发展趋势。课程改革的出发点和归宿是学生核心素养的提升，而教师作为教育、教学中的重要因素，教师的专业素养影响着学生素养的形成与教学效果。因此，新课改的推行，需要教师提升自身专业素养。

"教学评一体化"的课堂对教师有更高的要求，在教学中注重教学目标的确定和教学评价的嵌入以及教学目标引领下教学活动的有序开展，并要求发挥学生的主体地位，激发学生的潜能。因此，教师需要在课前做大量的工作，辅助完成教学目标与教学评价的设计，首先要熟悉课标与相关教育类指示文件，明确本学科的学科特点；其次要深入了解学生的整体情况；最后是掌握相应的教育教学类知识，确保设计科学的教学方案以及实施教学活动。这有助于教师发现自身不足，及时"充电"，不断增加专业知识与提升专业技能。同时，教学评价在课堂中始终伴随着教学活动，教师需要及时评价，根据学生的反馈，调整教学活动，选取合适的教学方式等来发挥学生的才能，促进教学目标的实现，这一系列过程都需要教师具备管理能力、获取信息的能力和课堂灵活应变的能力以及教师对教学工作的信念、情感等等。"教学评一体化"课堂教学活动的设计是一个创作的过程，教师需要结合教学目标，对教学素材、活动形式、问题设置进行有深度的思考。除此，"教学评一体化"的实施，需要教师结合教学实践情况不断改进、完善自己的实施方案且根据不同班级学生的认知水平逐步调整、深化，教师在修正的过程中，不断反思。通过深度思考与反思发现自身在专业理论知识、教学素养以及教研能力方面的问题，逐步强化专业素养。因此，"教学评一体化"的应用能促使教师深入反思与研究问题，促进专业发展。

（二）"教学评一体化"是学生核心素养形成的必然要求

新课改中突出了对学生发展学科核心素养的培育和评价，在教学活动中要紧紧围绕学科核心素养的发展与形成。核心素养的提出对于学生全面发展的培养提供了理论指导。

学习的目的和结果是使学生成为一个完善、充分起作用的人，也就是使学生个性、人格获得完整发展，并学会对自己的选择负责任，学习重要的是"形成"学习的过程，而不是学习内容。新课改倡导发挥学生的主动性与积极性，激发其能动性，呼唤教育中人的回归。

在"教学评一体化"的课堂中，教师按照高中思政课程标准中要求的教学目标对其细化外，还基于课标中提到的核心素养来完善、科学制定教学目标。教师在制定教学目标时，结合思政学科核心素养的培育，具体到知识的学习，能力的培养和价值观方面的树立。教学活动在明确的教学目标引导下开展，教师清楚要教什么内容，学生达到怎样的效果，学生能在目标的引领中学习，知道自己要完成什么，达到怎样的标准，不再盲目地学习。并且通过教师积极进行教学评价，学生也能及时了解自己的学习水平，明确自身存在的问题，知道自己走到了哪里。教师的评价也起到监测的作用，明确教学将学生带到了哪里，通过对方法、内容等的科学调整促使学生积极主动参与到课堂学习活动中。同时，在实施过程中，教师的"教"改变一味的"填鸭式"的教学方式，而是通过探究式、合作式、辩论式等方式开展教学活动，教师成为引导者，充分调动学生的能动性，学生成为课堂的主体。学生的"学"是在合作、交流中探究学习，理解与发现问题，提升了学生的参与积极性。关于"评"也不是停留于结果方面，更突出对学生思维能力、创新能力以及学科核心素养的评价。教学评三者的有机融合，是学生核心素养形成的必然要求，更利于对学生的能力、品质等的培育。

（三）"教学评一体化"是课堂教学有效性提升的必然要求

"教学评一体化"教学原则逐渐受一线教师的重视，但是部分的课堂中仍存在着缺少教学目标或者教学目标不明确的现象，教师的教学活动与学生的学习活动较为模糊，不够清晰，达不到理想的教学效果。教学评价中缺乏及时的评价反馈或评价未起到促进教师调整教学活动和学生改进学习活动的功能。导致学生学习效率低，忽视学生在实践能力方面、思维能力以及创新能力方面的发展，使思政课教学偏离了学科定位。"教学评一体化"课堂中更加强调教学目标对核心素养的具体体现，教学过程是课程理念落实和教学目标实现的关键，课堂是实施的主阵地。

"教学评一体化"的课堂教学是以目标为指引，教学活动和教学评价都是依据教学目标设计与实施。因此，就要求在教学准备阶段，教师首先要依据课标、教材内容以学生的认知水平等制定合理、明确的目标。在一堂课中，教学目标如同黑夜中的火把，是课堂教学的方向，也是评判教学效果的直接依据，详细、具体、切合实际的教学目标能够引导学生到达学习后的"目的地"。而且教学评价贯穿课堂的始终，教师通过评价可以及时获取学生的反馈信息，掌握学生的学习效果，及时调整、完善教学活动，确保教学是依照目标进行。教学活动中的情境创设、问题设计、教学方法的选用等围绕目标的达成开展，引导学生积极探索问题，通过课堂活动促进教学目标的达成，从而提高教学有效性。

三、优化高中思政课"教学评一体化"实施的建议

（一）依据高中思政课课程标准与学情，科学制定教学目标

教师需要具备强烈的目标意识。在基于课程标准的实践中，制定与续写教学目标是教师的基本功，也是最能检验教师素养与能力高低的试金石。教学活动的全部过程是在教学目标的统领下开展的，只有在科学的教学目标的引导下设计详细的教学评价目标和合理的教学活动，才得以促进教学目标的达成，提高教学有效性。课程标准也是学生在某一阶段应该达到的具体指标，对学生知情意行等方面的基本要求。因此，教师必须认真研读其中涉及的相关内容，进行教学目标的续写。除此，教师还需深入了解学生，不应把学生当作盛装知识的容器，要尊重学生，做与学生共同成长的良师益友，根据学生的学情制定具体、可操作和具有针对性的教学目标，在教学目标的续写中，教师要以学生作为行为主体，突出学生作为课堂主人的主体地位，避免出现"使学生、让学生"之类的词语，这样的教学目标反映出教师是课堂活动的主体，不利于发挥学生的主观能动性。同时，要使用比如识记、说出、辨别、应用等清晰、可测量的外显行为动词设计可行性强的教学目标，为教学评价目标的制定与教学活动的设计提供明确的方向。个别教师在复习课缺少教学目标的编写或者教学目标存在问题的现象，除了新授课需要教学目标的引领，复习课同样需要按此标准制定教学目标，确保课堂教学活动的实施和教学评价均在明确的目标指引下开展，来促进"教学评一体化"的有效实施。

（二）基于教学目标设计评价任务和教学活动，确保享有同一目标

高中思想政治课"教学评一体化"实施的教学活动是在教学目标与评价任务的引导下设计的。教学目标是本堂课教与学要达到的效果，通过评价任务与评价标准进行的评估以及合理的教学活动的开展可以促使教学目标的达成。因此，教师为确保目标的一体化，提升实施效果，必须使教学情境、教学方法、问题设置等符合"教学评一体化"课堂的要求，每一教学环节必须围绕目标而环环推进，为达成某一具体的教学目标而设计。

关于教学活动的设计方面，教师要根据目标，依托思政学科特质，选取具有教育性、科学性、时代性的情境素材，激发学生的学习兴趣。教师可以整合有利资源，从学生的实际生活入手，在活动设计中贯彻知识、能力、情感态度与价值观三维目标的统一，力

求突破教学重难点，将教材内容与热点问题相结合，增强思政课的时效性。

四、提高评价与调控素养，促进"教学评一体化"的融合

（一）遵循思想政治课评价原则，提高教师的评价素养

在"教学评一体化"课堂教学中，教师对学生的学习情况进行及时的检测、评价，掌握学生对教学目标的达成情况以及学生在学习过程中的表现。评价主要是根据教学目标和评价任务开展，教学目标包含了对学生学科核心素养的体现，学生应该掌握的能力等，评价任务是根据教学目标设计的具体化的体现。主要是通过评价明确学生学习方面与教师教学方面的情况，呈现出的问题，及时调整教与学，使得教、学、评三者享有同一目标，实现有效教学。教学评价是课堂教学的重要组成部分，评价应该关注三个方面：第一，通过教师的反馈，让学生体验成功；第二，加强学生的自我评价和同伴评价；第三，形成性评价与教学融为一体，通过评价来改善教和学。现今的教育发展也倡导教师要灵活应用多种方式对学生做出全面、客观的评价以促进学生的自我发展。但是在"教学评一体化"课堂的实施中，反映出由于教师缺乏评价意识或者评价素养的欠缺以及不能正确认识教学评价等原因导致教学评价并没有发挥出促进教学、师生共同发展的作用。因此，为了更好地实施"教学评一体化"，必须提高教师的评价素养。教师必须具备教学评价的意识，无论是新授课还是复习课都要制定评价目标；教师要依据教学目标与学生的学情、特点设计评价任务。教学评价不是随意的行为，而要科学、合理地评价。教师需要具备丰富的与评价相关的知识，教学评价目标的续写须详细、具体、可操作，要能通过评价清晰反映出学生的掌握情况，比如：能准确说出商品的属性，表达流畅、具有逻辑性。因此，教师需要不断地学习，研究评价的相关理论知识，提升教学评价素养。还需认识到教学评价活动的多样性，不仅可以通过习题、作业、提问、考试等途径检测，而是某些教学活动也是教学评价的一部分。同时，要注重学生学习、劳动和社会实践活动的行为表现，采用多种评价方式，综合评价学生的理论思维能力、政治认同度、价值判断力、法治素养和社会参与能力等，全面反映学生思想政治学科核心素养的发展状况。"教学评一体化"的课堂倡导着眼于评价的多元化，最大限度发挥评价的检测、激励功能。教师要注重形成性评价，在教学过程中贯穿教学评价的应用，通过评价反馈问题，促使学生的核心素养的形成。教师运用评价的表达方式也要多元化，可以是语言的或非语言的形式，向学生传达肯定和鼓励。对于勇于突破自己或表现良好的学生要给予积极评价，传递合理的教师评价，激发学生的内驱力。

（二）依据思政学科性质，提升教师的教学能力

教师要树立终身学习的理念，不断提升自我，获取新的知识，注重教学能力的提升，只有"苟日新，日日新，又日新"，才可以使得课堂既有趣又有深度。用新的内容武装自己，也能为学生树立榜样，潜移默化地影响学生充实自己。教师要抓住现今的发展机遇，不断提高专业水平与教学能力，促使思政课堂变得生动，吸引学生爱上思政课。因此，教师要注重自身的发展，不断锤炼自我，使得课堂具有厚重感与底蕴。除此，教师还应提升教学设计和教学活动实施的素养。"教学评一体化"课堂的实现以教学活动的实施为依托，在设计教学活动时，教师要重视对教学素材的选取，要能反映思政学科的特质，即"高中思想政治课程是落实立德树人根本任务的关键课程，以培育社会主义核心价值观为目的，是帮助学生确立正确的政治方向、提高思想政治学科核心素养、增强社会理解和参与能力的综合性、活动型学科课程"。同时突出德育性、人文性、思想性、启发性以及时代性等特点，不应该只是拘泥于教材呈现的知识，而要关注生活、关注社会，选取适合本课内容和学生认知的生活事例、社会热点以及时事政治等案例开展课堂学习。在教学实施过程中，教师还需具备良好的课堂管理能力和表达能力，在轻松、有序的氛围中实施教学，课堂中不同的教学阶段能够顺利过渡，在每个环节设置合理的问题，合理分配教学时间，选取合适的教学方式。教师的表达能力能够直接影响教学效果，可以吸引学生投入课堂，激发求知欲，而富有情感的表达，能够让学生产生共情，达到以情促学、以情化人的作用。所以，思政教师还需具备一定的表达能力，使思政课堂生动有趣。通过教师教学素养的不断提升，促使"教学评一体化"课堂的推进。

参考文献

[1] 彭霞光，杨希洁，冯雅静．融合教育学校教学与管理 [M]．北京：华夏出版社，2023.01.

[2] 周非，麻爱彦，李江红．教育管理与教学质量提升研究 [M]．哈尔滨：哈尔滨出版社，2023.04.

[3] 郭优．高效教育教学管理与实践研究 [M]．延吉：延边大学出版社，2023.07.

[4] 韦兵余，陈迎春，闫俊凤．学校教育管理与教学艺术 [M]．长春：吉林科学技术出版社，2022.01.

[5] 周非，周璨萍，黄雄平．教育教学管理与素质培养研究 [M]．长春：吉林人民出版社，2021.06.

[6] 郑家刚．全球化视域下的教育教学管理 [M]．长春：吉林人民出版社，2021.10.

[7] 田方，徐丽丽，吕仁顺．教育教学管理 [M]．天津：天津科学技术出版社，2020.04.

[8] 陈凤．新时代教育教学管理探究 [M]．汕头：汕头大学出版社，2020.06.

[9] 郑莹．现代教学管理与德育教育 [M]．哈尔滨：哈尔滨出版社，2020.12.

[10] 孙建柱，陈娇，高赟．教育理论与教学方法 [M]．天津：天津科学技术出版社，2020.06.

[11] 潘丽平，阮学，顾燕萍．教育教学理论与现代教育技术 [M]．长春：吉林人民出版社，2020.08.

[12] 冉启兰．教育管理理念与思维创新 [M]．长春：吉林出版集团股份有限公司，2020.08.

[13] 胡立厚．教育管理学探索与教学实践 [M]．长春：吉林人民出版社，2020.04.

[14] 杨桦，肖珊，阮志刚．基于大数据的教学质量管理 [M]．成都：西南交通大学出版社，2020.04.

[15] 陈钱林．教育的本质 [M]．成都：天地出版社，2020.09.

[16] 贾素娟，杜钰，曹英梅．学生教育与教学管理研究 [M]．北京：中国商务出版社，2019.05.

[17] 于庆华，戴扬，崔红光.教育教学管理 [M].长春：吉林出版集团股份有限公司，2019.11.

[18] 张然.微信在社区教育教学管理中的应用研究 [J].广西广播电视大学学报，2023，（第4期）：63-66.

[19] 赵淑平，何栩翊，王宝英，田晔非，彭华."教学、管理、评价"三维智慧教学模式研究 [J].重庆电子工程职业学院学报，2023，（第5期）：112-118.

[20] 刘明玉.SPOC混合教学模式过程设计与数据管理 [J].高教学刊，2023，（第7期）：92-95.

[21] 付腾辉."三化六勤"教学常规管理模式探索 [J].教学管理与教育研究，2023，（第3期）：125-127.

[22] 刘胜伟，吴云海，于勇.构建线上教学工作管理模式拓宽教育高质量发展新路径 [J].吉林教育（综合版），2022，（第10期）.

[23] 张璇.鼓励模式在学校教育教学管理工作中的应用 [J].进展，2022，（第15期）：87-88.

[24] 王芳.教师教育理论课程教学模式改革探析 [J].现代教育管理，2021，（第4期）：92-98.

[25] 王炳举.大数据在教育教学管理中的应用模式与创新对策 [J].计算机产品与流通，2022，（第8期）：63-65.

[26] 付艳芳，杨浩，方娟.基于智能教育机器人的"双师课堂"教学模式构建 [J].中国教育信息化，2022，（第1期）：56-62.

[27] 盛文言，祝嫄嫄.基于教育OMO的收藏夹教学模式探索与实践 [J].教育信息化论坛，2022，（第9期）：18-20.

[28] 白雪莲，李佳，许晓冬.智慧教育背景下混合式教学模式研究 [J].山西青年，2022，（第7期）：51-53.

[29] 王建军，陈慧慧.目标管理教学模式的探索与实践 [J].黑龙江教育（高教研究与评估），2021，（第9期）：29-31.

[30] 石晶，刘丹."互联网+"教育时代混合教学模式研究 [J].科技创新导报，2021，（第29期）：149-151.